D1856858

Karen Jo Torjesen

Als Frauen noch
PRIESTERINNEN
waren

Karen Jo Torjesen

Als Frauen noch *PRIESTERINNEN* waren

Frauen im frühen und im aufsteigenden Christentum: von der Führungsrolle zum unterdrückten Geschlecht

Aus dem Amerikanischen
von Elisabeth Brock

Zweitausendeins

Deutsche Erstausgabe.
1. Auflage, Februar 1995.
2. Auflage, April 1995.
3. Auflage, Juli 1995.
4. Auflage, September 1995.
5. Auflage, März 1998.

Copyright © 1993 by Karen Jo Torjesen.
Copyright © 1995 für die deutsche Übersetzung bei Zweitausendeins,
Postfach, D-60381 Frankfurt am Main.

Published by arrangement with HarperCollins Publishers, Inc.,
wo die Originalausgabe unter dem Titel
WHEN WOMEN WERE PRIESTS · *Women's Leadership in the Early Church & the Scandal of their Subordination in the Rise of Christianity* erschienen ist.

Alle Rechte vorbehalten, insbesondere das Recht der mechanischen, elektronischen oder fotografischen Vervielfältigung, der Einspeicherung und Verarbeitung in elektronischen Systemen, des Nachdrucks in Zeitschriften oder Zeitungen, des öffentlichen Vortrags, der Verfilmung oder Dramatisierung, der Übertragung durch Rundfunk, Fernsehen oder Video, auch einzelner Text- und Bildteile.
Der *gewerbliche* Weiterverkauf und der *gewerbliche* Verleih von Büchern, Platten, Videos oder anderen Sachen aus der Zweitausendeins-Produktion bedürfen in jedem Fall der schriftlichen Genehmigung durch die Geschäftsleitung vom Zweitausendeins Versand in Frankfurt.

Umschlaggestaltung Helene Fischer.
Das Umschlagbild zeigt ein Mosaik der Kapelle von St. Zenonia
in der Basilika von St. Prassede, Rom.
Die Reproduktion auf der Rückseite ist seitenverkehrt.
Herstellung Dieter Kohler & Bernd Leberfinger, Nördlingen.
Satz Typoline, Gernlinden.
Druck Wagner GmbH, Nördlingen.
Einband G. Lachenmaier, Reutlingen.
Printed in Germany.

Dieses Buch gibt es nur bei Zweitausendeins
im Versand (Postfach, D-60381 Frankfurt am Main,
Telefon 01805-23 2001 oder 069-420 8000, Fax 01805-24 2001
oder 069-417 089. Ab Juni 98: Internet www.zweitausendeins.de,
e-mail info@zweitausendeins.de) oder in den Zweitausendeins-Läden
in Berlin, Düsseldorf, Essen, Frankfurt, Freiburg, Hamburg,
Köln, Mannheim, München, Nürnberg, Saarbrücken, Stuttgart.

In der Schweiz über buch 2000,
Postfach 89, CH-8910 Affoltern a. A.

ISBN 3-86150-096-5

Inhalt

Für Margo

Vorwort

Allzuoft begegnen wir der Vorstellung, daß Forschung die Sache einzelner Personen sei, die ihre kreativen Gedanken einsam in abgeschirmten Bibliotheken niederschreiben. Es wird angenommen, daß es das Ziel solcher Forschung sei, eine endgültige Erklärung zu einer Streitfrage vorzulegen. In Wirklichkeit ist jedoch jede Forschung Zusammenarbeit – Ideen werden überprüft und im Dialog mit KollegInnen, durch Fragen von StudentInnen und durch Gespräche mit FreundInnen überarbeitet –, und feministische Forschung ist ein Unternehmen, bei dem ganz besonders viel Zusammenarbeit stattfindet, sie lebt von Gesprächen, die neue Fragen aufwerfen, die den Blick schärfen und zu kühnen Schlußfolgerungen ermutigen.

Diese Arbeit entstand aus vielen Gesprächen. Sie möchte eine Stimme sein innerhalb einer breiten Diskussion über Religion, Macht und Frauen. Sie dokumentiert die Geschichte von Gesprächen. Die wichtigsten theoretischen Teile meiner Arbeit sind das Ergebnis von Zusammenarbeit. Das beste Beispiel ist das zweite Kapitel, das vom System der öffentlichen und privaten Geschlechterrollen handelt. Ich habe es zusammen mit Virginia Burrus verfaßt, die ich an der Universität Göttingen kennenlernte. Unsere gemeinsamen Forschungen über das griechisch-römische System der Geschlechterrollen erstreckten sich über zwei Kontinente und fünf Jahre. Mit dem Ziel, ein breiteres Wissen über die frühen Ansichten zur Rolle der Geschlechter zu gewinnen, bündelten wir ihr

Spezialwissen über die klassischen Autoren und meines über die Kirchenväter. Das Modell von öffentlich versus privat, das sie schon früh angewandt hatte, um den Geschlechterkonflikt in den Apokryphen zu deuten, (später veröffentlicht als *Keuschheit und Autonomie*) wurde zur Basis unserer Ausarbeitung der vielschichtigen Dichotomie von öffentlich und privat im griechisch-römischen Altertum.

Mein Gesprächspartner bei der Erforschung des frühen griechisch-römischen Wertesystems von Ehre und Scham war der Alttestamentler K. C. Hansen, mein Nachbar am Mt. Baldy in Kalifornien, über der Stadt Claremont. Er machte mich mit der anthropologischen Literatur über das mediterrane Wertesystem bekannt, das Männlichkeit mit Ehre, Weiblichkeit mit Schamgefühl verbindet.

Das siebte Kapitel über »Penetrierer und Penetrierte« schöpft aus vielen Gesprächen mit meiner Kollegin Ann Taves aus Claremont. Ihr Forschungsinteresse entzündete einen fruchtbaren Dialog zwischen amerikanischer Religionsgeschichte und Psychologie. Unser Einführungskurs in Women's Studies über Religion ging der Frage nach, wie die Begriffe des Heiligen, des Selbst und der Gesellschaft einander spiegeln. Das half mir zu verstehen, wie die griechische Auffassungen von Frau und Sexualität ihren Weg in die griechische Theorie des Ich fand, in welcher der niedrigere Teil des Ich als weiblich, sexuell und gefährlich charakterisiert wurde.

Der Gedanke, daß die Muster sozialer Beziehungen einen nachhaltigen Einfluß auf die Formulierung abstrakter Konzepte haben, tauchte immer wieder in meinen Gesprächen mit der Gnostikforscherin Karen King auf. Unser Interesse an den Geschlechterrollen, wie sie in den alten Texten vorkommen, wurde durch unsere Reise nach Indien und die Begegnung mit dem System der Geschlechterrollen dort noch verstärkt. Karen und ich haben lange um ein Verständnis dafür gerungen, wie soziale Kategorien wie das Geschlecht zum Symbol für göttliche Wahrheiten werden können.

Meine Gespräche mit Frauen und Männern, die meine öffentlichen Vorträge besuchten, die Frauen, die an den Einkehrtagen teilnahmen, und meine eigenen StudentInnen ermutigten mich, die Erkenntnisse, die ich durch diesen Prozeß gewonnen habe, zu publizieren. Dieses Buch ist mein Dank an sie alle.

Bei all denen, die meine Tonbänder abgeschrieben und geholfen haben, mein Manuskript herauszubringen, stehe ich in großer Schuld: Ellen Sun und Henry Sun, Stephanie Dumoski und vor allem Laura Ammon und Randy Reed, die die Fußnoten bearbeitet und hilfreiche Tips gegeben haben. Meine Freundinnen Ann Ownbey und Margo Goldsmith haben die ersten Entwürfe gelesen, konstruktive Kritik geübt und sich diskret nach dem Fortschreiten meiner Arbeit erkundigt.

Ich bin dankbar für das Forschungsstipendium, das mir das National Endowment for Humanities des American Council of Learned Societies gewährte. Ferner möchte ich den BibliothekarInnen der Honnold Library und der Library der School of Theology der Universität Claremont danken, die mir die Bücher beschafft haben, die in ihren hervorragenden Bibliotheken nicht vorhanden waren.

Mein Dank gilt auch dem jüngst verstorbenen John Hollar für den Vorschlag, eine Sammlung von Aufsätzen zu veröffentlichen, und John London vom Verlag Harper San Francisco für seine Idee, diese Aufsätze in einem Buch zu sammeln. Die Aufsätze wurden zu Kapiteln, und unter seiner sorgfältigen Anleitung wurden sie mehrmals überarbeitet. Schließlich danke ich meiner Familie, Leif und Maggy, für ihre Geduld und Unterstützung.

Einleitung

Im November 1992 stimmte die Kirche von England (mit nur zwei Stimmen Mehrheit) der Priesterweihe von Frauen zu. Zwei Monate zuvor hatte die anglikanische Kirche von Südafrika für die Ordination von Frauen gestimmt. Erst 1976 stimmte die Episkopalkirche der Vereinigten Staaten von Amerika für die Anerkennung der Priesterweihe von Frauen. Der erste weibliche Rabbi der USA wurde 1972 geweiht. Obwohl die afrikanische Methodistenkirche eine lange Tradition von weiblichem Klerus hat, erlaubten die weißen Methodisten erst um 1950 den Frauen die Weihe. Die Presbyterianer weihten erstmals Frauen um 1950, und die Lutheraner begannen damit in den Jahren um 1970.
Obwohl diese Weihen als erste Priesterweihen von Frauen dargestellt wurden, zeigten immer mehr HistorikerInnen mit immer stärkerer Überzeugungskraft, daß Frauen in jüdischen und christlichen Gemeinden über lange Zeiträume hinweg religiöse Führungspositionen innehatten. Bernadette Brooten und Ross Kraemer konnten mit Hilfe von Grabinschriften und Widmungen nachweisen, daß Frauen in jüdischen Gemeinden vom 1. Jahrhundert v. Chr. bis zum 6. Jahrhundert n. Chr. eine Reihe von religiösen Ämtern innehatten, wie Synagogenvorstand, Synagogenmutter, Älteste und Priesterin. Mit Papstbriefen und Inschriften bewies der italienische Professor für Kirchengeschichte, Giorgio Otranto, daß Frauen in den ersten tausend Jahren der Kirchengeschichte am katholischen Priestertum teilhatten. Die letzten dreißig Jahre amerikanischer

Forschung brachten eine erstaunliche Fülle von Beweisen dafür, daß Frauen vom ersten bis zum dreizehnten Jahrhundert die Ämter von Diakoninnen, Priesterinnen, Kirchenältesten und sogar Bischöfinnen innehatten.

Der Streit um die Priesterweihe von Frauen in der ersten Hälfte des 20. Jahrhunderts warf interessante Fragen auf, die sich um Frauenrollen, weiblichen Charakter, Sexualität und das Geschlecht Gottes drehen. Die formalen Schritte, die in unserer Zeit zur Anerkennung von Frauen als religiöse Amtsträgerinnen führten, waren vom Streit um religiöse und soziale Fragen belastet; die Abstimmungsergebnisse waren knapp und die Debatten erbittert. Heftige Konflikte über die Rollen von Frauen, über Weiblichkeit und Sexualität haben Versammlungen, Synoden und Glaubensgemeinschaften so tief gespalten, daß Schismen manchmal unvermeidbar erschienen. Die Krise, die durch die Ordination von Frauen hereinbrach, hat religiöse und soziale Dimensionen. Die Entscheidung der anglikanischen Kirche, Frauen zu weihen, hat die Hoffnungen derer zunichte gemacht, die die anglikanische und die katholische Kirche wiedervereinigt sehen wollten. Die katholische Hierarchie, die immer noch darauf beharrt, die Weihe von Frauen würde das innerste Wesen des Priestertums verändern, kann die priesterlichen Funktionen, die ihre Laiinnen ausführen, trotzdem nicht übergehen: die Lesung der Heiligen Schrift, das Austeilen von geweihtem Brot und Wein an die Gemeinde, Beratung, Unterricht und Verwaltung. Nun, da die Anwesenheit von Frauen im Altarraum nichts Ungewöhnliches mehr ist, sind 70 Prozent der amerikanischen KatholikInnen für weibliche Priester.

Die Weihe von Frauen heute rührt auch an das heikle Thema der Sexualität. Als im Jahr 1989 Barbara Harris zur ersten Bischöfin der englischen Episkopalkirche geweiht wurde, kommentierte die Zeitschrift *Time* ihre roten Fingernägel. Natürlich haben rote Fingernägel mit der Qualifikation einer Frau zur Bischöfin nichts zu tun, aber der Reporter wies unbewußt darauf hin, daß die Weihe einer Frau zur Bischöfin weibliche Sexualität und Göttlichkeit in eine als peinlich empfundene Nähe zueinander brachte. Der Vatikan rechtfertigte 1976 in der *Erklärung zur Frage der Zulassung von Frauen zum Priestertum* den Ausschluß von Frauen vom Priestertum damit, daß der weibliche Körper dem männlichen Körper Christi nicht gleicht. Deswegen sei es für eine Frau unmöglich, die sakramentalen Funktionen eines Priesters auszuführen. Auch hier kommt wieder die Sexualität ins Spiel. Eine Frau wird, im Gegensatz zum Mann, untrennbar von ihrer sexuellen Natur wahrgenommen, und als Priesterin würde sie Sexualität in den Bereich des Heiligen hineintragen.

Für viele kirchliche Glaubensgemeinschaften stellt sich mit der Ordination von Frauen die beunruhigende Frage nach dem Geschlecht Gottes. Ändert sich die Wahrnehmung von Gott, wenn ein weiblicher Klerus Gott vor der Gemeinde vertritt? Ob eine Gesellschaft ihren Gott (oder ihre Götter) als männlich oder weiblich wahrnimmt, hat ausschließlich damit zu tun, welche Auffassung diese Gesellschaft von Männlichkeit und Weiblichkeit hat. Wenn Gott als männlich gedacht wird, dann werden die Menschen dazu neigen, Macht mit Männlichkeit gleichzusetzen. Wenn also weibliche Wesen Gott repräsentierten, dann würde Weiblichkeit mit Macht gleichgesetzt.

Jede dieser Fragen, die durch die Ordination von Frauen aufgeworfen wird – die Frage nach der Rolle der Frau, der Natur der Frau, der Sexualität und nach dem Geschlecht Gottes –, hat eine lange und komplexe Geschichte. Das theologische Argument zum Beispiel, das bis 1976 dazu benutzt wurde, Frauen vom katholischen Priestertum auszuschließen, geht auf Thomas von Aquin zurück, einen Theologen des 13. Jahrhunderts, der die Meinung vertrat, Frauen seien von Natur aus minderwertig und deswegen unfähig, eine herausragende Stellung oder Führungsposition einzunehmen (*Quaest.* 91). Thomas von Aquin lieh sich dieses theologische Argument wiederum von dem griechischen Philosophen Aristoteles, der im 4. Jahrhundert v. Chr. in Athen lehrte. Die Ansichten über die Geschlechterrollen der alten Griechen und Römer wurden gewissermaßen christlich getauft und dann an die christliche Lehre angepaßt. So ist die Frage nach Frauen in religiösen Führungsrollen in einen größeren Zusammenhang eingebettet – in den von geschlechtsspezifischen Rollenerwartungen, den der heutigen amerikanischen Gesellschaft und den der alten griechisch-römischen Kulturen.

Der komplexe Kontext bezüglich der Fragen eines weiblichen Klerus, der mit dem weiten Feld der Geschlechterrollen in Verbindung steht, kann am besten bearbeitet werden, wenn zuerst die Zusammenhänge von Frauenrollen, weiblichem Charakter und Sexualität in der Kultur zur Zeit Christi untersucht werden. Die Geschichte der Frauen als christliche Führerinnen ist dramatisch und vielschichtig. Die radikale Botschaft Jesu und tief verwurzelte Ansichten über Geschlechterrollen vermischen sich manchmal, manchmal stoßen sie heftig aufeinander. Jesus handelte gegen die gesellschaftlichen Gepflogenheiten seiner Zeit: Er sprach zu Frauen wie zu Gleichen, ehrte und schätzte die Kinder, bevorzugte Arme und Ausgestoßene, aß und umgab sich mit ihnen, ohne auf die Klassen- und Geschlechterschranken zu achten, und griff mit kühner Rede die sozialen Bande an, die die patriarchale Familie zusammenhielten. Als Jesus JüngerInnen um sich scharte, die seine Botschaft in die Welt tragen sollten, waren Frauen in dieser Gruppe führend. Maria Magdalena, Maria von Bethanien und seine Mutter Maria sind Frauen, deren Namen die Nacherzählungen der Geschichte Christi in der Sprache und literarischen Form der römisch-patriarchalen Gesellschaft überdauert haben. Die Paulusbriefe spiegeln eine frühchristliche Welt wider, in der Frauen bekannte Evangelistinnen, Apostelinnen, Gemeindevorsteherinnen und Trägerinnen prophetischer Autorität waren.

Da sich die Christen vom Polytheismus der griechischen und römischen Religionen unterscheiden wollten, vermieden sie für ihren Klerus die heidnische Bezeichnung »Priester« (*hieros*). Sie benutzten statt dessen eine Reihe von Bezeichnungen, die aus dem säkularen Leben entnommen sind: *diakonos* (Diener), *apostolos* (Sendbote), *presbyteros* (Ältester), *episcopos* (Aufseher), Prophet und Lehrer. Schließlich wurden die Titel Bischof *(episcopos)*, Priester *(presbyteros)* und Diakon *(diakonos)* mit den wichtigen Ämtern der Kirche gleichgesetzt. Während der gesamten Zeit dieser Entwicklung bekleideten auch Frauen jedes dieser Ämter. Der christliche Titel Presbyter (Ältester, Älteste), der eine ältere Person bezeichnet, die Anspruch auf Respekt hat, war von der jüdischen Synagoge entliehen, die von einer Gruppe von Presbytern geleitet wurde. Nachdem sich das Amt des Bischofs als Haupt der Gemeinde herausgebildet hatte, regierten die Presbyter unter seiner oder ihrer Führung. Katholische Historiker übersetzen *presbyter* mit »Priester«. Protestantische Wissenschaftler bleiben einfach bei dem Wort *presbyter*. In beiden Fällen ist jemand gemeint, der oder die alle Weihen hat. Wenn ein Frauenname mit einem Titel genannt wird, neigen sowohl Katholiken als auch Protestanten dazu, das Amt herunterzustufen. Anstatt *diakonos* mit »Geistlicher« zu übersetzen, wie sie es bei männlichen Amtsträgern tun, übersetzen sie »Diakonissin«.

Während der ersten beiden Jahrhunderte, als sich die christlichen Gemeinden in privaten Häusern trafen, waren Frauen herausragende Führungsgestalten. In den frühen Christengemeinden kamen Frauen auf den gleichen Wegen zu geistlichen Ämtern wie die Frauen im profanen Leben in die öffentlichen Ämter der griechisch-römischen Gesellschaft. Ihre festgelegte soziale Rolle als Haushaltsvorstand verschaffte ihnen die notwendige Vorbildung. Die Autorität von Frauen war in diesem Bereich durchaus etabliert. Ihre verwaltungstechnischen, ökonomischen und disziplinarischen Aufgaben in diesen Rollen waren eine ausgezeichnete Voraussetzung für ein kirchliches (und öffentliches) Amt. Außerdem übernahmen Frauen mit größerem Reichtum oder höherem Status die Rolle einer Patronin oder Gönnerin einer Gruppe. Diese Patroninnen wurden oft in ein öffentliches Amt gewählt, manchmal um sie damit zu ehren, manchmal als Schachzug, um sich weiterhin ihrer Großzügigkeit zu versichern.

Im 3. Jahrhundert veränderte der Prozeß der Institutionalisierung nach und nach diese Hauskirchen mit ihrer Vielfalt von Leitungsfunktionen. Sie wurden eine politische Körperschaft, die von einem einzigen Bischof geleitet wurde. Während der nächsten zwei Jahrhunderte gab es heftige Kämpfe um die Amtsausübung von Frauen. In den polemischen Schriften jener Zeit begegnen wir erstmals dem Argument, daß Jesus nur männliche Jünger ernannt habe und Frauen deshalb nicht geweiht werden könnten, daß Paulus die Frauen zum Schweigen verpflichtete und sie deswegen nicht predigen dürften und daß, wenn Jesus gewollt hätte, daß Frauen tauften, er von seiner Mutter Maria getauft worden wäre. Diese in sich recht schwachen Argumente wurden von den griechisch-römischen Vorstellungen der Geschlechterrollen gestützt.

Gegner des weiblichen Klerus berufen sich auf eine Geschlechterrollenideologie, die die Gesellschaft in zwei Bereiche teilte, in die *polis* (Stadt), den männlichen Bereich, und in den *oikos* (Haushalt), den weiblichen Bereich. Dieses System gab den Frauen im Haushalt beträchtliche Macht, versuchte jedoch, sie vom öffentlichen, politischen Leben fernzuhalten. Christliche Polemiker betonten, daß öffentliche Ehren und öffentliche Ämter Sache der Männer seien und Frauen, die diese Machtpositionen in der Kirche innehatten, sich männliche Privilegien widerrechtlich aneigneten. Während der ersten drei Jahrhunderte waren diese Stimmen eine Minderheit unter den Intellektuellen der Kirche, doch als sich die Kirche im 4. und 5. Jahrhundert mehr und mehr institutionalisierte, bekamen diese Argumente ein stärkeres Gewicht.

Die Tradition von öffentlich versus privat wurde ihrerseits von einem System kultureller Werte gestützt, das Männer mit Ehre, Frauen mit Schamgefühl assoziierte. Das Streben nach Ehre und nach den Vorrechten, die mit einem öffentlichen Amt verbunden waren, galt als einzig und allein männliche Angelegenheit. Im Gegensatz dazu war die Ehre einer Frau ihr Schamgefühl, das heißt ihr Ruf der Keuschheit. Eine Frau, die ein öffentliches Amt ausübte, konnte beschuldigt werden, ein Mann sein zu wollen, aber sie konnte auch, was schlimmer war, als unkeusch bezeichnet werden. Obwohl diese Auffassung von weiblichem Schamgefühl und weiblicher Sexualität ihre Wurzeln in der Gesellschaftsordnung des alten Griechenland hat, übte sie doch, über die ganze Kirchengeschichte hinweg, einen prägenden Einfluß auf das christliche Verständnis von Sexualität und Sünde aus. Sie ist die Grundlage der westlichen Sündenlehre, der Sexualtheologie der Kirche, des christlichen Verständnisses vom Ich und sogar von Gott.

Wenn Frauen ihren rechtmäßigen, gleichberechtigten Platz in der Kirche von heute zurückfordern wollen, ist es von entscheidender Bedeutung, zu verstehen, warum und wie die Frauen, einstmals die Anführerinnen der Jesusbewegung, ausgegrenzt und zum Sündenbock gemacht wurden, als das Christentum zur Staatsreligion wurde. Jesu Botschaft und sein Leben waren zu seiner Zeit radikal egalitär und bildeten die Grundlage einer gesellschaftlichen Revolution, die wahrscheinlich ein Grund für seine Kreuzigung war. Es ist höchste Zeit, daß die Kirche, die für sich in Anspruch nimmt, seine frohe Botschaft der Welt zu verkünden, aufhört, ihr ureigenes Erbe von absoluter Gleichheit zu verraten.

Eine Frau mit Schleier betet mit erhobenen Händen.
Das Bild dieser Orantin stammt von einem Fresko aus der Mitte des 3. Jahrhunderts. Cubiculum Velatia, Priscilla Katakombe, Rom.
(Mit freundlicher Genehmigung der Benediktinerinnen)

1
Prediger, Pastoren, Propheten und Patrone

Beweise weiblicher Führung

Unter dem hohen Gewölbe einer römischen Basilika, die der Heiligen Prudentiana geweiht ist, befindet sich ein Mosaik, das vier weibliche Figuren darstellt: die beiden Heiligen, Prudentiana und Praxedis, Maria und eine vierte Frau, deren Haar mit einem Schleier bedeckt und deren Haupt von einem quadratischen Heiligenschein umgeben ist – ein künstlerischer Hinweis darauf, daß die Person noch lebte, als das Mosaik gemacht wurde. Die vier Gesichter blicken gelassen aus dem glänzenden Goldhintergrund. Die Gesichter von Maria und den beiden Heiligen sind leicht zu erkennen. Doch die Identität der vierten ist weniger offensichtlich. Eine sorgfältig ausgeführte Inschrift bezeichnet die Gestalt links außen als Theodora Episcopa, also als Bischöfin Theodora.[1] Die männliche Form für Bischof im Lateinischen ist *episcopus*, die weibliche *episcopa*. Der bildliche Beweis des Mosaiks und der grammatikalische Beweis der Inschrift zeigen unmißverständlich, daß Bischöfin Theodora eine Frau war. Doch das *a* von Theodora ist durch Kratzer auf den Mosaiksteinen teilweise ausgelöscht worden, was zu dem beunruhigenden Schluß führt, daß vielleicht schon im Altertum der Versuch gemacht wurde, die weibliche Endung auszulöschen.

Auf einer Begräbnisstätte der griechischen Insel Thera gibt es einen Epitaph für die Priesterin oder Presbyterin *(presbytis)* Epiktas.[2]

Epiktas ist ein Frauenname; sie war im 3. oder 4. Jahrhundert eine Priesterin.
In der ersten Geschichte des *Marienevangeliums*, eines gnostischen Evangeliums aus dem 2. Jahrhundert, richtet Maria Magdalena die mutlosen Jünger nach der Himmelfahrt des Herrn wieder auf. Durch Ermahnung, Ermutigung und nicht zuletzt durch eine mitreißende Predigt über die Lehren Jesu belebt sie die müden Geister und sendet sie aus, ihren Auftrag zu erfüllen. Wegen ihrer starken Führungsrolle wird sie in manchen Texten als Apostel der Apostel bezeichnet.[3]
Geschichtliche Beweise wie diese, aus Kunst, Inschriften und Literatur, gehören zur verborgenen Geschichte der Führung durch Frauen, einer Geschichte, die vom selektiven Gedächtnis der männlichen Historiker nachfolgender Generationen unterdrückt wurde.
In seinem Buch *The Ministry of Women in the Early Church* bringt Roger Gryson ein Beispiel dieser Übereinstimmung seiner Wissenschaftlergeneration mit den früheren:

> Von Beginn des Christentums an spielten Frauen eine wichtige Rolle und genossen eine hervorragende Stellung in der christlichen Gemeinde. Paulus lobte mehrere Frauen, die ihm bei seiner apostolischen Tätigkeit zur Seite standen. Frauen hatten auch die Prophetengabe. Es gibt jedoch keinen Beweis, daß sie in der Gemeinde eine Führungsrolle innehatten. Obwohl mehrere Frauen Jesus von seinen Anfängen in Galiläa an folgten und unter den bevorzugten Zeugen seiner Auferstehung waren, erscheint keine Frau unter den Zwölfen oder auch unter den anderen Aposteln. Wie Epiphanius von Salamis feststellt, gab es nicht einmal unter den Presbytern Frauen.[4]

Die meisten Christen heute – einschließlich Klerus und Wissenschaftler – glauben, daß Frauen eine geringe oder keine Rolle in der Bewegung um Jesus oder in der frühen Kirche gespielt hätten, als sie sich im Mittelmeerraum ausbreitete. Und doch spielten Frauen eine bedeutende Rolle in der Jesusbewegung und waren zusammen mit Männern wichtige Führerinnen in den unterschiedlichsten

Positionen der frühen Kirche. Die christliche Kirche wurde natürlich nicht auf einen Schlag eine deutlich abgegrenzte Organisation mit Gebäuden, Ämtern und großen Gemeinden. In ihren ersten Anfängen stellt man sie sich am besten als eine soziale Bewegung vor, wie es deren viele gab. Sie war informell, stand oft im Gegensatz zur kulturellen Hauptströmung und war durch Flexibilität und Durchlässigkeit gekennzeichnet, was Frauen, Sklaven und Handwerkern es ermöglichte, Führungsrollen einzunehmen.

Warum sind wir uns dann der Wichtigkeit von Frauen bei der Geburt des Christentums so wenig bewußt? Warum gelingt es diesen schwerwiegenden Fehlinterpretationen immer noch, Frauen an den Rand zu drücken, sogar in den aufgeklärtesten Kreisen der zeitgenössischen Christenheit? Die Antworten auf diese Fragen sind vielschichtig, sie beginnen und enden jedoch mit den kulturellen Ansichten über Geschlechterrollen.

Die Gesellschaften, zu denen die frühen Christen gehörten, hatten (wie unsere Gesellschaft) ganz bestimmte Vorstellungen von männlichen und weiblichen Rollen. Dem Geschlechterrollen-Stereotyp der alten Mittelmeerkulturen zufolge waren das öffentliche Sprechen und öffentliche Räume das alleinige Vorrecht der Männer; privater Raum, wie der Haushalt, war der angemessene Bereich für das Wirken von Frauen. Darüber hinaus herrschte in der Gesellschaft die Ansicht, eine anständige Frau solle um ihren Ruf der Keuschheit und ihre häusliche Abgeschiedenheit besorgt sein; Bescheidenheit und Verschwiegenheit wurden als Zeugnis ihrer sexuellen Zurückhaltung gewertet. Öffentliche Aktivitäten und öffentliche Ämter waren mit Bescheidenheit anscheinend nicht zu vereinbaren.

Doch die wirklichen Frauen jener Zeit lebten ihr Leben keineswegs in den engen Grenzen, die wir uns vielleicht vorstellen. Als Haushaltsvorstand leiteten sie Männer und Frauen, die in ihrem Bereich lebten und arbeiteten, und überwachten die Produktion und Verteilung der Güter. Als Geschäftsfrauen reisten sie, kauften ein, verkauften und handelten Verträge aus. Frauen mit entsprechendem

Reichtum und sozialem Status waren Patroninnen für einzelne Personen und Gruppen von niedererem sozialem Stand, indem sie Finanzhilfe leisteten, Empfehlungen an Behörden gaben und politische Protektion boten.

Um die Rolle von Frauen in der Urkirche zu verstehen, ist es wichtig zu wissen, welche Ämter die weltlichen Führungskräfte innehatten und was das für Leute waren. Wir wissen, daß leitende Persönlichkeiten bei Streit zwischen den Gemeindemitgliedern vermittelten, Geld sammelten und verteilten, die Interessen der Gemeinden gegenüber der Stadt- und Staatsregierung vertraten, gemeinsame Feste finanzierten, Gebetsstätten stifteten, unterrichteten und Hochzeiten ausrichteten. Ferner wissen wir, daß der soziale Status der wichtigste Faktor für potentielle Führungspersönlichkeiten war.

Die Kirche übernahm das in der Gesellschaft übliche Modell der Herrschaft. Im Hinblick auf ihren ungesicherten Stand in der römischen Gesellschaft hielten christliche Gemeinden nach reichen oder hochstehenden Mitgliedern Ausschau, um sie als Patrone und Beschützer zu gewinnen. Eine Stufe darunter wurden Haushaltsvorstände, die es gewohnt waren, Autorität auszuüben und über die Vorräte ihres Haushalts zu verfügen, oft die LeiterInnen der Hauskirchen.

In der alten Welt waren sowohl Männer als auch Frauen PatronInnen und Haushaltsvorstände. Der gesellschaftliche Status sowie die ökonomische und politische Macht, die mit diesen Rollen verbunden war, wurden nicht durch das Geschlecht eingeschränkt. Frauen wie Männer waren ProphetInnen und PriesterInnen. Jede dieser Positionen in der römischen Gesellschaft – PatronIn, Haushaltsvorstand, ProphetIn und PriesterIn – verschaffte einer Person jenen Status, jene Autorität und jene Erfahrung, die auf gleiche Führungspositionen in der christlichen Gemeinde übertragen werden konnten.

In alten Mosaiken, Malereien, Statuen, Widmungen und Grabinschriften fanden WissenschaftlerInnen zahlreiche Beweise weib-

licher Amtsausübung. In literarischen Quellen wie den Schriften des Neuen Testaments, Briefen, Predigten und theologischen Abhandlungen der frühen Kirche ist die Amtsausübung durch Frauen gut belegt. In den literarischen Quellen finden wir jedoch auch die negativen Auswirkungen dokumentiert, die durch den Konflikt zwischen weiblicher Amtsausübung und der geschlechtsspezifischen Rollenerwartung der Gesellschaft verursacht wurden. Die Verfasser des Neuen Testaments erwähnen Frauen in Führungsrollen meist nur nebenbei, um dann rasch zu wichtigeren Dingen überzugehen. Wenn sie sich länger mit der Diskussion um die Amtsausübung durch Frauen aufhalten, wie Paulus in seinem ersten Brief an die Korinther, sind ambivalente und ängstliche Töne spürbar. An Stellen des Neuen Testaments, in denen von Frauen in wichtigen Führungspositionen die Rede ist, veränderten männliche Autoren beim Niederschreiben der Geschichte den Anteil, den Frauen daran hatten.
Ein kurzer Blick auf die christlichen Gemeinden von drei Städten im alten Mittelmeerraum – Philippi, Korinth und Rom – kann uns Wesentliches über die Art und Weise der Amtsausübung von Frauen in der frühen Kirche lehren.

Die Gemeinde von Philippi

Die alte Straße nach Philippi führt von der Küste landeinwärts. Kurz bevor sie die Stadt erreicht, überquert sie den Fluß Gangites, dann führt sie durch den ummauerten Teil der Stadt am Krenides-Tor und verläßt sie auf der anderen Seite am Neapolis-Tor. Im 4. Jahrhundert v. Chr. erbaut, boten die alten Mauern von Philippi der umschlossenen Stadt einst Sicherheit, doch im 1. Jahrhundert hatte planloses Wachstum über vier Jahrhunderte diese Stadtmauern gesprengt, und nun klebten die Häuser wie Kletten an den Hauptdurchgangsstraßen.[5] Die Geschichte von Paulus und Lydia, wie sie von Lukas in der Apostelgeschichte erzählt wird, fand in

Philippi statt. Lukas schreibt, daß Paulus bei seiner Ankunft in Philippi nach der jüdischen Synagoge fragte, so wie er es in jeder Stadt tat. Er erfuhr, daß sich die Juden irgendwo außerhalb der Stadtmauern zum Gebet träfen, in den neueren Vierteln der Stadt. Es handelte sich vielleicht um eine Haussynagoge. Es war Sabbat, und Paulus folgte der Straße, vorbei an der alten Stadtmauer, um die von Lukas so benannte *proseuches*, die Gebetsstätte, aufzusuchen.[6] In seinen Berichten vom Besuch in anderen Städten benutzte Lukas jedoch das Wort *synagoge*. Das Wort *proseuches* bezeichnet einen Gottesdienst mit traditionellen jüdischen Gebeten und Lesungen, der am Sabbat abgehalten wird. Warum hat Lukas in diesem Fall diese Bezeichnung gewählt? Vielleicht, weil diejenigen, die lasen und beteten, hauptsächlich Frauen waren (Apg 16,13). Die Neutestamentlerin Bernadette Brooten vermutet, daß, in Anbetracht seiner Haltung zur weiblichen Geschlechterrolle, Lukas' Abneigung, das Wort *synagoge* zu benutzen, seine Ambivalenz ausdrückt über die wichtige Rolle, die Frauen beim Gottesdienst in der Synagoge innehatten.[7]

Lukas erzählt, daß Paulus mit diesen Frauen ein Gespräch über Fragen der Auslegung der Heiligen Schrift hatte und zu ihnen vom Messias sprach (Apg 16,11–15). Die erste Frau, die seine Botschaft aufnahm, war Lydia, ein Haushaltsvorstand und eine Händlerin. Obwohl sie eine der Frauen war, die an den Lesungen und Gebeten teilnahm, war sie keine jüdische Konvertitin, sondern eine sogenannte Gottesfürchtige – eine, die an den Gottesdiensten der jüdischen Gemeinde teilnahm, sich jedoch nicht ganz dem Gesetz unterwarf. Paulus' Lehre über die jüdisch-christliche Glaubenspraxis, die die Schrift verehrte, die genaue Einhaltung des Gesetzes jedoch nicht erforderte, fand in Lydia eine bereitwillige Konvertitin.

Als Geschäftsfrau, die wegen ihres Handels viel reiste, verfügte Lydia über ein dichtes Netz von Verbindungsleuten. Sie war finanziell unabhängig und Leiterin ihres Haushalts. Als sie sich zum Christentum bekehrte, wurde mit ihr zusammen auch der ganze

Haushalt getauft – ein weiteres Zeichen ihrer Autorität. Lydias Haushalt gehörten wohl nicht nur die Familienmitglieder an, sondern auch die Haussklavinnen und -sklaven sowie diejenigen, die mit der Herstellung von Purpurstoff befaßt waren. Lydias Einfluß erstreckte sich auch über ein Netzwerk von KundInnen und FreundInnen. Ihr Wohlstand erlaubte es ihr, Paulus gastfreundlich in ihr Haus einzuladen, in dem er für einige Zeit wohnte. Von hier aus übte er auch sein Lehr- und Predigeramt aus, als frisch konvertierte Christen sich dort versammelten, um die neue Lehre zu hören und zu diskutieren (Apg 16, 40).

Wer Haushaltsvorstand war, war dadurch für Führungsaufgaben qualifizierter. Weil Haushaltsführung administrative, finanzielle und disziplinarische Verantwortung bedeutete, war es eine Vorbereitung, eine ähnliche Verantwortung in der Gemeinde zu übernehmen. Politische Theoretiker der Griechen waren der Meinung, daß Fertigkeiten, die für ein politisches Amt nötig waren, zuerst durch das Führen eines Haushalts erworben wurden. In einer feierlichen Rede, die Isokrates an den jungen Nikokles richtete, der eben die Verantwortung der Haushaltsführung und der Bürgerschaft übernehmen sollte, sagte er: »Die guten Souveräne müssen sich bemühen, einen Geist der Einigkeit nicht nur in den Staaten, die sie lenken, herrschen zu lassen, sondern auch in ihrem eigenen Haus und in den Anwesen, die sie bewohnen; denn jedes dieser Werke erfordert Selbstbeherrschung und Gerechtigkeit.«[8] Die Ordnung des Haushalts wurde als Grundlage angesehen für die Ordnung der Gesellschaft als Ganzes. Harmonie und Ordnung von Haushalt und Staat beruhten auf den Tugenden der Gerechtigkeit (*dikaia*), Selbstbeherrschung und Besonnenheit (*sophrosyne*). Ein Mann, der sich selbst beherrschen konnte, war einer, der auch über andere herrschen konnte. Die Fähigkeit, in einem Haushalt Gerechtigkeit walten zu lassen, war Garantie dafür, daß einer fähig war, Gerechtigkeit im Stadtstaat herzustellen. (Das breite Spektrum der Verantwortlichkeiten, das mit Haushaltsführung verbunden ist, wird im 2. Kapitel ausgeführt.)

Die Kirche von Philippi wurde nicht nur von Frauen gegründet, auch ihre Leitung blieb in der Hand von Frauen. In Paulus' Brief an die Philipper wandte er sich an die drei führenden Frauen. Er ermahnte Evodia und Syntyche, sich zu versöhnen, um die Leitung der Kirche zu verbessern. Er benutzte für die dritte Frau das zärtliche Wort *syzyge*, was »Gefährtin« bedeutet, oder »Partnerin«; er ermutigte sie, Evodia und Syntyche, seine Mitarbeiterinnen, zu unterstützen, die »mit mir für das Evangelium gekämpft« haben (Phil 4, 1–3).[9]

Leitung der Synagoge

Ein kurzer Blick auf die Verbindung zwischen Haussynagoge und Hauskirche, zwischen jüdischem Gottesdienst und christlichem Gottesdienst, kann die Bedeutung der Leitung erhellen. Die städtischen Synagogen der hellenistischen Städte waren Gemeinschaftszentren, Schulen, Kultstätten und politische Interessenverbände. Teil einer jüdischen Gemeinde zu sein bedeutete, Teil einer *politeuma*, eines Gemeinwesens, einer Nation zu sein. Dieses Zusammengehörigkeitsgefühl drückte sich in einer bestimmten Lebensweise, einem bestimmten Moralkodex, bestimmten Rechtsnormen und einer unverwechselbaren Form des religiösen Kults aus.

Die frühen Christengemeinden verstanden sich als Volk und als Nation. Die christliche *politeuma* war für die Römer jedoch weniger verständlich als die jüdische, weil die Römer das jüdische Volk auf Grund seiner Geschichte und seiner Treue zu den Bräuchen ihrer Vorfahren respektierten. Die Christen waren ganz im Gegensatz dazu eine Versammlung von Konvertiten unterschiedlicher ethnischer Gruppen. Die Römer nannten sie geringschätzig die »dritte Rasse«.

Aus der Sicht der römischen Regierung waren Synagogen so etwas wie ein *synodos* (Versammlungsort), ein privater Verein oder religiöser Club. Synagogen kamen, wie ein Club, in den Genuß von

Wohltaten ihrer Gönner, ernannten Funktionäre und dienten sowohl religiösen als auch gesellschaftlichen Zwecken. Die Leiter der Synagoge von Sardis erreichten, daß sie solch ein Gemeinwesen haben durften, daß sie von ihren eigenen Gesetzen regiert wurden und daß sie einen Ort hatten, an dem sie ihre internen Streitigkeiten regeln konnten.[10] Die einflußreichen Juden von Alexandrien erreichten von Kaiser Claudius die Wiederherstellung besonderer Privilegien, insbesondere des Rechts, sich selbst nach den Gesetzen der Vorfahren zu regieren, es gelang ihnen jedoch nicht, die Bürgerrechte für die Juden zu bekommen.[11]

Die Synagoge war wie ein halbautonomes politisches Gebilde, mit eigenen Herrschern, *archai*, die die Gruppe repräsentierten und ihre Interessen der Stadt und der Staatsregierung gegenüber vertraten. Die Vorsteher der jüdischen Gemeinden spielten der Staatsmacht gegenüber die traditionelle Rolle von politischen Patronen. Sie bekamen von der Obrigkeit zugunsten ihrer Klienten gewisse Privilegien eingeräumt, wie zum Beispiel rechtliche Vertretung und Schutz bei Gerichtsverfahren, und sie sicherten ihnen Steuer- und Abgabefreiheit sowie die Befreiung von öffentlichen Ämtern.

In der römischen Gesellschaft konnten Personen, die imstande waren, ein Patronat auszuüben, aufgrund ihrer Spenden auch in führende Positionen gelangen. Mitglieder des städtischen Adels machten der Stadt oft finanzielle Geschenke, indem sie Bauten erstellten, die Kosten für die Reparatur der Wasserleitungen übernahmen oder teuren Straßenschmuck spendeten, wie Statuen oder Mosaike. Solche Wohltäter wurden mit Widmungsinschriften geehrt, die in Marmor oder Stein gehauen wurden und den Spender und das Geschenk benannten. Dem Kirchenhistoriker sagen diese Inschriften etwas über die Art von Leitung, die von theologischen Schriften nicht immer mitgeteilt wird. (Im dritten Kapitel werden die verschiedenen Formen des Patronats oder der Schirmherrschaft herausgearbeitet.)

In Dura Europas, einer abgelegenen römischen Militärkolonie nahe der persischen Grenze, gab ein gewisser Samuel eine Reihe von herrlichen Gemälden in Auftrag, die die hohen Wände der Synagoge aus dem 2. Jahrhundert schmücken sollten.[12] Seine beiden Titel, »Priester« und »Ältester«, zeigen, daß er für seine Spende geehrt wurde und daß er eine Führungsrolle innehatte. In Myndos finanzierte eine bekannte Frau, Theopempte, eine verzierte Marmorsäule (und vielleicht auch die dazugehörige geschnitzte Marmorwand des Altarraumes) für die Synagoge. Die Inschrift aus dem 4. oder 5. Jahrhundert sagt aus, daß sie Herrin, *arche*, der Synagoge war.[13] Im 3. Jahrhundert überließ Klaudios Tiberius Polycharmos das Erdgeschoß seines Hauses im mazedonischen Stobi der Synagoge zum Gebrauch und wohnte mit seiner Familie in den oberen Stockwerken. Die dankbare Gemeinde ehrte ihn mit dem Amt und dem Titel »Vater der Synagoge«.[14] Eine leitende Funktion in der Synagoge bedeutete auch Führungsaufgaben in der Gemeinde. In Jerusalem übte der Ältestenrat (*presbyteroi*) gesetzliche und richterliche Funktionen für die jüdische Gemeinde aus. Er legte die Gesetze aus und regelte zivile Streitfragen unter den Gemeindemitgliedern. Vorsteher der Synagogen sammelten auch Steuern ein und regelten ihre Verteilung. Die Verwendung des griechischen Begriffs *archon* (Herrscher) bei den Juden für die Leitung der Synagoge drückt den Charakter dieser Funktion aus.

Leitung der Synagoge durch Frauen

Daß Frauen in der Leitung der christlichen Gemeinde von Philippi in der Mehrzahl waren, ist möglicherweise die natürliche Folge davon, daß sie bei den Sabbatfeiern außerhalb der Stadtmauern offenbar in der Mehrzahl waren. Es war nichts Besonderes, daß Frauen den Gottesdienst in der Synagoge leiteten. Das ist durch die Inschriften gut belegt. Bernadette Brootens Studie über neunzehn jüdische Inschriften zeigt, daß Frauen das Amt des »Vorstands der Synagoge«, der Ältesten, der Priesterin und »Mutter der Synagoge« bekleideten. Eine Inschrift von Smyrna lautet: »Rufina, eine Jüdin, Oberhaupt der Synagoge, errichtete dieses Grab für ihre freigelassenen Sklaven und die Sklaven, die in ihrem Haus aufwuchsen. Keiner sonst hat das Recht, jemanden [hier] zu begraben«.[15] Eine andere aus Kreta lautet: »Sophia von Gortyn, Älteste und Oberhaupt der Synagoge von Kisamos [liegt] hier. In ewiger Erinnerung an diese Gerechte. Amen.«[16] Eine Inschrift für eine jüdische Frau, die den Titel Priesterin trägt, lautet: »O Marin, Priesterin, gut und freundlich zu allen, die niemandem Schmerz bereitete und freundlich zu deinen Nachbarn, lebe wohl!«[17]

Dort, wo Christen das jüdische Modell der Leitung durch Älteste übernahmen, wurden Frauen weiterhin für dieses Amt gewählt. Inschriften bezeugen, daß christliche Frauen auch in ihren Gemeinden das Amt der Ältesten einnahmen. Eine christliche Inschrift aus dem 2. oder 3. Jahrhundert in Ägypten lautet: »Artemidoras, Tochter des Mikkalos, entschlief im Herrn, ihre Mutter, Paniskianes, ist eine Älteste (*presbytera*, weibliche Form).« Bischof Diogenes errichtete im 3. Jahrhundert ein Denkmal für Ammion die Älteste (*presbytera*, weibliche Form), und ein Epitaph in Sizilien aus dem 4. oder 5. Jahrhundert spricht von Kale der Ältesten (*presbytis*, ebenfalls weibliche Form).[18]

Im Mittelpunkt der Gottesdienste in der Synagoge stand die Lesung aus den Thorarollen, die oft in einer Nische untergebracht waren, die aus der schlichten Architektur der Synagoge hervorstach. Während der Gottesdienste in der Synagoge konnte jedes Mitglied aus der Thorarolle vorlesen und dann die Anwesenden durch Auslegung der eben gelesenen Stellen belehren. Von gleicher Wichtigkeit wie die Lektüre der Gesetze war ihre Anwendung im Alltagsleben der Gemeinschaft. Das war Interpretationssache, und alle Mitglieder der Synagoge nahmen daran teil. Die gelehrten Gemeindemitglieder, die lesen und sich Bücher leisten konnten, studierten und interpretieren auch noch privat weiter.

Priscilla, eine hochgebildete Frau, die Mitglied der Synagoge in Rom war, zeigte sich bei der Auslegung der Gesetze sehr kompetent. Diese Fähigkeit bildete das Fundament für ihre Führungsrolle in der frühen Christengemeinde. In ihrer Eigenschaft als Gesetzeslehrerin ging sie zu Apollos, einem begnadeten Redner und Neuankömmling in Korinth, um ihm die christliche Auslegung der Propheten eingehender zu erläutern. Gebildete Jüdinnen waren auch Mitglieder der jüdischen philosophischen Schule in Alexandrien. Manche Tage waren der gemeinsamen Forschung gewidmet. Männer und Frauen studierten, redeten und debattierten zusammen. Abends feierte die Gemeinde einen gemeinsamen Gottesdienst mit antiphonischen Gesängen, in denen männliche und weibliche Stimmen einander antworteten.[19]

Die Gemeinde von Korinth

Schon früh erreichte das Christentum die lebhafte Stadt Korinth, zusammen mit der Handelsware, die in knarrenden Karren zwischen der Stadt und den zwei Häfen von Lechaion und Kenchreä transportiert wurde. Die Stadt erstreckte sich über die Hänge des Akrokorinth, des Bergs, der die Stadt überragte. Das Theater zog sich am gleichen Hang hinauf, bis zu einem kleinen Plateau, das von einem Apollotempel aus Marmor gekrönt wurde.

Gleich innerhalb der alten Stadtmauer war der Asklepiostempel, in dem Kranke und Verletzte auf das Gottesgeschenk der Heilung warteten. In der Nähe des Tempels lag ein Säulenhof, der zu drei Speisesälen führte, die mit Eßtischen und Liegen aus Stein ausgestattet waren, auf denen in ausgestreckter Haltung gespeist wurde (Kissen wurden gestellt).[20] Hier wurden kultische Bankette zu Ehren des Gottes abgehalten. Reisende konnten auch der Straße nördlich von Korinth nach Delphi folgen, zum berühmten Schrein des Apollo, um bei der Pythia, einer Priesterin mit dem Titel Prophetin, Rat zu suchen. Sie saß auf dem Dreifuß, der Apollos Thron ähnelte, und gab Rat und Hilfe, indem sie das Orakel des Gottes verkündete.[21] Die Priesterin saß ruhig in tranceähnlichem Zustand und wartete auf die göttliche Eingebung; wenn sie kam, strömten die Worte schnell, in kurzen, eleganten Strophen, den sogenannten

Orakeln. Das rhythmische Maß und der gebieterische Ton dieses Orakels ist in Aeulius Aristides' Memoiren festgehalten, in denen ein Orakel überliefert wird, das er im Apollotempel von Kolophon im frühen 2. Jahrhundert bekam:

> Asklepios wird deine Krankheit
> behandeln und heilen
> zu Ehren der berühmten Stadt Telephus
> nicht weit von den Wassern des Caicus.[22]

Die neubekehrten Christen versammelten sich in Privathäusern, in den inneren Gemächern, fern vom Lärm der Straßen. Doch die Riten der Anhänger diese neuen Sekte wären der festlichen Menge nicht fremd vorgekommen, den Menschen, die an der Prozession teilnahmen, die Blumen, Korn, Wein und Opfertiere dem Apollo als Geschenk darbrachten. In ihren Gottesdiensten sangen die Christen, psalmodierten und machten in Ekstase Prophezeiungen. Christen versammelten sich ebenso zu einem kultischen Mahl, zu Ehren eines gestorbenen und auferstandenen Gottes, der einfach Christos, der Gesalbte, genannt wurde. Orakel waren auch ein bekannter Teil des christlichen Gottesdienstes, besonders in Korinth. In seinem Brief an die Gemeinde in Korinth übermittelte Paulus selbst ein Orakel, das er empfangen hatte, als er um Heilung von körperlichen Beschwerden gebetet hatte:

> Meine Gnade genügt dir; denn sie erweist ihre Kraft in der Schwachheit zur Vollendung. (2 Kor 12, 9)[23]

Das Orakel, das Paulus empfing, brachte Linderung, wenn nicht gar Heilung.

In den Häusern, in denen sich die Christen von Korinth trafen, folgten Frauen als Prophetinnen dem Ruf des Geistes. Eine stand auf und sprach einen Segen, eine Lobpreisung, eine Weissagung oder einen Lehrsatz. Noch bevor diese ihr Orakel zu Ende gesprochen hatte, stand dann eine andere auf mit einem Wort der Ermutigung, der Hoffnung oder der Ermahnung. Unter diese Stimmen mischten sich ekstatische Schreie und Ausrufe des Dankes, der Anbetung, des Lobpreises.[24] Für diese neuen Christen stellte die Gegenwart des Geistes die Erfüllung der Prophezeiung dar: »In den letzten Tagen wird es geschehen, so spricht Gott: Ich werde von meinem Geist ausgießen über alles Fleisch. Eure Söhne und Töchter werden Propheten sein … Auch über meine Knechte und Mägde werde ich von meinem Geist ausgießen in jenen Tagen, und sie werden Propheten sein« (Apg 2, 17–18).

Einige Teile des Rituals der Christen von Korinth wären den Intellektuellen der philosophischen Schule vertrauter gewesen. Es waren die Lesungen der heiligen Schriften, gefolgt von Interpretationen und Ermahnungen, fast so wie bei den Lesungen der Abhandlungen der griechischen Philosophen. Jene Jünger, die sich die markanten Sätze und klugen Antworten ihrer Meister merkten, gaben diese Anekdoten an die Gemeinde weiter, denn wer sich danach richtete, würde Tugend und persönliches Glück erlangen.

Prophetische Führung

Diese Art von Prophezeiungen war eine wesentliche Form der Herrschaft im Urchristentum. Apostel, Prophet und Lehrer, diese drei Leitungsfunktionen werden in Paulus' Schriften immer wieder erwähnt. Apostel waren reisende Evangelisten, deren Arbeit sie von Stadt zu Stadt führte, wo sie die Frohe Botschaft *(euangelion)* von Jesu Leben, Tod und Auferstehung verkündeten. Propheten und Lehrer waren die örtlichen Führungspersönlichkeiten. Nach Heinrich Greeven lag die Leitung der Gemeinde von Korinth in den Händen von Propheten und Lehrern gemeinsam, beide waren Mittler des Heiligen Geistes.[25] Propheten gaben erleuchtete Botschaften an die Gemeinschaft, und Lehrer unterrichteten die Gemeinde in Dingen des Glaubens und in praktischen Angelegenheiten. Diese Propheten und Lehrer besaßen Autorität in der Gemeinde, weil sie als spezielle Mittler göttlicher Offenbarungen galten.[26] Davin Aune unterscheidet mindestens drei Arten von Propheten: Gruppen von

Propheten, die während der christlichen Gottesdienste prophezeiten (die weiblichen Propheten von Korinth waren eine solche Gruppe), Prophetenschulen, in denen sich die einzelnen Propheten zu einer Art Gilde zusammenschlossen (Johannes, der die Apokalypse niederschrieb, gehörte zu solch einer Schule) und reisende Propheten, deren Auftrag es war, Unterricht, Prophezeiungen und Ermahnungen in die verschiedenen Gemeinden zu bringen.

Reisenden Propheten, die »im Namen des Herrn« kamen, wurde durch ein gemeinsames christliches Mahl und eine aufmerksame Zuhörerschaft für ihre Lehre Gastfreundschaft gewährt. In der Apostelgeschichte gibt Lukas eine Wundergeschichte wieder, die Paulus' Autorität als Apostel bestätigt. Die Geschichte handelt zwar von einer dramatischen Wunderheilung, eigentlich einer Auferweckung von den Toten, sie ist aber in unserem Zusammenhang interessant, weil Lukas im Verlauf dieser Geschichte das Bild einer typischen Gemeinde zeichnet, die einen reisenden Lehrer empfängt.

Lukas zufolge hatten sich die Christen von Troas zum gemeinsamen Mahl (dem Brotbrechen) in einem Raum im dritten Stock versammelt, dessen Fenster in einen Hof hinausgingen. Nach dem Abendessen, bei dem auch Wein getrunken wurde, unterhielt sich Paulus mit ihnen. Der Raum war überfüllt und warm; der Schein der Öllampen erleuchtete auch die entferntesten Ecken, und die Diskussion mit Paulus zog sich bis in die Nacht hinein. Der Jüngling Eutyches saß auf der Fensterbank, um sich den Rücken in der frischen Nachtluft zu kühlen. Als Paulus' Reden ununterbrochen weitergingen und das Gesumm der Fragen und Antworten die schwere Luft erfüllte, schlief Eutyches ein. Plötzlich unterbrach ein Drama den lebhaften Gesprächsfluß. Eutyches war aus dem Fenster gefallen. Die, die zuerst bei Eutyches waren, sagten, er sei tot, aber Paulus behauptete, es gäbe noch Hoffnung. Als Eutyches vorsichtig auf ein Bett gelegt wurde, streckte er sich über ihn, wie es Elias getan hatte (1 Könige 17, 17–24), um ihn zum Leben zu erwecken. Nachdem er versichert hatte, daß Eutyches am Leben

bleiben würde, ging Paulus wieder zurück in den dritten Stock und aß mit der Gemeinde, die sich noch bis zum Morgengrauen mit ihm unterhielt. Im allgemeinen wurde den reisenden Lehrern Unterkunft und Verpflegung gewährt, dafür unterrichtete er oder sie die Gemeinschaft, sprach von Gott, und die Gemeinde antwortete mit Fragen, Bemerkungen und eigenen Meinungen.
Einige Kirchen in Kleinasien fanden es mit der Zeit notwendig, Richtlinien für den Empfang von reisenden Propheten und Lehrern zu verfassen. Ihr Handbuch der Kirchenführung, die *Didache*, gibt uns ein Bild vom Amt der Propheten, wie es auch Lukas zeichnete. Ein reisender Prophet hatte Anrecht auf Unterkunft und Verpflegung. Wenn er unter dem Einfluß des Geistes redete, durfte der Prophet nicht unterbrochen werden, doch nachdem er das Orakel gesprochen hatte, konnte die Gemeinde mit ihm diskutieren, Fragen stellen und sogar die Botschaft anzweifeln. Die Führungsfunktionen der Propheten waren recht unterschiedlich, aber ihre Autorität gründete immer auf ihrer Fähigkeit, göttliche Offenbarung zu übermitteln. Obwohl prophetische Autorität von jeder Person beansprucht werden konnte, mußte diese Autorität von der Gemeinde anerkannt werden. Normalerweise galt als Legitimation der Propheten die Richtigkeit ihrer Lehren und ihr christlicher Lebenswandel. In der Gemeinde von Korinth mußten andere Propheten das Orakel eines Propheten oder einer Prophetin deuten und bestätigen, wenn er oder sie gesprochen hatte. Die *Didache* enthielt einen ziemlich strengen Test, um zu prüfen, ob der Anspruch des Propheten, im Namen des Herrn zu sprechen, legitim war:

> Was aber die Apostel und Propheten betrifft, so verfahrt nach der Satzung des Evangeliums: Jeder Apostel, der zu euch kommt, soll aufgenommen werden wie der Herr. Er soll aber nicht länger bleiben als einen Tag; ist es indes nötig, dann auch noch den zweiten; bleibt er aber drei Tage, dann ist er ein Lügenprophet. Zieht der Apostel weiter, dann soll er nichts mitnehmen außer (genügend) Brot, bis er übernachtet; bittet er um Geld, dann ist er ein falscher Prophet.[27]

Wenn Propheten unter dem Einfluß des Geistes um Nahrung oder Geld für sich selbst baten, dann wußte die Gemeinde, daß es sich nicht um wahre Propheten handelte. (Was wäre, wenn Fernsehpfarrer von heute auf diese Weise ihr echtes Christentum beweisen müßten?)

Die christlichen Gemeinden schätzten die Gabe der Prophezeiung und der Offenbarung und erkannten die Leitungsfunktion von Männern und Frauen an, die diese Gabe besaßen. In den Kirchen von Kleinasien wurde einem Propheten, der in der Gemeinschaft weilte, die Ehre zuteil, beim eucharistischen Mahl den Vorsitz zu führen. Solche Propheten waren nicht verpflichtet, ein liturgisches Dankgebet zu sprechen, sondern waren frei, spontan so zu beten, wie es ihnen der Geist eingab.[28] Diese Art von prophetischer Führung war der Gemeinde so wertvoll, daß sie finanziell unterstützt wurde.

Prophetinnen

In Lukas' Erzählung vom Christentum waren Prophezeiungen sehr wichtig, denn der Heilige Geist, so wie er sich in Prophezeiungen manifestierte, zeigte die Kontinuität zwischen Judentum und Christentum. Das Lukasevangelium beginnt mit der Geschichte von Elisabeth, die erfüllt wurde vom Heiligen Geist und prophetisches Zeugnis von Marias Erwählung und der Einzigartigkeit des Kindes in ihrem Leib gab. Maria selbst prophezeite auch, und ihr Orakel, das Magnifikat (Lk 1, 47–55), ist vielleicht die beliebteste und am meisten zitierte Prophezeiung einer Prophetin. Marias Worte – »er stürzt die Mächtigen vom Thron und erhöht die Niedrigen. Die Hungernden beschenkt er mit seinen Gaben und läßt die Reichen leer ausgehen« – klingen über die Jahrhunderte hinweg so bestimmt wie die Orakel des Jesaja, Amos oder Ezechiel, und doch nennt Lukas sie nicht Prophetin.

Das Markusevangelium enthält die Geschichte einer Frau, deren geistige Erleuchtung, Berufung und Zielstrebigkeit sie in die Reihe der Propheten stellten. Markus' Geschichte ist knapp:

> Als Jesus in Betanien im Haus Simons des Aussätzigen bei Tisch war, kam eine Frau mit einem Alabastergefäß voll echtem kostbarem Nardenöl, zerbrach es und goß das Öl über sein Haar. Einige aber wurden unwillig und sagten zueinander: Wozu diese Verschwendung? Man hätte das Öl um mehr als dreihundert Denare verkaufen und das Geld den Armen geben können. Und sie machten der Frau heftige Vorwürfe. (Mk 14, 3–5)

Wer war sie? Welche geistige Erleuchtung brachte sie dazu, plötzlich bei dem Festmahl zu erscheinen? Erkannten die Gäste sie, als sie hereintrat? Wußten sie, wer sie war? War sie eingeschüchtert durch ihr Mißtrauen? Was wollte sie erreichen mit ihrer Tat? Wie viele verstanden die prophetische Botschaft? Die Jünger und der Verfasser des Evangeliums erkannten sie nicht als Prophetin.

Sie hatte eine Erleuchtung erfahren, wer Jesus war, und fühlte sich aufgefordert, öffentlich Zeugnis abzulegen von seiner wahren Identität. Für ihre prophetische Enthüllung wählte sie keine Worte, sie wählte eine stumme, aber wunderbare Geste. Wie der Prophet Samuel Öl über das Haupt des rauhen Schäfers David goß, so hob sie das Gefäß über das Haupt von Jesus aus Galiläa und goß das teure Salböl über sein Haar. So wie der Prophet Samuel David als König von Israel auszeichnete, so proklamierte ihr symbolischer Akt Jesus öffentlich als Sohn des David, den kommenden Messias, Christus, den Gesalbten (siehe auch Mt 26, 6–13). In den anschuldigenden Stimmen der Jünger können wir Verärgerung hören über die frivole Geldverschwendung dieser Geste. Vielleicht war sie eine Grundbesitzerin, und ihre Anwesenheit brachte latente Spannungen zwischen Dorfbewohnern und Landbesitzern zum Ausbruch. Auf jeden Fall zeigt das Evangelium deutlich, daß die Jünger – im Gegensatz zu dieser unbekannten Frau – nicht imstande waren, Jesus wirklich als den Messias zu erkennen, und sie schlugen auch nicht alle Vorsicht in den Wind, um seine göttliche Botschaft zu verkünden.

Lukas erwähnt nur ganz nebenbei die vier Töchter des Philippus, die Prophetinnen waren, und fährt fort, ohne deren wichtige Rolle in der Leitung der Christengemeinde zu kommentieren (Apg 21,9). Sie waren aber zweifellos ebenso Führerinnen der Kirche von Cäsarea wie die Prophetinnen der Kirche von Korinth.

Weibliche Propheten der christlichen Gemeinden trugen in diese neue religiöse Bewegung Rollen hinein, die denen ihrer Schwestern in den griechischen und römischen Religionen glichen. Prophezeiungen durchdrangen jeden Aspekt des griechisch-römischen Lebens. Berufsmäßige Propheten oder Wahrsager erteilten der Regierung Ratschläge bei militärischen Operationen, der Gründung von Kolonien und für den Zeitpunkt von Festlichkeiten. Einzelpersonen gaben sie Rat in Sachen Hochzeit, Reise oder Schwangerschaft. Auf all diesen Gebieten waren Propheten die Künder göttlichen Willens, weil sie unter dem Einfluß, mit der Eingebung und im Besitz des göttlichen Willens sprachen. Eine Syrerin begleitete Alexander den Großen auf seinen Eroberungen und verkündete Orakel. Eine andere Syrerin, Martha, hatte die Gabe der prophetischen Orakel und verkündete sie der Frau des Marius, was dazu führte, daß sie die religiöse Ratgeberin dieser eindrucksvollen politischen Gestalt wurde.[29] In beiden Fällen waren die Frauen professionelle Prophetinnen oder Wahrsagerinnen, die von der Regierung angestellt waren und ihr als Beraterinnen dienten.
Die Vollmacht weiblicher Propheten, göttliche Eingebungen zu empfangen und zu deuten, war in der griechisch-römischen Religion fest verankert. Plutarch überliefert eine Begebenheit, bei der die prophetische Intervention einer Frau ein Leben rettete. Einige Römerinnen, die ein Ritualopfer zu Ehren der Göttin Bona Dea und der griechischen Göttin Gynacea durchführten, sahen ein Zeichen: »Von dem Altare nämlich, auf dem das Feuer schon erloschen zu sein schien, stieg auf einmal aus der Asche und den verbrannten Baumrinden eine starke und helle Flamme hervor.« Die Jungfrauen, die das Opfer durchführten, deuteten das Zeichen schnell und schickten eine Botschaft an Ciceros Frau Terentia, daß

er durch Verschwörer in Gefahr sei und die Göttin ein großes Licht gesandt habe, um seine Sicherheit und seinen Ruhm zu erhalten.[30]

Das späte 2. Jahrhundert war Zeuge einer Rückkehr des prophetischen Einflusses innerhalb des Christentums, und wieder waren Prophetinnen bedeutsam. In Phrygien wurde die prophetische Bewegung nach ihrem Gründer Montanus benannt, der eng mit zwei Prophetinnen, Priscilla und Quintilla, zusammenarbeitete. Da ihre Prophezeiungen als Gottesorakel galten, wurden sie sorgfältig niedergeschrieben und als zweite Heilige Schrift der Montanistengemeinde aufbewahrt. Die Verehrung, die die Montanisten den Orakeln ihrer weiblichen Propheten entgegenbrachten, ist von Hippolytos, einem ihrer erbittertsten Widersacher, überliefert.

> Sie besitzen eine unendliche Anzahl ihrer Bücher, so daß sie vom Irrglauben befallen sind, und sie geben vor, daß sie durch diese mehr gelernt hätten, als durch das Gesetz und die Propheten und das Evangelium. Doch sie stellen diese elenden Frauen über die Apostel und jede Gnadengabe, so daß manche von ihnen behaupten, daß in ihnen etwas Höheres sei als in Christus... Sie führten jedoch auch die Neuigkeiten ein von Fasten, Feiern und Mahlzeiten von gedörrtem Essen, Essen von Rettichen, wobei sie sich auf die Anweisungen dieser Frauen berufen.[31]

Hippolytos' Klage bezog sich darauf, daß die Weisungen dieser Frauen bei den Montanistengemeinden gleich viel galten wie die Heilige Schrift.

Von Tertullian, der von der moralischen Zucht der Montanisten positiv beeindruckt war, hören wir von den Aktivitäten einer afrikanischen montanistischen Prophetin:

> So lebt heutzutage eine Mitschwester bei uns, welche die Gnade erhalten hat, Offenbarungen zu empfangen, die sie in der Kirche während der Feier zu Ehren des Herrn durch Verzückung im Geiste erfährt: sie spricht mit den Engeln, zuweilen auch mit dem Herrn, sieht und hört Geheimnisse, durchschaut die Herzen

> verschiedener Menschen und erhält Anweisungen zur Heilung für diejenigen, die sie benötigen. Je nachdem nun Schriftstellen gelesen, Psalmen gesungen, Predigten gehalten oder Gebete gesprochen werden, werden ihr daraus die Gegenstände für ihre Visionen geliefert.[32]

Während ihrer prophetischen Ekstase empfing die Prophetin Offenbarungen über Personen, erkannte deren inneren Zustand und gab ihnen Rat und Führung. Alles, was sie sprach, wurde niedergeschrieben und von der Gemeinschaft als Offenbarung des Geistes betrachtet.
Ein weiteres Handbuch der Kirchenleitung aus dem 2. Jahrhundert, die *Apostolischen Statuten*, gab den Kirchen die Anweisung, zwei Witwen zu weihen, um genau dieses Amt des Gebetes und der Offenbarung auszuüben: »Laßt sie drei Witwen weihen, zwei sollen im Gebet zusammen bleiben für alle, die in Gefahr sind und damit sie um Offenbarungen bitten für das, was sie benötigen.«[33]
Manche Offenbarungen bezogen sich auf individuelle Wünsche wie Heilung oder Rat; andere waren Botschaften an die Gemeinde insgesamt. Auch diese Witwen waren Prophetinnen.[34]

Die Gemeinde von Rom

Wunderbares Rom! Im 1. Jahrhundert der christlichen Ära schwelgte die Stadt im Luxus des neuen Reichtums, der von den eroberten Völkern durch Handel oder Tribut eingebracht wurde. Wie ein strahlender Magnet zog die kaiserliche Stadt Philosophen an, die neue Schulen gründeten, und religiöse Visionäre, die neue Lehren verkündeten. Es kamen auch christliche Wanderprediger, und innerhalb eines Jahrzehnts nach dem Tod Jesu war die christliche Gemeinde von Rom gut etabliert. Viele der zahlreichen zum Christentum konvertierten Menschen kamen aus den Synagogen der Kaiserstadt. Es entstanden Konflikte zwischen den neukonvertierten, jüdischen Christen und der skeptischen jüdischen

Mehrheit. Schließlich entzündeten sich an den heftigen Rivalitäten städtische Unruhen, die ein Einschreiten der Staatsmacht notwendig machten. Kaiser Claudius reagierte auf diese »Rivalitäten« im Jahr 45 n. Chr., indem er die Juden der Stadt verwies. Priska und Aquila, zwei Juden, die vor kurzem konvertiert waren, folgten ihren Verbindungen im Mittelmeerraum bis nach Korinth und ließen sich dort im Exil, fern der kaiserlichen Stadt nieder. Als Paulus seinen Brief an die Römer schrieb (um 67 n.Chr.), waren die Juden nach Rom zurückgekehrt und die jüdisch-christliche Gemeinde blühte wieder.

Die Bevölkerungsdichte zwang die Städter, in Wohnungen zu leben. HändlerInnen hatten Wohnräume über ihren Läden; reichere BürgerInnen lebten in größeren Wohnungen, und die Wohlhabenden besaßen Villen. In einer Hauptstadt von der Größe Roms war die Christengemeinde zu zahlreich, um sich an einem einzigen Ort treffen zu können. Deswegen nahmen mehrere reiche Haushalte die Gemeinde zu ihren Versammlungen auf. Als Priska und Aquila nach Rom zurückgekehrt waren, organisierten und leiteten sie solch eine Hauskirche (Röm 16, 5). Viele dieser Hauskirchen überdauerten bis ins 2. oder 3. Jahrhundert und trugen die Namen der Haushaltsvorstände, die ursprünglich die Christen in ihr Haus eingeladen hatten. Sie waren als *tituli*-Kirchen bekannt. Der Überlieferung nach war die Kirche S.Clemente, östlich des Colosseums, einstmals eine Hauskirche, die Clemens gehörte. Grabungen unter der heutigen Kirche brachten ein Privathaus aus dem 1. Jahrhundert mit angeschlossenem Warenspeicher zum Vorschein. In einem anderen Viertel, in dem die römische Aristokratie lebte, liegt die Kirche der Heiligen Pudentiana. Der Überlieferung nach überließ Pudens, ein römischer Senator, dieses Haus den Christen als Kirche und widmete sie dann seiner Tochter Pudentiana.[35] In vielen Fällen waren die Haushaltsvorstände die Patroninnen und Patrone für die Kirchen, die sich in ihren Häusern trafen, und deren finanziellen Bedarf sie deckten.

Phöbe, die Diakonin (*diakonos*) der Gemeinde von Kenchreä, brachte Paulus' Brief zu den Römern.[36] Sie war eine Frau von beträchtlichem Reichtum und hohem sozialem Status, die wegen ihrer Geschäfte, aus persönlichem Interesse und für die Sache der christlichen Kirche nach Rom reiste. Sie hatte sich bereit erklärt, Paulus' Brief nach Rom zu bringen, der ihm, wie er hoffte, bei seinem nächsten Besuch die Türen zur römischen Christengemeinde öffnen würde. In seinem Brief stellte er den römischen Christen auch Phöbe vor und nannte sie seine Patronin *(prostatis)*. Mit diesem Titel erkannte er ihre Großzügigkeit an und die Unterstützung, die sie ihm gewährte. Dann bat er die römischen Christen eindringlich, ihr in jeder Weise behilflich zu sein, so wie sie es wünschte, um somit seine Schuld bei ihr abzutragen.[37]

Johanna, die Frau des Chuzas, eines Beamten im Hause des Herodes, war eine Frau, die imstande war, eine Patronin zu sein (Lk 8, 1–3). Es ist interessant, daß sie mit einer Gruppe von Wanderpredigern reiste, die Jesus von Dorf zu Dorf begleiteten. Sicher haben ihr ihre Verbindungen zum Hause Herodes bei kleineren Konflikten mit der lokalen Obrigkeit die Wege geebnet. Sie war wohl Teil einer Frauengruppe – Maria von Magdala und Susanna sind auch erwähnt –, die als Patroninnen die Jesusbewegung schützten und unterstützten. Frauen, die sozial und ökonomisch einen derart guten Status besaßen, wirkten oft als Patronin.[38]

Paulus beendet seinen Brief an die Römer mit persönlichen Grüßen an die Vorsteher der dortigen Gemeinde, die er teils vom Hörensagen kannte, teils im Lauf seiner Amtszeit kennengelernt hatte. In der Leitung der römischen Christengemeinde waren viele Frauen. Priska, Junia, Maria, Tryphäna, Tryphosa und Persis, die Paulus seine Mitarbeiterinnen nannte; sie hatten den Glauben der christlichen Gemeinde durch ihre Unterweisungen und Ermahnungen gefestigt. Andere bekannte Frauen, die Paulus grüßte, waren Julia, Olympas, die Mutter des Rufus, von der Paulus sagt, daß sie auch ihm eine Mutter war, und die Schwester des Nereus. Von den 28 wichtigen Personen, die Paulus gerne gegrüßt haben wollte, waren zehn Frauen.[39]

Unter diesen weiblichen Führungspersönlichkeiten der römischen Gemeinde war eine Apostelin, Junia, die Paulus als »angesehene Apostel(in)« bezeichnet (Röm 16, 7).[40] Sie und ihr Ehemann Andronikus reisten lehrend und predigend von Stadt zu Stadt. Durch den Aufruhr und die Tumulte, die die Verkündigung der christlichen Botschaft manchmal verursachte, waren sie und ihr Mann im Gefängnis gelandet, wo sie auf Paulus trafen. Sie war ein Vorbild für die christliche Kirche im 4. Jahrhundert, und die ausgefeilten Predigten des Johannes Chrysostomos zeichnen ein Bild von Junia, der Apostelin, dem die christlichen Frauen von Konstantinopel nacheifern sollten.[41]

Wo immer sich das Christentum ausbreitete, waren Frauen die Leiterinnen der Hauskirchen. Maria, die Mutter des Johannes Markus, stand einer Hauskirche hellenistischer Juden in Jerusalem vor. Es war ihre Tür, an der der überraschte Petrus klopfte, um den dort versammelten Christen zu verkünden, daß ein Engel ihn aus dem Gefängnis befreit habe (Apg 12, 14–17). Aphia stand mit zwei anderen der Hauskirche in Kolossä vor (Philem 2). Nympha in Laodizea, Lydia in Thyatira und Phöbe in Kenchreä leiteten die Versammlungen in ihren Häusern (Kol 4, 15; Apg 16, 15; Röm 16, 1).

Im Johannesevangelium wird Maria Magdalena als beispielhafte Jüngerin dargestellt, nicht Petrus. Als Petrus und alle anderen männlichen Jünger geflohen waren, stand Maria unerschütterlich am Fuß des Kreuzes. Sie war nicht nur die erste Zeugin der Auferstehung, sondern wurde auch direkt beauftragt, die Botschaft von Jesu Auferstehung von den Toten zu verkünden. Die Originalversion des Johannesevangeliums endet mit Maria Magdalenas Erscheinung des Auferstandenen und ihrem Zeugnis davon an die Zwölf im 20. Kapitel. Die Geschichte, wie Jesus dem »ungläubigen Thomas« erscheint, am Ende von Kapitel 20, lehrt die frühen Christen, zu glauben, ohne zu sehen. »Noch viele andere Zeichen, die in diesem Buch nicht aufgeschrieben sind, hat Jesus vor den Augen seiner Jünger getan. Diese aber sind aufgeschrieben, damit ihr glaubt, daß Jesus der Messias ist, der Sohn Gottes, und damit ihr durch den Glauben das Leben habt in seinem Namen« (Joh 20, 30–31). Ein späterer Schreiber fügte dem Buch des Johannes ein anderes Ende an, das Kapitel 21. In diesem Kapitel wird Petrus zum Hauptzeugen der Auferstehung gemacht, als Jesus dem Petrus und den Jüngern bei einem Fischfang in Galiläa erscheint und Petrus auserwählte, der Hirte der Herde zu sein. Neutestamentler haben lange darüber gerätselt, warum dieses Evangelium zwei verschiedene Ausgänge hat, Kapitel 20, das die Rolle der Maria Magdalena hervorhebt, und Kapitel 21, das Petrus hervorhebt. Eine kürzlich vorgetragene These lautet, daß Kapitel 21 zu einer Zeit angefügt wurde, als die Anhänger des Johannes bei der christlichen Gemeinde Anschluß suchten, die Petrus als ihr Oberhaupt ansah. So wurde Kapitel 21 angefügt, um sie durch die Betonung der Stellung von Petrus in den Schoß der orthodoxen Petrusanhänger zu führen.[42]

Der Streit über Frauen in Führungsrollen

Als Paulus seinen Anspruch, auch ein Apostel zu sein, geltend machte, weil er den auferstandenen Herrn gesehen hatte, zählte er die Erscheinungen Jesu auf: »Er ist am dritten Tag auferweckt worden, gemäß der Schrift, und erschien dem Kephas [Petrus], dann den Zwölf. ... Als letztem von allen erschien er auch mir« (1 Kor 15, 4–8). Paulus verschwieg, daß der auferstandene Christus Maria erschienen war, obwohl dies in allen vier Evangelien bezeugt ist. Sogar einige Verfasser des Evangeliums verraten Zeichen von Ambivalenz in bezug auf die Führungsrollen von Frauen. Matthäus und Markus erzählen, daß Frauen Zeuginnen der Auferstehung waren, aber das Zeugnis der Frauen spielt für den Glauben der anderen Jünger keine Rolle. Lukas schreibt, daß die Frauen ihre Botschaft den anderen Jüngern brachten: »Doch die

Apostel hielten das alles für Geschwätz und glaubten ihnen nicht« (Lk 24, 11).

Frauen als Führerinnen waren eine weitverbreitete Erscheinung in der christlichen Urkirche. Trotzdem gab es Spannungen, weil die gesellschaftliche Tatsache weiblicher Führung und die strengen Grenzen der römischen Geschlechterrollen einander widersprachen. Die zwiespältige Botschaft über die Bedeutung Maria Magdalenas spiegelt für die Zeit, als die Evangelien ihre endgültige kanonische Form bekamen, die Ambivalenz in bezug auf weibliche Führungsrollen wider.

Im *Marienevangelium* des 2. Jahrhunderts, das 1945 in der Handschriftensammlung in Nag Hammadi in Oberägypten gefunden wurde, zeigt eine verlorengegangene Geschichte Maria Magdalena als Führerin und stellt Petrus als ihren Widersacher dar. Die Szene, die in den Bruchstücken dieses Evangeliums beschrieben wird, fand auf dem Himmelfahrtsberg statt, nachdem Jesus in den Himmel aufgestiegen war. Die Jünger waren untröstlich, traurig und ängstlich, bis Maria Magdalena aufstand und zu ihnen allen sprach. Sie beschwor sie, mit dem Trauern aufzuhören, versicherte ihnen, daß die Gnade des Herrn mit ihnen sei, und drängte sie, sich für ihre Aufgabe als Verkünder vorzubereiten, zu der sie berufen waren. Endlich faßten die Jünger wieder Mut und sprachen über die Lehren des Erlösers. Nach einer Weile, auf Petrus' Anregung hin, begann Maria einen langen Lehrvortrag. Als sie geendet hatte, schwieg sie. Andreas war der erste Jünger, der das Schweigen brach. Er sagte: »Sagt, was ihr zu sagen habt über das, was sie sagte. Ich zumindest glaube nicht, daß der Erlöser das gesagt hat. Wahrlich, diese Lehre ist voll seltsamer Gedanken!« Petrus fiel kämpferisch ein: »Hat er wirklich ohne unser Wissen mit einer Frau gesprochen (und) nicht offen? Sollen wir uns zu ihr wenden und ihr zuhören? Hat er sie uns vorgezogen?« Maria wandte sich verletzt an Petrus und sagte: »Mein Bruder Petrus, was meinst du? Glaubst du, ich habe das alles in meinem Herzen erfunden und daß ich über unseren Herrn Lügen sage?« Dann wies Levi Petrus zurecht:

»Petrus, du warst schon immer heißblütig. Nun kämpfst du gegen die Frauen wie ein Widersacher. Doch wenn der Erlöser sie für würdig befunden hat, wer bist du, um sie zurückzuweisen? Sicherlich kennt der Erlöser sie sehr gut. Deswegen liebte er sie mehr als uns. Wir sollten beschämt sein und uns um Vollkommenheit bemühen und uns um ihn bemühen, wie er uns geheißen hat, indem wir keine andere Regel und kein anderes Gesetz zugrunde legen, als das, was der Erlöser sagte.«[43]

Als Levi seine Rede beendet hatte, brachen die Jünger zu ihrer Verkündigungsmission auf.

Die Ambivalenz bezüglich der Rolle von Frauen, die Petrus' Bemerkung »Hat er sie uns vorgezogen?« impliziert, weist auf Spannungen zwischen der Tatsache weiblicher Amtsausübung in christlichen Gemeinden und dem traditionellen griechisch-römischen Verständnis von Geschlechterrollen hin. Das Unbehagen des Verfassers/Herausgebers des Johannesevangeliums über Maria Magdalenas herausragende Bedeutung als Zeugin der Auferstehung und die vergleichbare Ambivalenz in den anderen Evangelien über die Bedeutung der Frauen am leeren Grab verraten den tiefen Konflikt bezüglich des Platzes von Frauen, der entstand, als sich das Christentum entwickelte und der Kanon festgelegt wurde.

Es scheint keinen Zweifel daran zu geben, daß Frauen in Jesu Leben und Verkündigung eine bedeutende Stellung innehatten, sowohl zu seinen Lebzeiten als auch nach seiner Auferstehung, als sich die ersten Gemeinden bildeten und seine Botschaft sich ausbreitete. Würden diese Berichte über den wesentlichen Anteil von Frauen nicht auf unübersehbaren Tatsachen beruhen, so hätten sie in so einer männerdominierten Kultur sicher nicht überlebt. Doch weil solch eine Unabhängigkeit und Wichtigkeit von Frauen im direkten Konflikt stand mit den Ansichten über die Rolle der Frauen, mit denen die griechisch-römische Gesellschaft durchdrungen war, wurde dieser Teil der Geschichte wenn irgend möglich ignoriert und unterdrückt, um christliche Lehre und Praxis den gesellschaftlichen Gegebenheiten anzupassen.

Doch bis in die Mitte des 3. Jahrhunderts hinein erwuchs aus diesem Zusammenstoß zwischen den gesellschaftlichen Einengungen durch die Rollenvorschriften der Frauen und der Freiheit, die Frauen im Christentum fanden, nur gelegentlich Konflikte. Mehr als 200 Jahre war das Christentum hauptsächlich eine Religion der privaten Sphäre, die eher im häuslichen, weniger im öffentlichen Bereich eines Tempels ausgeübt wurde. Sie befaßte sich stärker mit dem häuslichen Leben der Gemeinschaft als mit dem politischen Leben der Stadt. Doch während des 3. Jahrhunderts setzte die Entwicklung des Christentums in Richtung seiner endgültigen Form als öffentliche Religion ein. Die steigende Zahl der AnhängerInnen und die neue Form und Würde der christlichen Liturgie brachte es mit sich, daß Christsein immer mehr zu einer öffentlichen Angelegenheit wurde. Im 4. Jahrhundert hielten die Christen dann ihre Gottesdienste in eigenen Tempeln ab, die Basiliken genannt wurden. Während dieser Periode verursachten die gesellschaftlichen Regeln bezüglich der Stellung der Frau und ihrer altbewährten Rolle als Leiterin der Hausgemeinde, Prophetin, Evangelistin, ja sogar Bischöfin, heftige Auseinandersetzungen. Als sich das Christentum in den öffentlichen Bereich hinein ausdehnte, verlangten die männlichen Amtsträger von den Frauen in der Kirche die gleiche Unterordnung, wie sie in der gesamten griechisch-römischen Gesellschaft üblich war. Die Kritiker warfen den Frauen, oft mit schneidender Rhetorik, vor, außerhalb des häuslichen Bereichs zu wirken und so ihre Natur zu vergewaltigen und entscheidende Moralvorschriften der Gesellschaft zu verletzen. Wie sollten sie ehrbare Frauen bleiben, so fragten die Kritiker, wenn sie im öffentlichen Leben aktiv waren?

Um überleben zu können, fingen die christlichen Gemeinden langsam an, sich der hellenistischen Kultur anzupassen. Jüdische Gemeinschaften hatten das gleiche getan. In ihrem stärker werdenden Wunsch nach Glaubwürdigkeit und Legitimierung widerstanden die Kirchenführer nicht länger der kulturellen Strömung. Nach und nach übernahmen sie die griechisch-römischen Regelungen in bezug auf den angemessenen Platz und das richtige Betragen von Frauen. Sowohl christliche als auch jüdische Autoren behaupteten, wie ihre heidnischen Kollegen, daß es für Frauen ungehörig sei, ein wichtiges öffentliches Amt zu bekleiden. Für jüdische und für christliche Theologen war, wie für die heidnischen Philosophen, eine gute Frau eine keusche Frau. In ihren Augen war weibliche sexuelle Promiskuität die größte Gefahr für den Charakter einer Frau. Jeder Aspekt des weiblichen Betragens sollte Schamgefühl ausdrücken, das sich in Schweigsamkeit, in Ehrerbietung den Männern gegenüber und sexueller Zurückhaltung zeigte.

Frauen als Funktionsträger?

In der Mischna, einer Sammlung theoretischer Streitgespräche der Rabbiner (ca. 200 n. Chr.), gibt es Passagen, die die Haltung der Rabbiner in bezug auf Frauen darstellen, die sie mit der größeren hellenistischen Kultur teilten. In der Abhandlung mit dem Titel *Sotah* (Über die verdächtigte Ehebrecherin) debattierten die Rabbiner darüber, ob Frauen die Thora studieren sollten. Diesem Fall liegt teilweise die Annahme zugrunde, daß die Ehefrau das sexuelle Eigentum des Ehemannes sei. Wegen des Verdachts der sexuellen Untreue mußte die Frau sich einem Gottesurteil unterwerfen und Bitterwasser trinken. Wenn ihr Körper auf das angeblich giftige Wasser nicht reagierte, war ihre Unschuld bewiesen. In der Abhandlung heißt es:

> Kaum hatte sie fertig getrunken, als ihr Gesicht gelb wurde, ihre Augen hervortraten und ihre Adern anschwollen, worauf sie sagten: »Hinweg mit ihr, hinweg mit ihr! Daß der Hof des Tempels nicht unrein werde!« Wenn sie jedoch irgendwelche Verdienste hat, so wird die Strafe vorübergehend ausgesetzt. Bestimmte Verdienste können die Strafe für ein Jahr, andere für zwei Jahre und andere für drei Jahre aufschieben; deswegen sagt Ben Azzai: »Ein Mann sollte seine Tochter die Gesetze lehren, so daß sie weiß,

> wenn sie [das Bitterwasser] trinken muß, schiebt der Verdienst [den sie erworben hat] ihre Strafe auf.« Rabbi Eliezer sagt: »Wenn ein Mann eine Frau das Gesetz lehrt, so ist es, als ob er sie Lüsternheit lehrte.« Rabbi Joshua sagt: »Eine Frau hat mehr Freude an einem Maß Lüsternheit als an neun Maß Bescheidenheit.«[44]

Rabbi Eliezers überraschende Behauptung, die den Thoraunterricht einer Tochter mit dem Unterricht in sexueller Freizügigkeit gleichsetzt, spiegelt die griechisch-römische Vorstellung von männlicher Ehre und weiblicher Scham wider. Von einer Frau, die die Thora studierte, wurde angenommen, sie täte dies aus dem Wunsch nach Ehre, um den Männern den Vorrang streitig zu machen, und aus persönlichem Ehrgeiz. Solch eine Frau wäre dann nicht länger um die nötige Reinheit ihres Rufes besorgt und wäre nicht mehr bescheiden, sexuell zurückhaltend und passiv. Einzig und allein durch das Kultivieren dieser Eigenschaften konnte eine Frau ihre Tugend beweisen. Weil eine Frau als sexuelles Eigentum galt, wurde jedes Zeichen sexueller Unabhängigkeit als bedrohlich empfunden. Es war diese Angst vor der sexuellen Unabhängigkeit, die in Rabbi Joshuas Besorgnis über die gefährliche Neigung von Frauen zu den verführerischen Freuden der Lüsternheit zum Ausdruck kommt.

Wie oben gezeigt, nahmen jüdische Frauen an den Gottesdiensten in der Synagoge teil und leiteten sie. Eine Stelle im Talmud belegt, daß auch Frauen berufen wurden, um die Thora zu lesen, Frauen durften dieses Amt jedoch nur im privaten Bereich ausüben. »Alle sind dazu berechtigt, unter den Sieben (die in der Synagoge am Morgen des Sabbat die Thora lesen) zu sein, auch ein Minderjähriger und eine Frau, doch einer Frau sollte es nicht gestattet sein, vorzutreten und das Gesetz öffentlich zu lesen.«[45]

Wie wir oben gezeigt haben, legte die griechisch-römische Gesellschaft in der jeweils gleichen Art die angemessenen Rollen für Männer und Frauen fest, je nachdem, ob es sich um eine Funktion innerhalb des Haushalts (und somit eine private) oder um ein öffentliches Amt handelte. Dieses System gab Frauen im Haushalt einen großen Machtbereich, schloß sie aber vom öffentlichen politischen Leben aus, weil öffentlicher Raum männlicher Raum war. Die Rolle des Lehrers zum Beispiel war nicht auf ein Geschlecht beschränkt, aber der soziale Raum, in dem Lehre stattfand, war es. Eine Frau konnte im privaten Raum ihres Haushalts lehren, nicht aber öffentlich. Hier stellt sich die Frage, ob die Rabbiner eine Synagoge als privaten Raum betrachteten.

Der Wanderprediger Paulus drückte die gleiche Sorge über die Grenzen von privatem und öffentlichem Bereich in seinem Kommentar zur öffentlichen Rede von Frauen aus (1 Kor 14, 33–35): »Wie es in allen Gemeinden der Heiligen üblich ist, sollen die Frauen in der Versammlung schweigen; es ist ihnen nicht gestattet zu reden. Sie sollen sich unterordnen, wie auch das Gesetz es fordert. Wenn sie etwas wissen wollen, dann sollen sie zu Hause ihre Männer fragen; denn es gehört sich nicht für eine Frau, vor der Gemeinde zu reden.« Hier könnten wir Paulus die gleiche Frage stellen: Sah er die Christengemeinde, die *ekklesia*, als öffentlichen Raum an und verbot er folglich deswegen den Frauen in dieser Umgebung die Rede?[46]

Unter den WissenschaftlerInnen gibt es keinen Konsens, welche Art von Rede Paulus meinte. War es die prophetische, ekstatische Rede der Prophetinnen, deren Berechtigung er im 1. Brief an die Korinther, Kapitel 11, anerkannte? Oder war es das Sprechen bei der Schriftauslegung und der Pflege der Überlieferung? Er gebraucht das Wort *lalein* für »sprechen«, das in der griechischen Gesellschaft eher für freies Reden als für formales Lehren benutzt wurde. Für Paulus war der richtige Ort für die Rede von Frauen der Haushalt und nicht die Versammlung. Paulus meinte, daß die Rede einer Frau im Haushalt immer ihre Unterordnung unter den Mann (Vater, Ehemann oder Meister) spiegeln würde. Es störte ihn, wenn Frauen im öffentlichen Bereich der Versammlungen redeten, weil so die Unterordnung der Frauen nicht offensichtlich war. Paulus meinte, die Rede einer Frau in der Öffentlichkeit trage immer den

Keim sexuellen Ärgernisses in sich. *Aischron*, das Wort, das Paulus benutzte, um zu betonen, daß es eine Schande und ein Ärgernis sei, wenn eine Frau öffentlich redete, meinte sexuelle Taktlosigkeit, wenn es sich auf Frauen bezog, und meist war es auf Frauen bezogen.

Doch auch die prophetische Führung durch Frauen wurde in Korinth in Frage gestellt. Obwohl die Bedeutung von Frauen in der Amtsausübung für die Gemeinde von Korinth anfangs vielleicht nicht problematisch war, wurde sie es bald für andere. Nach einer Weile bekam die dortige Kirche einen überraschenden Brief von diesem Wanderprediger Paulus, in welchem er befahl, daß Prophetinnen einen Schleier tragen müßten, wenn sie öffentlich lehrten (1 Kor 11, 1–16). Paulus war nicht direkt dagegen, daß Frauen eine Rolle als Prophetinnen spielten, doch wenn eine Frau in der Versammlung prophezeite, dann sollte sie ihr Haupt bedecken. Der Schleier hatte für Paulus mehrere symbolische Bedeutungen. Er bedeutete, daß die Frau um Anstand bemüht war und vor allem sexuelle Zurückhaltung übte, denn sie behielt den Anblick ihres Haares nur ihrem Ehemann und ihrer Familie vor. Das Tragen des Schleiers bedeutete auch, daß eine Frau ihre Unterordnung unter den Mann öffentlich bekannte.[47] Es war eine Möglichkeit für Frauen, sogar in der Öffentlichkeit »privat« zu bleiben. Paulus stand Prophetinnen zwiespältig, aber nicht ablehnend gegenüber. Er erkannte die Autorität und das Amt an, das mit der Prophetengabe verbunden war, aber seine Akzeptanz der gesellschaftlichen Beschränkungen, denen Frauen unterworfen waren, machte seine Akzeptanz von Prophetinnen konfliktreich und schwierig. Wenn nur die Prophetinnen beim Prophezeien Schleier trügen, dann wäre klar, daß die Jesusbewegung die Gesellschaft nicht untergraben wollte. (Es gibt jedoch keinen Beweis dafür, daß die Prophetinnen Korinths Schleier trugen.) Die Besorgnis um Anstand ist im 5. Kapitel weiter ausgeführt, in dem die Bedeutung von männlicher Ehre und weiblicher Scham herausgearbeitet wird.

Die gesellschaftlichen Ansichten über den Charakter von Frauen waren auch der Anlaß für Spannungen in bezug auf Frauen, die den Vorsitz beim eucharistischen Mahl hatten. Den Widerhall eines solchen Streits können wir noch aus einer schwer verständlichen Stelle der *Apostolischen Statuten*, einem Handbuch der Kirchenordnung aus dem 2. Jahrhundert, vernehmen. Hier werden die Stereotypen über den Charakter von Frauen angeführt:

> Johannes sagte: »Habt ihr vergessen, Brüder, daß unser Meister, als er um Brot und Wein bat, sie segnete und sprach: ›Dies ist mein Leib und mein Blut‹, er den Frauen nicht erlaubte, dabei zu sein?« Martha sagte: »Es war wegen Maria, weil er sah, daß sie lachte.« Maria sagte: »Das ist nicht der Grund, warum ich lachte. Er sagte zu uns vorher, als er lehrte, daß die Schwachen durch die Starken errettet werden.«[48]

In diesem Streit verteidigten Frauen ihr Recht, am eucharistischen Amt teilzuhaben, indem sie anführen, daß Frauen normalerweise am Passahmahl teilnahmen und auch beim letzten Abendmahl dabei gewesen sein könnten. Um dem Kampf der Frauen um ihr Recht, das eucharistische Mahl zu leiten, etwas entgegenzusetzen, erfand der Autor der *Apostolischen Statuten* eine Rede für Martha, um einer Frau den rechtmäßigen Ausschluß vom eucharistischen Amt in den Mund zu legen: Frauen, so sagte diese Martha, wurden aus dem Raum gewiesen, weil sie lachten.

Die Behauptung, Frauen seien leichtfertiger als Männer und das schwächere Geschlecht solle vom stärkeren beherrscht werden, gründete sich auf die in der Gesellschaft übliche Einstellung. Die römische Gesellschaft hielt Frauen für das von Natur aus schwächere Geschlecht *(infirmitas sexus)* und geistig leichtfertig *(levitas animi)*, d. h., es fehle ihnen an Ernsthaftigkeit. Diese Auffassung von weiblicher Natur rechtfertigte die gesetzliche Vormundschaft eines Vaters über die Tochter *(patria potestas)* und die Vormundschaft eines Ehemannes über die Ehefrau *(manus)*. In beiden Fällen war die Frau, ungeachtet ihres Alters, eine Minderjährige, die eines Mannes bedurfte, der sie in rechtlichen Dingen vertrat.[49]

Die Amtsausübung von Frauen wird verteidigt

Es wäre interessant zu wissen, wie Frauen ihr öffentliches Rederecht in der Gemeinde verteidigten, doch leider sind ihre Schriften und Abhandlungen von den Generationen von Schriftgelehrten, die die kostbaren Bücher kopierten, ignoriert worden. Männliche Polemiker gegen die Amtsausübung von Frauen führten manchmal – um sie zu widerlegen – die Argumente an, mit denen Frauen ihr öffentliches Amt verteidigten, und entrissen so wenigstens Bruchstücke ihrer Aussagen der Vergessenheit. Epiphanius, ein bekannter Kritiker des 4. Jahrhunderts, verwarf die verschiedenen Formen der christlichen Spiritualität allgemein als Abweichung von der reinen Lehre seiner Zeit. Für ihn war die Montanistenbewegung Häresie, und ihre weiblichen Propheten waren ungesetzlich:

> Sie bringen viele nutzlose Beweise vor, indem sie Eva eine besondere Gnade zuschreiben, weil sie als erste vom Baum der Erkenntnis aß. Sie erkennen die Schwester von Moses als Prophetin an, um ihre Praxis, Frauen ins Priesteramt zu berufen, zu rechtfertigen. Ferner behaupten sie, Philippus habe vier Töchter gehabt, die prophezeiten. Oft treten bei ihren Versammlungen sieben Jungfrauen herein, die Lampen tragen, um den Leuten zu weissagen. Sie täuschen die anwesenden Leute, indem sie Ekstase vorspielen; sie tun so, als weinten sie in Reue, indem sie Tränen vergießen, und geben sich den Anschein, als beklagten sie das menschliche Leben.[50]

Dem können wir zumindest entnehmen, daß sich die Montanisten auf Eva und Miriam des Alten Testaments und auf die Töchter des Philippus im Neuen Testament beriefen und daß die Echtheit ihrer Prophezeiungen von den bekannten Zeichen prophetischer Ekstase begleitet waren. Epiphanius behauptet, diese prophetische Ekstase sei nur vorgetäuscht gewesen.

Schließlich klagt er die Prophetinnen nicht wegen ihres abweichenden Glaubens an, sondern weil ihre aktive Führungsrolle in öffentlichen Versammlungen seiner tiefeingewurzelten Meinung vom Platz der Frauen in der Gesellschaft widersprach. Im 4. Jahrhundert beriefen sich die Kritiker weiblicher Amtsausübung dann auf die Autorität der Schrift, um ihre Forderung nach der Unterordnung von Frauen zu stützen. Epiphanius zögerte nicht, seine eigene Ablehnung mit Argumenten aus der Heiligen Schrift zu begründen:

> Bei ihnen sind Frauen Bischöfinnen, Presbyterinnen und so weiter, als ob es keine natürlichen Unterschiede gäbe. »Es gibt nicht... Mann und Frau, denn ihr seid alle ›einer‹ in Christus Jesus.«... Auch wenn Frauen unter ihnen sogar zum Bischofsamt und Presbyteriat geweiht werden wegen Eva, hören sie den Herrn sagen: »Du hast Verlangen nach deinem Mann; er aber wird über dich herrschen.« Die Rede der Apostel entging ihrer Aufmerksamkeit. Vor allem diese: »Daß eine Frau lehrt, erlaube ich nicht, auch nicht, daß sie über ihren Mann herrscht.« Und noch einmal: »Denn zuerst wurde Adam erschaffen, danach Eva« – »Und nicht Adam wurde verführt, sondern die Frau ließ sich verführen und übertrat das Gebot.« Oh, vielfältige Irrtümer der Welt.[51]

Hier sehen wir die exegetische Kampflinie im Streit um die Amtsausübung von Frauen im 4. Jahrhundert. Verteidiger des Rechtes der Frauen zur Amtsausübung führten Gal 3, 28 an: »Es gibt nicht... Mann und Frau, denn ihr seid alle ›einer‹ in Christus Jesus«, um zu beweisen, daß Frauen berechtigt waren, öffentliche Ämter in der Kirche zu bekleiden, weil Frauen und Männer die gleiche Natur haben. Gegner weiblicher Amtsausübung argumentierten wiederum damit, daß Männer und Frauen unterschiedlicher Natur seien und daß die Heilige Schrift (Gen 1–3) sagt, daß Frauen eine niedrigere Natur hätten. Epiphanius interpretierte den Fluch über Eva »Du hast Verlangen nach deinem Mann; er aber wird über dich herrschen« (Gen 3, 16) so, als bedeute er, daß die Frau ein minderes Wesen sei, denn ihr Schicksal sei es, regiert zu werden, nicht zu regieren. Im 4. Jahrhundert war Paulus' Brief an die Korinther schon Teil des Kanons und besaß das gleiche Gewicht wie das Alte Testament. Epiphanius benutzte das Argument von

Paulus, daß die Frau vom Mann erschaffen wurde, um die Überzeugung zu bestärken, daß Frauen eine mindere Natur hätten und somit nicht imstande seien zu regieren. Die niedrigere Natur der Frau wurde ferner durch den Satz im ersten Brief an Timotheus bezeugt: »Eine Frau soll sich still und in aller Unterordnung belehren lassen. Daß eine Frau lehrt, erlaube ich nicht, auch nicht, daß sie über ihren Mann herrscht; sie soll sich still verhalten. Denn zuerst wurde Adam erschaffen, danach Eva. Und nicht Adam wurde verführt, sondern die Frau ließ sich verführen und übertrat das Gebot« (1 Tim 2, 11–14). Zu diesem Zeitpunkt hatte das herrschende System der Ausgrenzung von Frauen bereits einen zutiefst christlichen Anstrich bekommen.
Es war die angenommene Verführbarkeit weiblicher Sexualität, die männlichen Schutz erforderte. Schutz implizierte Unterordnung unter Männer im allgemeinen – ihre untergeordnete Rolle wurde verstärkt durch die Meinung von der natürlichen Minderwertigkeit der weiblichen Natur. Die natürliche Minderwertigkeit der Frau war die erklärte Grundlage von Paulus' Anordnung im 1. Brief an die Korinther, Kapitel 11, daß Frauen einen Schleier tragen müssen, denn dieser war das öffentliche Symbol weiblicher Unterordnung. Der Autor der *Apostolischen Statuten* beschwor die gleiche Ansicht über die Natur der Frau, wenn er ausführte, daß Frauen schwach und geistig leichtfertig seien und somit vom Vorsitz der Eucharistiefeier ausgeschlossen bleiben mußten. Epiphanius berief sich bei seiner Auslegung von Genesis 1–3 und des 1. Briefs an die Korinther, Kapitel 11, auf das gleiche Verständnis des weiblichen Wesens. Diese zwei kritischen Aspekte der griechisch-römischen Auffassung der Geschlechterrollen – die Unterscheidung zwischen öffentlichem und privatem Bereich und die Vorstellungen über männliche und weibliche Natur – wirkten als starke gesellschaftliche Kräfte gegen die Amtsausübung von Frauen.

[1] Dorothy Irvin, »The Ministry of Women in the Early Church: The Archeological Evidence«, in: *Duke Divinity School Review* No. 2 (1980), S. 76–86. Siehe auch Joan Morris, *The Lady Was a Bishop: The Hidden History of Women with Clerical Ordination and the Jurisdiction of Bishops* (New York: Macmillan, 1973).

[2] *Bulletin de Correspondence Hellenique* No. 101 (1977), S. 210, 212.

[3] Elisabeth Schüssler Fiorenza, »Mary Magdalene: Apostle to the Apostles«, in: *UTS Journal* (April 1975), S. 22 ff.

[4] Roger Gryson, *The Ministry of Women in the Early Church*, übers. von Jean La Porte und Mary Louise Hall (Collegeville, MN: Liturgical Press, 1976), S. 109.

[5] Philip II. eroberte Krenides im Jahr 356 v. Chr., besiedelte sie mit griechischen Kolonisten und benannte die Stadt nach sich. Zu dieser Zeit wurde die Stadtmauer gebaut. Antonius und Octavian eroberten die Stadt im Jahr 42 v. Chr. und besiedelten sie mit römischen Kolonisten. Angesichts der Tatsache, daß es in den Jahrhunderten zwischen dem Bau der Stadtmauer und dem Philippi des ersten Jahrhunderts mehrere lange Perioden von Wachstum und Entwicklung gab, ist es wohl anzunehmen, daß der Hinweis auf einen Ort außerhalb der Stadtmauer ein Hinweis auf die neueren Viertel der Stadt ist. (Die äußere Umgrenzungslinie der alten, ummauerten Stadt von Philippi [zwei Meilen] war im Vergleich zu den Mauern von Korinth [sechs Meilen] und Ephesus [fünf Meilen] recht bescheiden). Die Ausgrabungen von Ostia zeigen diese Art von Wachstum. Siehe auch J. B. Ward-Perkins, *Cities of Ancient Greece and Italy: Planning in Classical Antiquity* (New York: George Braziller, 1974), Bildtafeln 48–51.

[6] Im Gegensatz zu den griechischen Gottesdiensten, bei denen vor den Tempeln, in denen die Götter anwesend waren, im Freien Opfer dargebracht wurden, fanden jüdische Gottesdienste, die sich auf das Lesen und Vorzeigen der Thora konzentrierten, drinnen statt. Wir haben keine Beweise für jüdische Versammlungen dieser Art, die draußen abgehalten wurden. Unter diesem Aspekt ist es verwunderlich, daß viele Kommentatoren behaupten, die Frauen hätten an einer Andacht im Freien, am Flußufer, teilgenommen.

[7] Bernadette Brooten, *Women Leaders of the Ancient Synagogue* (Chico, CA: Scholars Press, 1982), S. 139–140.

[8] Isokrates, *Nikokles*, 36; zitiert nach Michel Foucault, *Der Gebrauch der Lüste*. (= Michel Foucault, *Sexualität und Wahrheit*, Bd. 2). Übersetzt von Ulrich Raulff und Walter Seitter (Frankfurt am Main: Suhrkamp, 1986), S. 218, siehe auch S. 211–232.

[9] Clemens von Alexandrien behauptet ein Jahrhundert später, daß Paulus' Partnerin in Wirklichkeit seine Gattin war, die es vorzog, nicht mit ihm zu

reisen. Clemens war der Meinung, Paulus beziehe sich auf seine Gattin, als er sich beschwert: »Haben wir nicht das Recht, eine gläubige Frau mitzunehmen, wie die übrigen Apostel?« (1 Kor 9, 5). Clemens nahm an, das Apostelpaar reiste als Verkündigungsteam zusammen. Weibliche Apostel, überlegte er, hätten Zugang zu den Frauengemächern des Haushalts gehabt (Clemens von Alexandrien, »Über die Ehe«, *Stromateis* 3).

[10] Wayne Meeks, *The First Urban Christians* (New Haven: Yale Univ. Press, 1938), S. 34.

[11] Meeks, *The First Urban Christians*, S. 38.

[12] Hagith S. Sivan, *The Painting of the Dura-Europas Synagogue: A Guidebook to the Exhibition* (1978), S. 11.

[13] Brooten, *Women Leaders*, S. 13–14.

[14] Thomas Kraabel, »Social Systems of Six Diaspora Synagogues«, in: *Ancient Synagogues, The State of Research*, Herausg. Joseph Gutman (Chico, CA: Scholars Press, 1981), S. 84. Siehe auch Brooten, *Women Leaders*, zur Diskussion über Ämter/Titel: ruler, S. 37; elder, S. 46; priest, S. 77; mother/father, S. 64.

[15] Brooten, *Women Leaders*, S. 5.

[16] Brooten, *Women Leaders*, S. 11. Ross Kraemer hat dieser Sammlung sechs andere Epitaphe von Frauen, die Älteste waren, hinzugefügt: Sara Ura, Beronike, Mannine, Faustina, Rebeka und Makaria. *Maenads, Martyrs, Matrons, Monastics* (Minneapolis: Fortress Press, 1988), S. 219.

[17] Brooten, *Women Leaders*, S. 73.

[18] Paniskianes, *Cahiers de recherches de l'Institut de Papyrologie et d'Egyptologie de Lille* 5 (1974), S. 264, Nr. 1115; Ammio, *Greek, Roman and Byzantine Studies* 16 (1975), S. 437–438; Kale, *L'Anee epigraphique* (1754), S. 454.

[19] Philo, *Über das betrachtende Leben – De vita contemplativa* 83. In: Philo von Alexandria, *Die Werke in deutscher Übersetzung*. Herausgegeben von Leopold Cohn, Isaak Heinemann, Maximilian Adler und Willy Theiler. Band 7 (Berlin: de Gruyter, 1964).

[20] Jack Finegan, *Archaeology of the New Testament* (Boulder: Westview Press, 1981), S. 143–152.

[21] David Aune, *Prophecy in Early Christianity and the Ancient Mediterranian World* (Grand Rapids, MI: Eerdmans, 1983), S. 23 und 28.

[22] Aune, *Prophecy*, S. 60.

[23] Aune, *Prophecy*, S. 149.

[24] Antoinette Wire, *The Corinthian Women Prophets* (Minneapolis: Fortress Press, 1990), S. 135–158.

[25] Heinrich Greeven, »Propheten, Lehrer und Vorsteher bei Paulus: Zur Frage der Ämter im Urchristentum.« in: *ZNW* (Zeitschrift für Neutestamentliche Wissenschaft) 1–2 (1952), S. 1–43.

[26] Aune, *Prophecy*, S. 201, 202.

[27] *Didache* 11. In: Handbuch zum Neuen Testament, Ergänzungsband: *Die*

Apostolischen Väter, Band I, *Die Lehre der zwölf Apostel, Die zwei Clemensbriefe* (Tübingen: J. C. B. Mohr, 1920).

[28] *Didache* 10. In: Handbuch zum Neuen Testament, Ergänzungsband: *Die Apostolischen Väter*, Band I, *Die Lehre der zwölf Apostel, Die zwei Clemensbriefe* (Tübingen: J. C. B. Mohr, 1920).

[29] Aune, *Prophecy*, S. 41.

[30] Plutarch, *Vergleichende Lebensbeschreibungen – Marcus Tullis Cicero*, 20, 1–2. Übers. von Johann Friedrich Kaltwasser (Leipzig: Reclam, o. J.).

[31] Hippolytos, *Refutation of all Heresies* VIII, 12, übers. von Ross Kraemer, *Maenads*, S. 255. Bei Ronald Heime, *The Montanist Oracles and Testimonia*, North American Patristic Society, Patristic Monograph Series, no. 14 (Macon, GA: Mercer Univ. Press, 1989), S. 2–9, findet sich eine Sammlung überlieferter Orakelsprüche dieser Frauen. Alles, was davon auf uns gekommen ist, stammt von ihren Gegnern.

[32] Tertullian, *Über die Seele (De anima)* 9. Übersetzt von Jan H. Waszink (Zürich und München: Artemis, 1980).

[33] Statutes of the Apostles 21, Sahidischer Text, übers. von G. Horner, *The Statutes of the Apostles or Canones Eccleseastici* (London, 1904), S. 304.

[34] Ein Handbuch der Kirchenordnung aus dem 3. Jahrhundert, die *Didascalia,* zeigt auf, daß Witwen in den Gemeinden, für die das Buch geschrieben war, mächtige Führerinnen waren. H. Achelis, der die Funktionen der Witwen, die in der *Didascalia* als Führerinnen vorkommen, untersucht hat, sagt: »Die Witwen, auf die sich der Autor bezieht, sind nicht schwache, kleine Frauen, sondern spirituell mächtige Prophetinnen«. Achelis begründet seine Annahme, daß die Witwen in der *Didascalia* Prophetinnen waren, auf der Praxis, die der apostolische Kanon vorschrieb, daß die Kirche zwei Witwen weihen mußte, um Offenbarungen zu erhalten. Hans Achelis und Johs. Flemming, »Die Syrische Didascalia«, in: *Texte und Untersuchungen*, Bd 25, 2, S. 275. Siehe auch Kap. 5.

[35] Finegan, *Archaeology*, S. 233–234.

[36] Siehe: Elisabeth Schüssler Fiorenza, *In Memory of Her: A Feminist Reconstruction of Christian Origins* (New York: Crossroad, 1983) (dt.: *Zu ihrem Gedächtnis.* Eine feministisch-theologische Rekonstruktion der christlichen Ursprünge, Mainz, 1988).

[37] Phöbes Titel *prostatis* bedeutet »Führerin« oder »Vorsitzende«. In den Schriften des Neuen Testaments wird dieser Begriff für Personen gebraucht, die in der Gemeinde Autorität haben. Das trifft sicherlich auf Phöbes Stellung in der Christengemeinde von Kenchreä zu. Doch Paulus sagt in Röm 16,2, daß sie seine *prostatis* sei und die vieler anderer. In diesem Zusammenhang wäre *prostatis* besser mit »Patronin« übersetzt. Fiorenza, *In Memory of Her*, S. 181.

[38] L. Wm. Countryman, »Patrons and Officers in Club and Church«, in: *SBL Seminar Papers*, No. 11 (Missoula, MT: Scholars Press, 1977), S. 135–143.

[39] Siehe auch Fiorenza, *In Memory of Her*, S. 169ff.

[40] In der Einheitsübersetzung des Alten und Neuen Testaments heißt es: »Grüßt Andronikus und Junia, die zu meinem Volk gehören und mit mir zusammen im Gefängnis waren; sie sind angesehene Apostel« (Röm 16, 7). Junia war zwar in Wirklichkeit eine Frau, doch die Voreingenommenheit der männlichen Übersetzer hat diese Tatsache unterdrückt.

[41] Bernadette Brooten, »Junia, Outstanding Among the Apostles«, und Elisabeth Schüssler Fiorenza, »The Apostleship of Women in Early Christianity«, in: *Women Priests*, Hrsg. L. und A. Swidlers (New York: Paulist Press, 1977), S. 135–140.

[42] G. Franklin Shirbroun, »Mary Magdalene and the Editing of the Fourth Gospel«, unveröffentlichte Schrift des Pacific Coast Regional Meeting of the Society of Biblical Literature, April 1989.

[43] *Gospel of Mary*, 17, übers. von Karen L. King, George W. MacRae, R. McL Wilson und Douglas M. Parrott, *The Nag Hammadi Library*, Hrsg. James Robinson (San Francisco: Harper & Row, 1988), S. 526–527.

[44] *Sota* IV. 3, übers. von Herbert Danby, *The Mishnah* (London: Oxford Univ. Press, 1933), S. 296.

[45] Tosephta *Megilla*, iv. II. 226. Siehe auch *Nedarim* iv. 3.

[46] Obwohl viele Neutestamentler die Stelle 1 Kor 14, 34–35 als spätere Verfälschung des Paulusbriefes betrachten, argumentiert Antoinette Wire überzeugend mit Hilfe der Überlieferungsgeschichte des Briefs, daß diese Stelle wirklich von Paulus stammt. Siehe Wire, *Corinthian Women Prophets*, S. 149 bis 152.

[47] Wire, *Corinthian Women Prophets*, S. 116–134.

[48] *Statutes of the Apostles*, S. 25–26, übers. von Horner, *Statutes*, S. 305.

[49] Sarah Pomeroy, *Goddesses, Whores, Wives, and Slaves: Women in Classical Antiquity* (New York: Schocken Books, 1975), S. 150 (dt.: *Frauenleben im klassischen Altertum*, Stuttgart, 1985).

[50] Epiphanius, *Panarion*, 49, übers. von Ross Kraemer, *Maenads*, S. 226.

[51] Ross Kraemer, *Maenads*, S. 227.

Eine Frau bricht das Brot in einer frühchristlichen Eucharistiefeier.
Kleidung und Frisuren der Teilnehmenden deuten darauf hin, daß es sich hauptsächlich um Frauen handelt. Fresko, frühes 3. Jahrhundert. Griechische Kapelle der Priscilla Katakomben, Rom.
(Mit freundlicher Genehmigung der Benediktinerinnen)

2
Haushaltsführung und die Autorität der Frauen
(in Zusammenarbeit mit Virginia Burrus)

Die Villa des Kornelius bot eine herrliche Aussicht auf das Mittelmeer und den neuen Hafen von Cäsarea in Palästina. Kornelius war der Hauptmann der Italischen Kohorte. Eine große Anzahl von Menschen war um das weite Wasserbecken versammelt, dem Zentrum seines vornehmen Gartens. Ein Gruppe handfester Soldaten umringte den persönlichen Diener von Kornelius und bedrängte ihn mit Fragen über seinen letzten Auftrag, einen gewissen Petrus hierher nach Cäsarea zu begleiten. Petrus und die anderen Juden, die mit ihm aus Joppe gekommen waren, standen beieinander, sie fühlten sich unbehaglich im Hause eines Mannes, der kein Jude war und gleichzeitig ein Befehlshaber der Besatzungstruppen. Sklavinnen und Sklaven, die zum Haushalt gehörten, waren hinter den Juden aufgereiht. Kornelius selbst stand neben seiner Frau, links und rechts flankiert von einigen guten Freunden. An diesem Tag hatte Kornelius alle Mitglieder seines Haushalts, seine Verwandten und enge Freunde eingeladen, um die Botschaft von Petrus zu hören, dem religiösen Anführer, der ihm in einer Vision beim Gebet empfohlen worden war. Wenn Petrus mit seiner Predigt geendet hatte, würde die große Gruppe, die sich da in Kornelius' Garten eingefunden hatte, den christlichen Ritus der Taufe erleben. Kornelius' Familie, Sklavinnen und Sklaven und enge Vertraute wechselten gemeinsam die Religion, weil sie sich Kornelius unterzuordnen hatten, im Einklang mit der römischen Sitte, daß alle Mitglieder eines Haushalts den gleichen Gott verehren sollten wie der Haushaltsvorstand.

In der lebhaften römischen Kolonie von Philippi in Mazedonien war eine Gruppe von Menschen in Lydias Wohnung im Stadtzentrum versammelt. Ihr Laden, der darunter im Erdgeschoß lag, war erfüllt von eigenartigen Gerüchen, die von den Bottichen herrührten, in denen die Purpurfarbe brodelte. Eine Leiter führte vom Laden hinauf in die obengelegenen Wohnräume. Lydias persönliche Sklaven und Sklavinnen kamen und gingen ununterbrochen, trugen dampfende Schüsseln mit Essen auf und trugen das leere Geschirr wieder hinaus. Die wenigen Sklaven, die im Laden arbeiteten, warteten diskret in einer Ecke. Es waren mehrere Geschäftspartner anwesend, zusammen mit einigen Freundinnen, einem Kunden und einer freigelassenen Frau, die Lydias Lehrling war. Auf Lydias Anordnung hin hatten alle Mitglieder des Hauses mit ihr zusammen die Taufe der neuen Religion empfangen. Doch wenige Tage nach ihrer Taufe wurden Paulus und Silas, die Lehrer der neuen Religion, gefangengenommen, weil sie in der Stadt Unruhe gestiftet hatten. Sie waren geschlagen worden und befanden sich jetzt im Gefängnis. Die Gruppe, die da versammelt war, diskutierte darüber, was mit ihnen nun geschehen würde.
Plötzlich wurde ein atemloser Bote in die Wohnung geführt. Es hatte ein Erdbeben gegeben, so berichtete er, und die Ketten, mit denen Paulus und Silas gefesselt waren, wurden wie durch ein Wunder aus der Wand gerissen! Paulus und Silas waren frei! Unter diesen Umständen war es unwahrscheinlich, daß sie noch einmal arrestiert würden. Als Paulus und Silas in Lydias Haus zurückkamen, gaben sie den Neukonvertierten in ihrem Haushalt noch abschließende Ermahnungen, bevor sie wieder auf die Reise gingen.

Diese zwei Geschichten, die aus den Texten der Apostelgeschichte (10, 1–3, 19–24, 44–48; 16, 11–15, 19–40) rekonstruiert wurden, vermitteln sowohl den häuslichen Bezug des Christentums als auch den Einfluß, den das Haupt eines christlichen Haushalts typischerweise hatte. Der religiöse Einfluß, den das Familienoberhaupt hatte, war nicht auf die christlichen Kreise beschränkt, sondern war in der Sozialordnung der griechisch-römischen Welt tief verwurzelt. Wenn der Vater einer traditionellen römischen Familie (der *paterfamilias*) von einer Reise nach Hause zurückkehrte, so begrüßte er mit einer Zeremonie die Hausgötter (*lar familiaris*).[1] An den drei heiligen Tagen in jedem Monat und an anderen Festtagen schmückte seine Gattin (die *materfamilias*) den Herd mit Blumengirlanden und betete zu den *lar familiaris*.[2] Opfergaben von Essen und Wein wurden am Schrein der Hausgötter (*laren* und *penaten*) niedergelegt als Zeichen der Verehrung und symbolische Einladung zum Familienmahl.[3] Solche ehrfurchtsvollen Rituale sicherten die Gunst und den Schutz der Haus- und Familiengötter, und es lag in der Verantwortung des Familienoberhauptes, sicherzustellen, daß diese richtig ausgeführt wurden.

Da die rechtlichen und philosophischen Texte des Altertums Haushalte als von Männern geführt beschreiben, entspricht es unseren Erwartungen, von christlichen Parallelen in dieser Zeit zu lesen, wie zum Beispiel die Geschichte des *paterfamilias* Kornelius. Doch sind wir meist überrascht von der Geschichte Lydias. Wir könnten sie als Ausnahme betrachten. Tatsache ist jedoch, daß die Frauen im Altertum an der Seite der Männer auf die meisten Bereiche des häuslichen Lebens großen Einfluß hatten. Das geht deutlich aus den Quellen hervor, die sich weniger auf die Familie beziehen, sondern mehr auf die Außenwelt – Bruchstücke aus Briefen, Verträgen, Verwaltungsakten, die im trockenen Sand der ägyptischen Wüste die Jahrhunderte überdauert haben. Solchen dokumentarischen Quellen ist zum Beispiel zu entnehmen, daß Appollonia alleiniges Familienoberhaupt wurde, als ihr Ehemann Dryton im Jahre 126 v. Chr. starb. Sie erbte vier Sklaven, einen Weinberg mit einem Brunnen aus gebrannten Ziegeln, einen Wagen mit Geschirr, einen Taubenschlag und andere Gegenstände, wie eine Getreidemühle, eine Ölpresse und Ständer für die

Wasserkrüge.[4] Andere weibliche Haushaltsvorstände kauften und pachteten Land, Obstgärten, Weinberge und Olivenhaine, die sie selbst bearbeiteten. Diese Grundbesitzerinnen zahlten Steuern, hatten rechtliche Verbindlichkeiten und verwalteten ihre eigenen Güter. Zur Überwachung der landwirtschaftlichen Arbeit kam für die weiblichen Haushaltsvorstände die Beaufsichtigung unterschiedlicher Heimarbeiten dazu, wobei Spinnen, Weben und die Herstellung von Kleidern die wichtigsten darstellten. So wie Lydia im Farbhandel aktiv war, betrieben andere ein Gewerbe als Bierbrauerin oder Girlandenwirkerin für die Festtage.[5]

In der Lebenswelt der alten Völker war das Bild des männlichen oder weiblichen Haushaltsvorstands sowohl im Alltag als auch in der Vorstellung ganz geläufig. Wenn christliche Schreiber nach einem Gleichnis suchten, das den Einfluß einer Person beschreibt, die die Aufsicht führt und sich für das Wohlergehen der Menschen einsetzt, griffen sie oft zum Bild des Haushaltsvorstandes. Matthäus überliefert ein Gleichnis Jesu so: »Denn mit dem Himmelreich ist es wie mit einem Gutsbesitzer, der früh am Morgen sein Haus verließ, um Arbeiter für seinen Weinberg anzuwerben.« Der Evangelist beschreibt nun, wie der fleißige Hausherr fünfmal am gleichen Tag zum Marktplatz ging, um bedürftige Wanderarbeiter anzuheuern. Als er jedem von ihnen den gleichen Lohn auszahlte, egal wie viele Stunden sie gearbeitet hatten, erinnerte er sie daran, daß sie alle die Arbeit für den gleichen Lohn angenommen hatten. Das Gleichnis gründet seine zentrale Aussage auf die Familienmacht des Haushaltsvorstandes, der dann auch fragte: »Darf ich mit dem, was mir gehört, nicht tun, was ich will? Oder bist du neidisch, weil ich (zu anderen) gütig bin? So werden die Letzten die Ersten sein und die Ersten die Letzten.« (Mt 20, 15–16) In einem ähnlichen, jedoch geheimnisvolleren Stil zeichnet *Die Geheimschrift des Johannes* aus dem 2. Jahrhundert ihre Hauptfigur Pronoia in der Rolle des Haushaltsvorstandes, die die Autorität, die organisatorischen Fähigkeiten einer materfamilias besitzt, die für alle sorgt. Pronoias Aufgabe ist es, die Seelen zu retten, die in der materiellen Welt gefangen sind, und sie in ihre Schatzkammer des geistigen Reiches zurückzuführen. Sie sammelt die ihr zustehenden Abgaben ein und ist somit die Beschützerin derer, die von ihr abhängig sind, und die Hüterin der Güter ihres himmlischen Haushalts.[6]

Näher am häuslichen Bereich sind die Vergleiche, die zwischen Haushaltsvorstand und denjenigen Männern und Frauen angestellt werden, deren Führungsrolle von der christlichen Gemeinde anerkannt war. Matthäus schreibt: »Jeder Schriftgelehrte also, der ein Jünger des Himmelreichs geworden ist, gleicht einem Hausherrn, der aus seinem reichen Vorrat Neues und Altes hervorholt« (13, 52). Die Rolle des »Aufsehers« oder »Bischofs« (*episcopus* [männlich] oder *episcope* [weiblich]) wurde durchweg am Modell der Haushaltsführung verdeutlicht. »Wer seinem eigenen Hauswesen nicht vorstehen kann, wie soll der für die Kirche Gottes sorgen?«, lautet die rhetorische Frage, die der Verfasser des 1. Timotheusbriefs stellt (3, 5). Da sich das Urchristentum hauptsächlich im häuslichen Bereich ausformte, wie in den Häusern von Kornelius und Lydia, überrascht es nicht, daß sich nicht nur theologische Konzepte, sondern auch frühchristliche Modelle der Amtsführung auf die traditionelle Machtstellung des Haushaltsvorstandes beziehen.

Bei näherer Betrachtung dieses Modells für die Amtsführung, das auf häusliche Vorbilder aufbaut, und seiner Bedeutung für die Amtsausübung von Frauen stoßen wir auf einige erstaunliche Ungereimtheiten in den alten Quellen. Die Unterschiede, die zwischen den rechtlichen und philosophischen Beschreibungen und den Urkundenbeweisen bestehen, sind solch ein Hinweis. Je nach Zusammenhang sind die frühen Ansichten über den Haushalt ganz verschieden. Wurde Haushalt im bezug auf die Polis betrachtet, dann wurde die rechtliche Vorrangstellung des Mannes betont, und Frauen kamen als streng untergeordnete Mitglieder des Haushalts vor. Andererseits versuchten die frühen Autoren auch die männlichen und weiblichen Geschlechterrollen zu vergleichen, indem sie diese jeweils dem Staat oder dem Haushalt zuordneten, was die Darstellung von Frauen als alleinigem Haushaltsvorstand zur Folge hatte. In Texten, die sich hauptsächlich mit dem Haushalt befassen, wird noch ein dritter Standpunkt sichtbar: eine Idealisierung der Ergänzung von männlichen, außerhäuslichen Tätigkeiten und dem häuslichen Anteil der weiblichen Tätigkeiten.

Alle diese scheinbar widersprüchlichen Behauptungen haben gemeinsam, daß es Forderungen sind, *wie die Dinge sein sollten*. Sie drücken kulturelle Einstellungen und Stereotypen aus – Ideologien, wenn man so will –, die die gesellschaftliche Realität zwar *beeinflussen*, die Realität aber nicht angemessen *beschreiben*. Die erste Aufgabe muß es also sein, die gesellschaftliche Realität der Rollen im Haushalt von den ideologischen Verzerrungen zu unterscheiden. Wir werden dabei feststellen, daß es tatsächlich einen hohen Grad von Austauschbarkeit zwischen Frauen und Männern als Haushaltsvorständen gab; in vielen Aspekten war der Haushalt ein Aktionsfeld, das sich den strengen Kategorien der Geschlechterrollen widersetzte.

Die nächste Aufgabe wird es sein, herauszufinden, wie diese Haushaltsmodelle die »ideologischen« und die »wirklichen« gesellschaftlichen Rollen und Haltungen hinsichtlich der Amtsausübung von Frauen innerhalb der christlichen Kirche beeinflußten. Hier zeigt sich, daß sowohl die Alltagserfahrung der Machtstellung von Frauen als Haushaltsvorstand sowie die klischeehafte Vorstellung von der Frau als alleiniger Herrscherin im Haushalt wesentlich ist, um die große Bedeutung von Frauen als Führerinnen im frühen Christentum zu verstehen.

Haushaltsführung: die politische Seite

Zwei der bekanntesten und am meisten verfälschten Ansichten über die Rollen, die Frauen im Haushalt innehatten, sind stark von einer alten Form des politischen Diskurses beeinflußt, der scharf zwischen dem privaten Bereich des Haushalts *(oikos)* und dem öffentlichen Bereich des Staates *(polis)* unterscheidet.[7] Diese Ideologie von den zwei Polen, privat und öffentlich, durchdrang das Denken der frühen Politiker, Philosophen und Rhetoriker ebenso wie das des einfachen Mannes, der sich auf dem Marktplatz von Athen oder Rom unterhielt. Alle diese Männer und wohl auch viele Frauen unterstrichen die Unterscheidung zwischen *oikos* und *polis* und verbanden diesen grundlegenden Dualismus mit anderen: männlich und weiblich, draußen und drinnen, mobil und ortsgebunden, zivilisiert und natürlich, überlegen und unterlegen.

öffentlicher Staat *(polis)*	privater Haushalt *(oikos)*
männlich	weiblich
draußen	drinnen
mobil	ortsgebunden
zivilisiert	natürlich
überlegen	unterlegen

In der Vorstellung der frühen Soziallehre von öffentlich versus privat war der öffentliche Bereich von Natur aus dem privaten Bereich des Haushalts überlegen; er verkörperte den einzigen Schauplatz von Freiheit und Zivilisation und war der eigentliche Ort männlicher Identität.

Aus dieser Ideologie der beiden Pole, öffentlich und privat, leitete sich anfangs die rechtliche Einschätzung der Frauenrolle im Haushalt ab. Vom juristischen Standpunkt aus stand die Person des männlichen Haushaltsvorstands im Zentrum der Betrachtungen. Er repräsentierte in den Augen der MitbürgerInnen den Haushalt. Gleichzeitig war er der Garant dafür, daß der Haushalt den als höher empfundenen Zielen des Staates sich unterordnete und als wichtiges Bindeglied zwischen privatem und öffentlichem Bereich diente. Die zentrale Bedeutung des männlichen Haushaltsvorstands in juristischer Sicht führte parallel dazu zur Marginalisierung der Frauenrolle. Sie wurde deutlich untergeordnet; in den

Texten, die diesen Standpunkt einnehmen, verblaßt die Bedeutung des weiblichen Haushaltsvorstands spürbar.

Von dem griechischen Philosophen Aristoteles stammt die klassische Beschreibung der legalen Macht des männlichen Familienoberhaupts über seine Gattin und seine Kinder:

> Es zeigten sich uns nun aber vorhin drei Teile der Haushaltungskunde, die Lehre vom Verhältnis des Herrn zum Sklaven, welche oben bereits von uns besprochen ist, die vom väterlichen und drittens die vom ehelichen Verhältnis. Wir sahen, wie ein Ehemann und Vater vermag, nämlich sowohl über die Frau als auch über die Kinder zu herrschen, und zwar über beide Teile als über freie Personen, jedoch nicht mit derselben Art von Herrschaft, sondern über die Frau in der Weise eines republikanischen Staatsmannes, über die Kinder aber in der eines Königs. Denn der Mann ist von Natur mehr zum Regieren geschickt als das Weib, was nicht ausschließt, daß das Verhältnis sich hie und da auch wider die Natur gestaltet, und Alter und Reife mehr als Jugend und Unreife.[8]

Es erübrigt sich wohl, auf den männerzentrierten Blick des Aristoteles hinzuweisen. In einem Werk über politische Philosophie hielt es Aristoteles nicht für notwendig, das Wesen der Autorität eines weiblichen Familienoberhauptes zu definieren. Seine Analyse des Haushalts steht im Zusammenhang einer Diskussion des politischen Staates, den Aristoteles als das »Ziel« allen sozialen Lebens beschreibt und als »von Natur aus der Familie und dem Individuum voranstellt.«[9] Nur weil der Staat sich aus Haushalten zusammensetzt, muß er überhaupt von Haushaltsführung sprechen, sagt Aristoteles.[10] Da Frauen keine vollwertigen Staatsbürgerinnen waren, hat Aristoteles ihre Machtstellung im Haushalt überhaupt nicht interessiert. Und weil Haushalt im Vergleich zum Staat minderwertig und diesem untergeordnet war, waren die Mitglieder des Haushalts, die keine Vollbürger waren, dem männlichen »Haupt« des Haushaltsvorstandes klar untergeordnet.

Dieses politisch definierte Prinzip der Unterordnung von Frauen war im griechischen und römischen Rechtssystem festgeschrieben.

Im römischen Recht verblieb eine Frau traditionellerweise unter der »Gewalt« *(potestas)* ihres Vaters oder unter der »Hand« *(manus)* ihres Gatten. Im 2. Jahrhundert beleuchtete der Jurist Gaius die Asymmetrie in bezug auf die Geschlechter im frühen römischen Rechtssystem: »Während in der potestas gewöhnlich sowohl Personen männlichen wie weiblichen Geschlechts stehen, kommen dagegen in die manus nur Frauen.«[11] Gaius führt weiter aus, daß eine Frau, die unter manus ihres Gatten kam, als Tochter seiner Familie betrachtet wurde.[12] Dies stellt einen Grad der legalen Unterordnung von verheirateten Frauen dar, der noch extremer ist als der von Aristoteles beschriebene, der zwischen der umfassenderen »Herrschaft« eines Vaters über seine Kinder und der »rechtmäßigen« Macht des Ehemannes über seine Frau unterscheidet. Doch bereits in der Zeit von Gaius war die Ehe unter *manus* längst nicht mehr üblich, und diese Veränderung steigerte die Unabhängigkeit der verheirateten Frau trotz der Tatsache, daß sie offiziell immer noch unter der Vormundschaft ihres Vaters und der männlichen Verwandtschaft des Vaters stand. Im Lauf des 1. und 2. Jahrhunderts n. Chr. konnte eine Frau der *potestas* des Vaters und der *manus* des Gatten entkommen, indem sie sich unter den Schutz eines »Tutors« stellte, der nicht zur Familie gehörte, den sie vielleicht sogar selbst wählen konnte. Die Tage, in denen ein Gatte die Gattin wegen Trunksucht wegjagen oder seine Tochter wegen einer Liebschaft hinrichten konnte, waren vorüber.[13]

Während manche Frauen ihr Leben völlig unbehindert von der rechtlichen Vormundschaft ihrer formalen Tutoren führten, waren andere von männlicher Vormundschaft ganz befreit. Das Gesetz des Kaisers Augustus zum Beispiel bot Frauen den Status rechtlicher Unabhängigkeit *(sui juris)*, wenn sie frei geboren waren und drei Kinder hatten, und den freigelassenen Sklavinnen, wenn sie vier Kinder hatten. Die meisten Frauen benötigten aber immer noch die Vertretung durch einen Mann, sei es Vater, Ehegatte oder Vormund, wenn sie einen Vertrag abschließen oder einen Fall vor Gericht bringen wollten. Das rechtliche Prinzip der Unterordnung von Frauen bröckelte teilweise, es war in der alten Welt jedoch nie völlig abgeschafft.[14]

Die gesetzliche Sicht von Frauen als untergeordnete Mitglieder des Haushaltes steht in deutlichem Kontrast zu einer anderen Sicht, die ebenfalls eng mit der Ideologie des Gegensatzes von öffentlich und privat verbunden ist: Frauen als Matriarchinnen im Haus. Wir haben gesehen, daß der öffentliche Bereich der eigentliche und höherrangige Ort männlicher Aktivität und der private der eigentliche und niedrigere Bereich weiblicher Aktivitäten war. Daraus folgte, daß private Aktivitäten und Verbindungen der Männer oft weniger beachtet oder gar verleugnet wurden. Der ideale Mann war ein »animal politicum«[15] und sollte frei sein, um sich der höheren Sphäre des öffentlichen Lebens widmen zu können. Deshalb überließ er die Führung des Haushalts seiner Gattin. In Xenophons klassischem Dialog über Haushaltsführung versucht der Protagonist Ischomachos seinen Freund Sokrates zu bewegen, ein ideales, männliches Leben zu führen: »Was nun deine Frage betrifft, mein lieber Sokrates, so bin ich niemals zu Hause beschäftigt. Denn die Arbeiten zu Hause kann auch meine Frau durchaus allein erledigen.«[16] Columella, ein römischer Gelehrter des 1. Jahrhunderts, der über die Verwaltung von Ländereien schrieb, vertraute fest der Tradition, daß Haushaltführen Frauenarbeit, das öffentlich-politische Leben Sache der Männer sei:

> Sowohl bei den Griechen als später bei den Römern, bis hin zu der Zeit, an die sich unsere Väter erinnern, war Hausarbeit der Bereich der verheirateten Frau, die Familienväter ließen sich am häuslichen Herd nieder, aller Sorgen ledig, um von den öffentlichen Tätigkeiten auszuruhen.[17]

Das gleiche Ideal begegnet uns in den Worten von Philo, einem alexandrinischen Juden des 1. Jahrhunderts:

> Denn es gibt zwei Arten städtischer Gebilde, größere und kleinere: die größeren heißen Städte, die kleineren Hauswesen; von diesen

> beiden haben auf Grund einer Teilung die Männer die Leitung der größeren, die man Stadtverwaltung nennt, die Frauen die der kleineren, die Hausverwaltung genannt wird.[18]

Aus der männlichen Ablehnung von häuslicher Verantwortung folgte eine saubere theoretische Trennung der Machtbereiche von Männern und Frauen. In einer Abhandlung, die in einer italienischen Gemeinde von Neupythagoräern im 2. und 3. Jahrhundert v. Chr. verfaßt wurde, heißt es kurz und bündig: »Männer sollten Befehlshaber sein, Amtsträger der Stadt und Politiker, und Frauen sollten das Haus hüten, drinnen bleiben und die Fürsorge des Gatten empfangen und ihm Fürsorge geben.«[19] Sogar noch im 4. Jahrhundert drückte der Hofprediger zu Konstantinopel, Johannes Chrysostomos, die gleiche Ansicht aus, daß der Haushalt nicht der angemessene Platz für Männer sei:

> [Eine Frau] gibt ihrem Gatten völlige Sicherheit, stellt ihn von allen Haushaltssorgen frei, Sorgen über Geld, Wollbearbeitung, Essenzubereitung und richtiger Bekleidung. Sie kümmert sich um alle diese Angelegenheiten, um die sich zu sorgen es sich für ihren Gatten nicht schickt, noch von diesem zufriedenstellend ausgeführt werden können, sollte er je Hand an sie legen – selbst wenn er sich redlich bemühte![20]

Diese theoretische Trennung von öffentlich-männlichem und privat-weiblichem Machtbereich wurde immer gern herangezogen, um politische Führung mit Haushaltsführung zu vergleichen. Xenophon betonte wortgewandt immer wieder die Rolle der Frau als Herrscherin des Haushalts. Er verglich das weibliche Oberhaupt eines Haushaltes mit einem General, der eine Armee führt, dem Admiral eines Kriegsschiffes, der Hüterin der Gesetze, dem Wachhabenden, der seine Truppen inspiziert, dem Befehlshaber, der Pferde und Reiter prüft, und schließlich mit einer Königin, die ihre Untertanen bestraft oder belohnt.[21] Eine von Xenophons beliebtesten Bezeichnungen für einen weiblichen Haushaltsvorstand war »Bienenkönigin« – im Griechischen wörtlich »Befehlshaberin der Bienen« (*he ton melitton hegemon*).[22]

Solch eine Darstellung von Frauen als fast politische Führerinnen innerhalb des Haushalts steht in einem krassen Gegensatz zur gesetzlichen Betonung der Unterordnung von Frauen. Ein Gegensatz, der die griechisch-römischen Gelehrten anscheinend nicht sonderlich störte:

> Eine gute Gattin sollte Herrin ihres Hauses sein und alles, was darin ist, unter ihrer Obhut haben. Das ist auch das Reich, über das ordentlich zu herrschen sich eine Frau bemühen sollte, denn es erscheint nicht richtig, daß ein Mann alles weiß, was im Haus vorgeht. Doch in allen anderen Dingen soll es ihr Ziel sein, ihrem Gatten zu gehorchen... Ja, es ist für eine Frau von geordnetem Lebenswandel angemessen, die Wünsche, die ihr Gatte in bezug auf ihr eigenes Leben hat, als von Gott gegeben zu betrachten, zusammen mit ihrem Stand als Verheiratete und den Gütern, die sie mit ihm teilt. Wenn sie das alles mit Geduld und Sanftmut erträgt, wird sie ihr Heim mit Leichtigkeit führen, sonst nicht so leicht.[23]

Manche Autoren versuchten, die Führungsrollen von Frauen innerhalb des Haushalts genauer zu beschreiben. Eine alte Quelle meint zum Beispiel, daß das männliche »Haupt« des Haushalts die Entscheidungsmacht *(arbitrium)* innehabe, das weibliche »Haupt« jedoch für die jeweiligen Hausverwaltungen *(ministerium)* zuständig war.[24] Eine Szene aus dem 21. Gesang der Odyssee Homers mag die Bedeutung dieser Unterscheidung der Begriffe veranschaulichen. Da spricht der unerfahrene Jüngling Telemachos zu seiner Mutter Penelope in Anwesenheit männlicher Gäste bei einem Festmahl: »Aber gehe nun heim, besorge deine Geschäfte, Spindel und Webstuhl, und treib an beschiedener Arbeit deine Mägde zum Fleiß.« Er beendet diese Ermahnungen mit dem stolzen Ausruf: »Denn mein ist die Herrschaft im Hause!« Als die reife und tüchtige Penelope, die ihren Haushalt während der langen und schwierigen Jahre der Abwesenheit ihres umherziehenden Gatten erfolgreich geführt hatte, diese Worte ihres Sohnes hörte, da »staunte« sie, was wohl kaum verwundert.[25]

Haushaltsführung: die ökonomische Seite

Obwohl die Abhandlungen über Haushaltsführung (*oikonomia*) ganz deutlich politische Züge tragen, haben sie auch eine andere, ausgesprochen »ökonomische« Art, die Rollen von Männern und Frauen im Haushalt zu beschreiben, und zwar als Partner in Verwaltung und Leitung des Haushalts. Die gegenseitige Ergänzung von männlicher und weiblicher Natur und ihren Rollen wurde mit der Betonung dieses Modells der Partnerschaft oft idealisiert. Die ökonomische Darstellung der männlichen und weiblichen Haushaltsvorstände ist jedoch viel näher an der gesellschaftlichen Wirklichkeit angesiedelt als die politische Darstellung von Frauen, die entweder gänzlich untergeordnet oder gänzlich dominant innerhalb des Haushalts sein sollten. Plutarchs *Rat an Braut und Bräutigam* aus dem 1. Jahrhundert bietet ein beredtes, wenngleich etwas zu romantisches Modell von männlicher und weiblicher Partnerschaft:

> ... so soll die Frau alles mit dem Mann gemeinsam empfinden und ebenso der Mann mit der Frau. So mag gleich Stricken, die durch Verknüpfung untereinander an Festigkeit gewinnen, jedes dem andern durch wechselseitige Zuneigung entsprechen und damit die Gemeinschaft lebendig erhalten.[26]

Das Beispiel eines ägyptischen Ehevertrags bietet uns einen konkreten Einblick in die soziale und ökonomische Partnerschaft, auf der eine Ehe gründete. Für die Ehe von Heraklides von Temnos und Demetria wird zuerst der gleiche soziale Status der beiden Beteiligten verkündet: »Er ist frei; sie ist frei.« Dann werden die ökonomischen Mittel, die Demetria in den Haushalt einbringt, aufgezählt: »Hochzeitsgewänder und Schmuck, auf 1000 Drachmen geschätzt.« Sodann werden in sorgfältig ausgewogener Sprache die gegenseitigen Verpflichtungen von Heraklides und Demetria ausgeführt, um die Ehre des Partners und der Partnerin zu sichern und ihrer beider Recht, die Verbindung aufzulösen, sollten die partnerschaftlichen Vereinbarungen nicht eingehalten werden:

> Wird Demetria bei betrügerischen Umtrieben ertappt, die ihren Gatten Heraklides entehren, soll sie alles verlieren, was sie mitgebracht hat. Doch Heraklides soll, was immer er gegen Demetria vorbringt, vor drei Männern beweisen, denen sie beide vertrauen. Es soll für Heraklides ungesetzlich sein, eine andere Frau nach Hause zu bringen auf eine Art, die für Demetria beleidigend ist, oder einer anderen Frau Kinder zu zeugen oder sich unter einem Vorwand betrügerischen Umtrieben gegen Demetria hinzugeben. Wenn Heraklides bei einem dieser Dinge ertappt wird und Demetria es vor drei Männern beweist, denen sie beide vertrauen, dann soll Heraklides Demetria die Mitgift von 1000 Drachmen zurückgeben und 1000 Drachmen verlieren.[27]

Die Pflichten der Partner, die in früheren Zeiten ein Hauswesen führten, waren vielfältig, denn Haushalte waren sowohl soziale Einheiten zum Erhalt der Familienlinie und des Familienstatus, als auch ökonomische Einheiten zum Erhalt des materiellen Reichtums der Familie. Beide Eltern beteiligten sich aktiv an der Vermittlung von Ehen für ihre Kinder und beide beobachteten das Feld der möglichen Kandidatinnen und Kandidaten mit Blick auf den sozialen Status, die politischen Aussichten und die ökonomischen Ressourcen der in Frage kommenden Ehegatten, obwohl es der Vater war, der sich im männlichen Bereich des öffentlichen Lebens bewegte, der dann die Verträge aushandelte. Ein Beispiel dafür sind die vornehmen Römer Appius Claudius und seine Gattin Antisia. Appius Claudius kam von einer Essenseinladung zurück und platzte vor Neuigkeiten: Er hatte mit dem vielversprechenden Tiberius Gracchus gesprochen, ihm die Hand seiner Tochter angeboten, und Tiberius hatte sie sofort angenommen. Daheim angekommen, rief er: »Höre, Antisia, ich habe unsere Claudia einem Manne verlobt!« Noch bevor er ihr den Namen des jungen Mannes sagen konnte, unterbrach Antisia ungeduldig seinen aufgeregten Bericht: »Wozu diese Eile, wozu diese Geschwindigkeit, wenn du nicht den Tiberius Gracchus zum Bräutigam für sie gefunden hättest?« Beide Eltern waren mit dieser wichtigen Entscheidung befaßt und Vater und Mutter waren bei ihren Überlegungen, wer die Familienlinie am besten erhalten könnte, auf den gleichen Kandidaten gestoßen.[28]

Griechisch-römische Familien wollten ihre Kinder gut verheiraten, aber gut verheiraten war nicht genug: Sie sollten auch Erben hervorbringen. Die zukünftigen Generationen der Familie waren Teil des Haushalts, Söhne und Töchter des Haushalts waren sich der Verantwortung, die Familienlinie zu erhalten, sehr stark bewußt. Ein Epigramm Martials aus dem 1. Jahrhundert, das er Pudens und seiner Frau Claudia zur Geburt ihres dritten Kindes sandte, feiert den Fortbestand der Familienlinie:

> Dank den Göttern gebar sie dem trefflichen Gatten auch Kinder;
> Schwiegertöchter erhofft, Eidame sie, noch so jung.
> O gefall es den Göttern, und mög sie nur eines Gemahles,
> mög sie für immer sich auch ihrer drei Kinder erfreun![29]

Die lebenswichtige Aufgabe, Kinder zu erziehen, um die Ehre der Familie zu erhalten und zu erhöhen, wurde der materfamilias zugeteilt, und die römische Gesellschaft bewunderte die Matronen sehr, die diese Pflicht gut erfüllten. Tacitus zufolge war Roms Größe das Verdienst der Mütter des römischen Adels:

> Und nicht nur das Lernen und die häusliche Arbeit, sondern auch die Erholungsstunden und die Spiele der Knaben lenkte die Mutter mit einer gewissen Züchtigkeit und Zurückhaltung. So leitete, wie wir wissen, Cornelia, die Mutter der Gracchen, so Caesars Mutter Aurelia, so die des Augustus, Atia, die Erziehung, und sie haben hochbedeutende Kinder herangebildet.[30]

Nicht nur künftige Familienmitglieder zählten als Teil des Haushalts, sondern auch frühere, und die Tugenden und die öffentlichen Ehrungen der Verstorbenen schufen eine Art von sozialem Guthaben, von dem die lebenden Haushaltsmitglieder zehren konnten. Religiöse Feiern der Lebenden sicherten die guten Verbindungen mit den Ahnen, die eine Art Schutzpatrone für die Familie waren. Es sei daran erinnert, daß sowohl Frauen als auch Männer die religiösen Zeremonien der Hausreligion durchführten.

Gute Heiraten, zahlreiche Geburten und Ahnenverehrung hielten den Haushalt als soziale Einheit zusammen, aber nur gute Verwaltung konnte ihn als ökonomische Einheit bewahren. Während der Haushalt von heute eine Verbrauchergemeinschaft ist, war er früher eine Erzeuger- und Verbrauchergemeinschaft. Er stellte seine eigene Nahrung und Bekleidung her und produzierte oft noch einen Überschuß zum Verkauf. So ähnelte die Arbeit eines Hausverwalters oder einer Hausverwalterin eher dem Management einer kleinen Fabrik als der Rolle der heutigen Hausfrau.
Xenophons klassische ökonomische Abhandlung teilt die Pflichten der Hausverwaltung ein in die Aufsicht über das, was draußen geschieht (Landwirtschaft und Viehzucht), und über das, was drinnen geschieht (Herstellung von Nahrungsmitteln und Kleidung, Aufbewahrung und Verteilung von Geräten und Vorräten). Diese Trennung sollte die unterschiedlichen und sich ergänzenden Rollen von Männern und Frauen im ökonomischen Bereich unterstreichen:

> Mir scheinen auch die Götter dieses Gespann, Mann und Weib genannt, sehr vorsichtig zusammengepaßt zu haben, damit es sich durch die Gemeinschaft gegenseitig soviel Nutzen bringe wie möglich. ... Denn der Mann ist mehr dazu erschaffen, Kälte und Wärme, Märsche und Feldzüge zu ertragen. Daher trug der Gott ihm die Arbeiten außerhalb des Hauses auf. Der Körper der Frau ist weniger widerstandsfähig, deshalb ist sie besser für die Arbeiten im Hause geeignet.[31]

Xenophon fährt fort zu erklären, daß die angeborenen Tugenden Männer und Frauen gleichermaßen für ihre Pflichten befähigten: Männer hätten mehr Mut, der ihnen bei ihren außerhäuslichen Verrichtungen half, während Frauen mehr Zurückhaltung und Vorsicht hatten, was sie zu besseren Hüterinnen der häuslichen Vorräte machte. Beide hätten ein gutes Gedächtnis, Wachsamkeit und Selbstkontrolle in gleichem Ausmaß, denn diese Tugenden waren wowohl für Männer als auch für Frauen in Führungspositionen notwendig.[32]

Xenophon weist darauf hin, daß der männliche Verwalter Aufgaben habe, wie das Pflanzen der Feldfrüchte, die Pflege der Weinstöcke, die Sorge für die Olivenhaine und Obstbäume und das Weiden des Viehs.[33] Der weibliche Verwalter sollte das bekommen, was mit diesen Arbeiten draußen erwirtschaftet wurde – Korn, Wein, Öl, Wolle –, um es an einem sicheren Ort zu bewahren: »die trockensten Räume für das Getreide, die kühlsten für den Wein.«[34] Die Vielfalt der Vorratshaltung in einem großen Besitz wurden, von Xenophon und seinem lateinischen Nachfolger Columella verdeutlicht:

> Nachdem wir passende Vorratsräume hergerichtet hatten, fuhren wir fort, die Gegenstände und Möbel zu verteilen; zuerst stellten wir die Gegenstände zur Seite, die wir für die Verehrung der Götter zu benutzen pflegen, dann die Gewänder der Frauen, die an Festtagen getragen werden, dann die Gewänder der Männer für den Krieg und für festliche Gelegenheiten und ebenso Schuhwerk für beide Geschlechter. Dann wurden Rüstungen und Waffen daneben untergebracht und an einem anderen Platz die Geräte zur Herstellung von Wolle. Danach wurde ein Platz gefunden für die Gefäße, die im allgemeinen dazu benutzt werden, Nahrung aufzubewahren, dann für solche, die zum Waschen und für die Toilette benutzt werden, und die (Gefäße) für das tägliche Essen und die für Festessen wurden aufgestellt.[35]

Der weibliche Haushaltsvorstand war nicht nur für die richtige Aufbewahrung der Vorräte, sondern auch für ihre kluge Verteilung verantwortlich. Xenophon führt aus, daß sie darauf achten mußte, daß die Güter gerecht und weise aufgeteilt wurden und »daß nicht der Vorrat für das Jahr schon in einem Monat aufgebraucht ist«.[36] Es wird klar, warum die Tugenden des Gedächtnisses, der Wachsamkeit und der Selbstkontrolle so wesentlich waren. Xenophon und Columella betonen, daß die Aufseherin eines Gutes sorgfältig geprüft werden müßte, ob sie auch frei sei von den besonderen Untugenden, die die Leistung der Hausverwalterin oder des Hausverwalters unterlaufen könnten: »Es ist von größter Wichtigkeit, darauf zu achten, ob sie frei ist von Abhängigkeit von Wein, Gier,

Aberglauben, Schläfrigkeit und der Gesellschaft von Männern und ob sie wirklich versteht, an was sie sich erinnern soll und was sie für die Zukunft bereitstellen soll.«[37]

Xenophon befaßt sich mit der Verwaltung von Sklaven und der Verwaltung von materiellen Gütern. Während der männliche Hausverwalter die täglichen Arbeiten der Außensklaven beaufsichtigte, war der weibliche Hausverwalter dafür zuständig, die Außensklaven auf das Feld zu schicken und die Haussklaven anzuweisen und zu überwachen.[38] Xenophons Text deutet darauf hin, daß die Pflichten der Haussklaven das Putzen sowie die Produktion von Nahrungsmitteln und Kleidung umfaßten.[39] Ägyptische Quellen zeigen genauer, daß weibliche Sklaven, die innerhalb des Hauses arbeiteten, mit Binsenbesen kehrten, Wasser trugen, Säuglinge und Hunde beaufsichtigten, Wolle verarbeiteten und ihrer Herrin beim Waschen und Anziehen halfen.[40] Xenophon forderte sogar eine reiche Frau auf, neben ihren Sklavinnen zu arbeiten, weil diese Tätigkeit einen positiven Einfluß auf ihre Gesundheit habe und ihre direkte Mitarbeit sie befähigte, die Arbeiten besser zu beaufsichtigen.[41]

Xenophon beschreibt die Herrin des Haushalts als die Hüterin seiner Gesetze, deren Aufgabe es war, zu loben und zu strafen.[42] In ganz anderer Art, nämlich in Form einer lebhaften Parodie auf das Verhältnis zwischen Herrin und Sklavin, fängt der griechische Dichter Herondas etwas vom Geist der Personalführung in einem Haushalt ein. Hier spricht Koritto, ein weiblicher Haushaltsvorstand der Mittelklasse, einmal zu ihrer Freundin Metro, dann zu ihrer Sklavin:

KORITTO

Ah, Metro, setz dich doch.

(Zu einer Sklavin)

Steh auf und bring
Der Dame einen Stuhl. Ich muß doch alles
Selbst erst befehlen, gar nichts kannst du Nichtsnutz
Von selbst einmal tun. Wie ein Stein, bei Gott,
Nicht eine Magd, liegst du im Haus herum.

Doch wenn ich dir dein Mehl zumesse, zählst du
Die Körnlein, und rinnen nur soviel daneben,
So bruttelst du und schnaubst den ganzen Tag,
Daß es die Wände nicht aushalten. Was?
Erst jetzt stäubst du ihn ab und machst ihn sauber,
Wo er gebraucht wird? Luder – Bei der Dame
Bedanke dich, denn wäre sie nicht hier,
Hätt' ich dich meine Hände schmecken lassen.[43]

Es wird auch aus dieser fiktiven Geschichte klar, daß Autorität über Sklavinnen und Sklaven oft auf der Androhung von Gewalt und Nahrungsentzug beruhte. In einem anonymen griechischen Traktat wird das Problem der Sklavenhaltung auf die schlichte und einfache Form gebracht:

> Wir können unseren Sklaven 1. Arbeit, 2. Strafe und 3. Essen geben. Wenn die Männer Essen bekommen, aber keine Strafe oder Arbeit, werden sie frech. Wenn sie arbeiten müssen und bestraft werden und mit Essen knapp gehalten werden, dann ist das eine tyrannische Behandlung und untergräbt ihre Gesundheit. Die Alternative, die bleibt, ist deshalb, ihnen Arbeit zu geben und genügend zu essen; wenn wir die Männer nicht entlohnen, können wir sie nicht beherrschen, und Essen ist der Lohn des Sklaven.[44]

Der Autor dieser Abhandlung vergleicht die angemessene Zuteilung von Arbeit, Strafe und Essen auch mit der Zuteilung der richtigen Medizin durch den Arzt.[45]

Frauen wie Männer überwachten die Arbeit der Sklavinnen und Sklaven, und beide verfügten über die üblichen Disziplinarmaßnahmen, also Lob oder, noch öfter, Strafe. Chrysostomos, Bischof von Konstantinopel im 4. Jahrhundert, drängte christliche Witwen in der Tat, nicht mehr zu heiraten, mit dem Argument, daß sie selbst sehr wohl imstande seien, ihre Sklavinnen und Sklaven auch ohne Ehemann zu disziplinieren.[46] Während so eine Bemerkung einerseits ein seltenes Beispiel von Anerkennung weiblicher Fähigkeiten und Autorität durch einen Mann ist, so unterstreicht sie auf der anderen die unselige Akzeptanz der Sklaverei in der griechisch-

römischen Gesellschaft. Hier übernahm die institutionalisierte Kirche wieder eine gesellschaftliche Einrichtung, ohne sie zu hinterfragen, wie sie es auch bald mit der Frauenrolle tat, die nicht unbedingt die befreiende Botschaft ihres Gründers widerspiegelt.
Hausverwalter leiteten ihre Sklavinnen und Sklaven an und erzogen sie. Xenophon verkündete begeistert: »Es wird dir auch manche Beschäftigung Freude machen. Wenn du zum Beispiel einem Mädchen, das nicht spinnen kann, es beibringst, so daß es dir doppelt wertvoll wird. Oder wenn du eins bekommst, das von Hausarbeit und Bedienung nichts versteht, du aber lernst es an und machst es zugleich treu und fleißig, so daß du an ihm eine wertvolle Kraft besitzt.«[47]
So wertvoll die Arbeitskraft eines Sklaven auch war, noch wertvoller war die Pflege von Loyalität. Der Gehorsam von Sklaven, die die Felder bearbeiteten, konnte unter Androhung von Gewalt erzwungen werden, doch der Gehorsam der Haussklavinnen und -sklaven mußte sorgfältiger gepflegt werden: Loyalität, nicht Angst, war die Grundlage ihres Dienstes. Ein Autor erklärt, es gäbe zwei Arten von Sklaven, »die in Vertrauenspositionen und die Arbeiter«. Er bemerkt, daß die Anleitung von jenen in Vertrauenspositionen ganz besonders wichtig sei: »Denn es ist die allgemeine Erfahrung, daß der Charakter der Jungen durch Übung geformt werden kann, wenn wir Sklaven mit Aufgaben betrauen, die für Freie taugen, so müssen wir nicht nur die Sklaven dafür liefern, sondern sie auch zur Vertrauenswürdigkeit erziehen.«[48] Xenophons Figur Ischomachos erklärt, wie er und seine Frau eine Aufseherin anlernten: »Wir machten sie aber auch uns zugetan, indem wir sie an unseren Freuden teilnehmen ließen; wir riefen sie aber auch dazu, wenn etwas Trauriges geschah. Wir erzogen sie auch zur eifrigen Förderung des Hauswesens, denn wir brachten sie dazu, daß sie erkannte, worauf es ankam, und gaben ihr Anteil am Wohlergehen.«[49] Loyalität in einem Aufseher oder einer Aufseherin zu kultivieren bedeutete, daß nicht nur Verständnis und Motivation erweckt werden mußten, sondern auch Moral. Ischomachos fährt fort: »Ebenso brachten

wir ihr bei, was Gerechtigkeit ist. Wir ehrten die Gerechten mehr als die Ungerechten und zeigten ihr, daß diese reicher und freier lebten als jene. Und sie selbst rechneten wir auch zu den ersteren.«[50]
Obgleich Xenophon anfangs die getrennte, aber sich ergänzende Natur der männlichen und weiblichen Rollen in der Hausverwaltung betont, so straft er seine Behauptung von der Trennung des innerhäuslichen Anteils Lügen durch das intensive Interesse seines männlichen Protagonisten Ischomachos an jenen Aspekten der Verwaltung, die er als »weiblich« bezeichnet. Tertullian, der afrikanische, christliche Gelehrte des 2. Jahrhunderts, war mit Männern wie Xenophons Ischomachos vertraut, die Unfähigkeit des Mannes für die Verwaltung des häuslichen Bereichs vorgaben. Tertullian rief sarkastisch aus: »Natürlich steht es nur um das Hauswesen der Verheirateten gut. Zugrunde gegangen sind die Haushaltungen der Unverheirateten, der Besitz der Eunuchen, das Vermögen der Soldaten oder derer, die in der Fremde weilen, da all diesen eine Gattin fehlt.«[51] Aus Tertullians Sicht waren Männer genausogut imstande, die Verwaltung eines Haushalts drinnen wie draußen zu überwachen.
Frauen waren ebenso fähig, den außerhäuslichen und den innerhäuslichen Anteil des Haushalts zu verwalten. Die öffentlichen Pflichten vieler griechischen und römischen Männer erforderten es, daß ihre Gattinnen während ihrer Abwesenheit den ganzen Haushalt führten. Plutarch schrieb im 1. Jahrhundert von der Abwesenheit der Männer, als ob es sich dabei um etwas ganz Geläufiges handelte: »Warum ist es so, daß Männer, die eine Ehefrau zu Hause haben, wenn sie vom Land oder vom Ausland zurückkehren, eine Botschaft vorausschicken, um ihren Frauen mitzuteilen, daß sie kommen? ... Ist es, weil die Frauen während der Abwesenheit des Gatten mehr Haushaltspflichten und Beschäftigungen haben?«[52]
Viele Haushaltsangelegenheiten, drinnen und draußen, wurden von Witwen übernommen, die es vorzogen, nicht mehr zu heiraten. In der Klassik wurde in der Tat besonders das Ideal der Frau hochgehalten, die einem einzigen Gatten treu bleib – die *univira.*

Die Witwe Cornelia, Mutter der bedeutenden gracchischen Brüder, zweier römischer Staatsmänner, wurde gelobt, weil sie nicht mehr heiratete: »Cornelia übernahm nun die Sorge für die beiden Kinder und das Haus.«[53] In anderen Fällen zogen es reiche Frauen, die mit einem Gatten lebten, einfach vor, ihr Eigentum selbst zu verwalten: Varros Abhandlung »Über Ackerbau« aus dem 2. Jahrhundert v. Chr. richtet sich an seine Frau, der er seinen Rat anbot, um ihren neu erworbenen Besitz rentabler zu machen.[54]

Columella deutet an, daß sich innerhäusliche und außerhäusliche Tätigkeiten großteils überschnitten, und zwar nicht nur bei Männern und Frauen in den höheren Schichten der reichen Landbesitzer, sondern auch in der Alltagsarbeit einer Gutsverwaltung, die von männlichen und weiblichen Aufsichtspersonen wahrgenommen wurde. Obwohl er anfangs Xenophons idealisierte Arbeitsteilung von drinnen und draußen anscheinend unterstützt, so weist Columella dann eine Aufseherin doch an, die Wolle nur dann zu bearbeiten, wenn aufgrund des schlechten Wetters »eine Frau nicht auf dem Feld unter offenem Himmel arbeiten kann«.[55] »Ihre Aufgabe ist keine sitzende«, bemerkt Columella und fügt hinzu, daß die Aufseherin nicht nur die überwachen muß, die am Webstuhl arbeiten und in der Küche, sondern auch diejenigen, die die Kuhställe reinigen und die Schafe melken und scheren.[56]

Dokumente zeigen noch deutlicher als diese literarischen Quellen, daß männliche und weibliche Rollen im Haushalt im Prinzip austauschbar waren. Der folgende Brief, den eine Ägypterin namens Ptolema an ihren Bruder Antas richtete, beschreibt, wie sie die Felder und das Vieh der Familie verwaltet.

> Alle Felder sind in gutem Zustand. Das südliche Gebiet der siebzehn arurae wurde für den Gebrauch des Viehs verkauft. Dein Vieh hat eine arura gefressen und ist nun nach Pansoue gegangen. Das ganze Land ist an das Vieh gegeben worden. Der Rest des Gemüsefeldes ist dem Grasschneiden überlassen worden. Wir haben das Gras in den cleruchien verkauft, außer den sechs östlichen Gebieten für 112 Drachmen. Gras ist außerordentlich billig.[57]

Weder ein angeborener weiblicher Charakterzug noch gesellschaftliche Gepflogenheit schloß Ptolema von irgendeiner Angelegenheit des Haushalts aus. Obwohl das Gesetz eine Frau ihrem Gatten als ihrem rechtmäßigen Vormund klar unterordnete, so behielt sie doch ein beachtliches Maß an Autonomie innerhalb des häuslichen Bereichs als Hausverwalterin. Sie verwaltete nicht nur den Reichtum des Haushalts – seine landwirschaftliche und häusliche Produktivität –, sondern behielt auch die Kontrolle über den Besitz, den sie in Form einer Mitgift in die Ehe eingebracht hatte. In ihrer Eigenschaft als Hausverwalterin war sie frei, zu kaufen und zu verkaufen, Taglöhner anzustellen und Haushaltsgeschäfte, also »private« Geschäfte im »öffentlichen« Bereich zu tätigen.

Leitung der Hauskirchen: Verwaltung des Haushalts Gottes

Frauen und Männer als Haushaltsvorstände hatten Besitztümer, die für die urchristlichen Gemeinden wichtig waren. Erstens besaßen sie Häuser, die groß genug waren für die Versammlungen der Gemeinde, die wahrscheinlich im Speisezimmer oder im *triclinium* stattfanden. Gebete, Predigten und Belehrungen fanden im Zusammenhang mit einem Mahl statt, und das Mahl selbst kam aus den Vorräten des Haushalts – Korn, Oliven, Öl, Käse und Obst. Solche Gaben von Nahrung und Gastfreundschaft, die eine alte Form der Wohltätigkeit darstellt, die üblicherweise an Vereine oder an die Armen gegeben wurden, verliehen dem Gastgeber oder der Gastgeberin den Status eines Patrons oder einer Patronin. Die männlichen oder weiblichen Haushaltsvorstände waren in den frühen Kirchen wohl immer die nominellen Leiter dieser Kirchen. Trotzdem ist die Ähnlichkeit zwischen den Pflichten eines Haushaltsvorstandes und denen der frühen Bischöfe und Presbyter verblüffend. Diese Ähnlichkeit läßt den Schluß zu, daß die Rolle des Hausverwalters als entscheidendes Modell für die Führungsrolle im Urchristentum diente.

Wie stellt sich kirchliche Amtsausübung dar, wenn wir sie vom Standpunkt der Hausverwaltung aus betrachten? Worin gleichen die Aufgaben und die Verantwortung von kirchlichen Amtsträgern denen eines Hausverwalters? Ein erster wichtiger Bereich ist die Güterverwaltung. Wie die Hausverwalter, so bekamen, lagerten und verteilten die kirchlichen Amtspersonen die Güter der Gemeinschaft. Einer der frühen Konflikte in der Kirche drehte sich darum, wer das »Tafelamt« ausüben sollte, eine Aufgabe, die im Kauf von Essen, der Zubereitung des Mahls und der Verteilung des Essens bestand.[58] In den folgenden Jahrhunderten waren es diese Leiter, die über die Verteilung des Essens beim eucharistischen Mahl wachten, dem Zentrum des christlichen Gottesdienstes; die gleichen Leiter waren auch für die Verteilung von Essen an die Witwen und Kranken der Gemeinde zuständig. Die *Didache*, ein frühes Buch der Kirchenordnung, weist die Gemeindemitglieder an, die Früchte ihrer ersten Ernte und die erste Schlachtung ihren Gemeindeleitern zu bringen, und wenn sie Brot buken, einen Krug Wein oder Öl öffneten, so sollten sie den Anbruch davon abliefern.[59] Rund ein Jahrhundert später gibt es in der sogenannten *Apostolischen Tradition* ein liturgisches Gebet, das über die Geschenke von Brot, Wein, Öl, Käse und Oliven gesprochen wird, die zur Kirche gebracht werden.[60] Mit dem Reichtum der Gemeinden wuchs auch der Wert der materiellen Güter, die von den Kirchenführern verwaltet wurden.

Genau so wie die Schreiber über Hausverwaltung betonten, daß die Verwalter nicht gierig sein oder zu Trunksucht neigen sollten, so wies die *Didache* die Christen an: »Wählt euch nun Bischöfe und Diakonen, des Herrn würdig, milde Männer, frei von Geldgier, wahrhaftig und erprobt.«[61] Der Brief an Timotheus im Neuen Testament betont, daß ein Bischof weder Trinker sein sollte noch geldgierig (1 Tim 3, 4–5). Solche Überlegungen waren von unmittelbarer Bedeutung im Hinblick auf die Verantwortung der Kirchenführer über die Nahrungsmittel der Gemeinde, den Wein und andere materielle Güter.

Für die Leitung einer Kirche war, wie für die Leitung eines Haushalts, Erfahrung notwendig in der Verwaltung von Menschen und von Gütern. Der Haushalt Gottes bestand aus Männern und Frauen, Alten, Jungen, Verheirateten und Verwitweten, Freien und Sklaven. Verhalten und Zusammenleben dieser verschiedenen Gruppen zu lenken war die vorrangige Aufgabe von Kirchenführern und Hausvorständen. Die Tugenden, die im 1. Brief an Timotheus von einem Bischof erwartet wurden, gleichen denen aus den Abhandlungen über Haushaltsführung:

> Deshalb soll der Bischof ein Mann ohne Tadel sein, nur einmal verheiratet, nüchtern [*sophrosyne*], besonnen [*kosmion*], von würdiger Haltung [*epeikei*], gastfreundlich, fähig zu lehren; er sei kein Trinker und kein gewalttätiger Mensch, sondern rücksichtsvoll; er sei nicht streitsüchtig und nicht geldgierig. Er soll ein guter Familienvater sein und seine Kinder zu Gehorsam und allem Anstand erziehen. Wer seinem eigenen Hauswesen nicht vorstehen kann, wie soll der für die Kirche Gottes sorgen? (1 Tim 3, 2–5)[62]

Vor allem soll ein Bischof *sophrosyne* sein, jemand, der Selbstkontrolle hat und besonnen ist. *Kosmion*, eine Person mit Ordnungssinn, die besonnen ist, bedeutet, daß er oder sie einen Haushalt oder sogar eine größere Gemeinde gut regieren kann. Würdige Haltung *(epeikei)* stellte sicher, daß diese Person wußte, was in einer bestimmten Situation zu einem bestimmten Zeitpunkt angemessen war.

Es war wichtig, daß ein Bischof Autorität *(proistein)* hatte in ihrem oder seinem Hauswesen und somit Kinder und Sklaven in ihrer untergeordneten Stellung gehalten wurden. Gleichzeitig durfte diese Machtausübung nicht überzogen sein, sie durfte sich nicht auf Schläge stützen. Der Aufseher, der in einer christlichen Gemeinde auch Finanzverwalter der Kirche war, sollte »nicht gewinnsüchtig« *(aphilargyron)* sein. Gastfreundschaft (Großzügigkeit im Gewähren von Nahrung und Unterkunft) und die Fähigkeit zu lehren und so wertvolle Fachkenntnisse an Kinder und Sklaven weiterzugeben, das waren Haushaltspflichten, die sich leicht auf den Verantwortungsbereich der Kirchenführung übertragen ließen. Für den Autor des 1. Briefs an Timotheus ergibt sich der logische Schluß, daß Menschen, die nicht ihrem eigenen Haus vorstehen können, auch kaum fähig sind, Gemeinden oder Kirchen Gottes zu verwalten. Der Brief gibt dann weiter Anweisungen, wie das Verhältnis zwischen den Generationen gestaltet werden sollte, wie Witwen sich benehmen und wie sie von den anderen Gemeindemitgliedern behandelt werden sollen, wann Frauen wieder heiraten sollten und wann nicht und wie sich Sklaven ihren Herrn gegenüber verhalten sollten (1 Tim 5, 1–2, 3–13, 14; 6, 1–2).

Etwa zu der Zeit, als der 1. Brief an Timotheus verfaßt wurde, schrieb auch Ignatius, Bischof im syrischen Antiochien, einen Brief, in welchem er seinen Amtsbruder Polykarp, Bischof von Smyrna in Kleinasien, Ratschläge über die Feinheiten der Kirchenführung gibt. Ignatius belehrte Polykarp, die Witwen nicht zu vernachlässigen; er sollte sich selbst als deren Beschützer betrachten und ihnen wenn nötig finanzielle Unterstützung geben.[63] Dann riet Ignatius dem Polykarp, die Sklaven in der Gemeinde weder verächtlich zu behandeln, noch sollte ihnen gestattet werden, frech zu sein; solche Ratschläge ähneln in der Sprache deutlich den Abhandlungen über Haushaltsführung: »In unserem Umgang mit Sklaven dürfen wir keine Frechheit von ihnen dulden, noch sollen wir sie grausam behandeln.«[64] Der Bischof sollte ferner größte Zurückhaltung üben in seiner Entscheidung, welchen Sklaven Geld von der Kirche gegeben werden sollte, um sich ihre Freiheit zu erkaufen, bemerkte Igantius (Ign. *Pol.* 4. 3). In bezug auf die Unterweisung von Eheleuten belehrt Ignatius Polykarp schließlich, den Ehefrauen zu sagen, sie sollten zufrieden sein mit ihren Gatten, und den Ehemännern, sie sollten ihre Gattinnen lieben (Ign. *Pol.* 5. 1). Ehen sollten vom Bischof bestätigt werden, obwohl sie zwischen den Familien geschlossen wurden (Ign. *Pol.* 5. 2).

Wie die Autoren der ökonomischen Abhandlungen, so benutzt

Ignatius Vergleiche aus Erziehung und Heilkunde, wenn er über die Führungseigenschaften von kirchlichen Amtsträgern spricht. »Es ist nicht ehrenvoll, wenn ihr gute Schüler vorzieht«, ermahnte er. »Zähme lieber mit deiner Freundlichkeit diejenigen, die stören.« Er fährt fort: »Nicht jede Wunde wird mit dem gleichen Pflaster geheilt«, und schließt mit dem Rat: »Sei in jedem Fall klug wie die Schlange und sanftmütig wie die Taube« (Ign. *Pol.* 2. 1–2). Wie der Hausvorsteher, so sollte auch der Leiter einer christlichen Gemeinde Gehorsam nicht immer durch strenge Disziplin erzwingen, sondern aktiv für Loyalität und Unterstützung werben. Ignatius bot dem Polykarp scharfsinnigen und konkreten Rat, wie der gute Wille seiner Gemeinde zu gewinnen sei:

> Trage alle, wie auch dich der Herr (trägt). Ertrage alle in Liebe, wie du ja auch tust. (1. 2)
> Rede zu jedem einzelnen in göttlicher Übereinstimmung der Gesinnung. Trage die Krankheiten aller als ein vollkommener Kämpfer. Je größer die Mühe, desto reicher der Gewinn. (1. 3)
> Häufiger sollen Versammlungen stattfinden; suche alle einzeln auf. (4. 2)

Die eigentlichen Ziele von Kirche und Haushalt unterscheiden sich deutlich – hier ökonomischer Erfolg, dort geistiges Heil. Und doch zeigt dieser knappe Überblick über frühe christliche Texte auffallende Gemeinsamkeiten in den Führungsmodellen dieser beiden sozialen Gebilde. Beide, Haushaltsvorsteher wie Bischöfe, waren für die Überwachung und Erziehung verantwortlich, für Disziplin und Ernährung der Mitglieder der Gemeinschaft in ihren unterschiedlichen Rollen und Beziehungen untereinander, als Freie, Sklaven, Männer und Frauen, Verheiratete und Ledige, alte und junge Menschen. Und beide, Haushaltsvorstände und Bischöfe, leiteten ihre Autorität nicht nur von ihrer formalen Stellung ab, sondern auch von ihren persönlichen Fähigkeiten, zu überzeugen und sich Respekt zu verschaffen durch verläßliche Anwesenheit und Mitarbeit in der Gemeinschaft.

Vom Haushalt zur Hauskirche: die Amtsausübung von Frauen

Wir haben in den alten Texten gesehen, daß die Eheleute sowohl als Einzelpersonen zusammenwirkten als auch als »Haupt« oder Verwalter des Hauswesens. Obwohl eine gewisse gegenseitige Ergänzung von männlichen und weiblichen Rollen idealisiert und vielleicht manchmal realisiert wurde, gab es bei den verschiedenen Verwaltungsaufgaben der Haushaltsführung keine starre Zuordnung zu einem bestimmten Geschlecht. Autorität war ebenfalls nicht starr zugeordnet.

Neben den sozialen Rollen im Haushalt, wie sie Tag für Tag gelebt wurden, gab es literarische Beschreibungen derselben, die von der Ideologie der Geschlechterrollen des politischen Bereichs beeinflußt waren. Diese Ideologie betonte die rechtliche Autorität des Mannes als Herrscher des Haushalts und bestand gleichzeitig auf der Freistellung der Männer vom niedrigeren »weiblichen« Bereich. Solche ideologischen Darstellungen spiegeln nicht direkt die gesellschaftliche Realität, sie hatten aber durchaus die Kraft, diese Realität zu beeinflussen. Die Neigung von Männern, das Privatleben abzuwerten, warf Frauen in der Verwaltung des Privatbereichs oft auf sich selbst zurück, während die Theorie von der Abgrenzung und Unterordnung von Frauen erfolgreich eingesetzt wurde, um das Verhalten von Frauen in ihrem eigenen Haushalt einzuengen und zu kontrollieren.

Wenn wir unser Augenmerk auf die christlichen Hauskirchen lenken, so finden wir ebenfalls Quellen, die Frauenrollen widersprüchlich darstellen. In ihnen scheint die öffentliche Ideologie der Geschlechterrollen durch. Das Thema der Unterordnung von Frauen zum Beispiel ist den Leserinnen und Lesern des Neuen Testaments wohl bekannt. »Ihr Frauen, ordnet euch euren Männern unter wie dem Herrn (Christus); denn der Mann ist das Haupt der Frau, wie auch Christus das Haupt der Kirche ist; er hat sie gerettet, denn sie ist sein Leib. Wie aber die Kirche sich Christus unterordnet, sollen sich die Frauen in allem den Männern unterordnen« (Eph 5, 22–24). Es gibt jedoch auch Quellen, die erhärten, daß Frauen und ihre Autorität in den Christengemeinden auch Schlüsselrollen innehatten. Ein Kritiker des Christentums im 2. Jahrhundert, Celsus, griff die Religion an, indem er sie als eine Bewegung von Frauen bezeichnete, und tat sie so ab:

> [Wenn] in privaten Häusern Woll- und Lederhandwerker und Tuchmacher und Personen von höchst ungebildetem, rohem Charakter ... die Kinder beeinflussen und bestimmte Frauen, so dumm wie sie selbst, dann stellen sie wunderbare Behauptungen auf... [Sie sagen den Kindern], sie ... sollten mit den Frauen und ihren Spielkameraden zu den Wohnungen der Frauen gehen oder zum Lederladen oder zum Tuchmacherladen, damit sie Vollkommenheit erlangen.[65]

Das gesellschaftliche Klischee von der Frau als Haushaltsvorstand mag zur Legitimierung weiblicher Amtsausübung im Christentum beigetragen haben. Doch in den urchristlichen Gemeinden, die – beflügelt von der radikalen Lehre und dem radikalen Beispiel Jesu – sehr viel egalitärer waren als die übrige Gesellschaft, wurden solche Perspektiven zum Verstummen gebracht, und ihr Einfluß auf die gesellschaftlichen Verhältnisse blieb beschränkt. Im großen und ganzen wurden die Rollen und Funktionen der Haushaltsführung, die nicht an ein bestimmtes Geschlecht gebunden waren, ganz ruhig und mit selbstverständlicher Leichtigkeit auf den Bereich der Hauskirchen übertragen. Lydia führte ihren christlichen Haushalt mit der gleichen natürlichen und selbstverständlichen Autorität wie Kornelius.

Solange sich die kirchliche Amtsausübung am bekannten Vorbild des Haushaltsvorstands orientierte, gab es keine kulturellen Hindernisse für Frauen, eine Führungsposition einzunehmen. Christen des 1. und 2. Jahrhunderts, denen die Führung eines Haushalts durch eine Frau und deren Autorität geläufig war, haben die Amtsausübung von Frauen nicht nur hingenommen, sondern als ganz natürlich empfunden. Die speziellen Anforderungen an Führungspersonen in der Urkirche waren kein Hindernis für Frauen, deren

Fachwissen und Erfahrung als Verwalterinnen sie in hohem Maße befähigte, die Aufgaben von Unterricht, Disziplinierung, Ernährung und Verwaltung der materiellen Güter zu erfüllen. Dabei blieb es, solange christliche Gemeinden eng mit den sozialen Strukturen des privaten Bereichs verbunden waren.

Anmerkungen

[1] Cato, *De agri cultura* 2.

[2] Cato, *De agri cultura* 143; hier können die Pflichten einer Dienerin oder *vilica* benutzt werden, die der abwesenden materfamilias zu untersuchen.

[3] Siehe David G. Orr, »Roman Domestic Religion: The Evidence of the Household Shrines«, in: *Aufstieg und Niedergang der römischen Welt* II. 16 (Berlin: Walter de Gruyter, 1978), S. 1557–1591.

[4] Sarah B. Pomeroy, *Women in Hellenistic Egypt* (New York: Schocken Books, 1984), S. 105.

[5] Pomeroy, *Women in Hellenistic Egypt*, S. 148–173; siehe auch Jane F. Gardner, *Women in Roman Law and Society* (Bloomington: Indiana Univ. Press, 1986) S. 233–256.

[6] *The Nag Hammadi Library*, Hrsg. J. M. Robinson (San Francisco: Harper & Row, 1988), S. 122. Diesen Vergleich von Pronoia und Haushaltsvorstand verdanken wir Karen King.

[7] Die Anthropologin Michelle Zimbalist Rosaldo (»Woman, Culture, and Society: A Theoretical Overview«, in: *Women, Culture and Society,* hrsg. von Rosaldo und Lamphere [Stanford, CA: Stanford Univ. Press, 1974], S. 17–42) meint, daß die Trennung von öffentlich und privat ein ganz allgemeiner – wenn auch »unnötiger« – Aspekt der Kultur und Gesellschaft sei. Rosaldo fand drei Arten, wie Frauen innerhalb der Grenzen der öffentlichen versus privaten Gesellschaftsstruktur Macht ausüben konnten: 1. durch Übernahme männlicher Rollen, 2. indem sie einen sekundären »öffentlichen« Bereich im privaten Bereich schaffen und 3. dort, wo das Heim das Zentrum des sozialen Lebens für Männer und Frauen ist, indem die häuslichen Rolle als Machtmittel benutzt wird.

[8] Aristoteles, *Politik*, 1259 a–b. Griechisch und deutsch, herausgegeben von Franz Susemihl (Leipzig, 1879).

[9] Aristoteles, *Politik*, 1253 a–b. Griechisch und deutsch, herausgegeben von Franz Susemihl (Leipzig, 1879).

[10] Aristoteles, *Politik*, 1253 a. Griechisch und deutsch, herausgegeben von Franz Susemihl (Leipzig, 1879).

[11] Gaius, *Die Institutionen* 1.109. Übers. von J. Lammeyer (Paderborn: Schöningh, 1929).

[12] Gaius, *Die Institutionen* 1.111. Übers. von J. Lammeyer (Paderborn: Schöningh, 1929).

[13] Die Gesetze der Könige aus dem 8. Jahrhundert v. Chr. und die Zwölf Gesetzestafeln aus dem 5. Jahrhundert v. Chr. bestätigen die unumschränkte Macht des antiken *paterfamilias*.

[14] Für einen Überblick über die Stellung von Frauen im römischen Gesetz siehe Sarah B. Pomeroy, *Goddesses, Whores, Wives, and Slaves: Women in Classical Antiquity* (New York: Schocken Books, 1975), S. 150, 163; oder die jüngeren und genaueren Ausführungen von Gardner, *Women in Roman Law and Society*, S. 5–29.

[15] Aristoteles, *Politik*, 1235 a. Griechisch und deutsch, herausgegeben von Franz Susemihl (Leipzig, 1879).

[16] Xenophon, *Oikonomikos (Die Hauswirtschaftslehre)* 7.3. In: Xenophon, *Die sokratischen Schriften*. Übers. von Ernst Bux (Stuttgart: Kröner, 1956).

[17] Columella, *De Re Rustica* 12, Vorw. 7.

[18] Philo, *Über die Einzelgesetze – De specialibus legibus* 3.170. In: Philo von Alexandria, *Die Werke in deutscher Übersetzung*. Herausgegeben von Leopold Cohn, Isaak Heinemann, Maximilian Adler und Willy Theiler. Band 2 (Breslau: M. und H. Marcus, 1910).

[19] Übers. von Lefkowitz und Fant, *Women's Life*, S. 104.

[20] John Chrysostom, *The Kind of Women Who Ought to Be Taken as Wives*, 4. übers. von Elizabeth A. Clark, *Women in the Early Church* (Wilmington: D. E. Michael Glazier, 1983), S. 37.

[21] Xenophon, *Oikonomikos (Die Hauswirtschaftslehre)* 8.4–8, 9.14–15. In: Xenophon, *Die sokratischen Schriften*. Übers. von Ernst Bux (Stuttgart: Kröner, 1956).

[22] Xenophon, *Oikonomikos (Die Hauswirtschaftslehre)* 7.17, 32–34. In: Xenophon, *Die sokratischen Schriften*. Übers. von Ernst Bux (Stuttgart: Kröner, 1956).

[23] Pseudo-Aristoteles, *Economics* 3.1, übers. G. C. Armstrong, *Aristotle, Oeconomica and Magna Moralia* (Cambridge, MA: Harvard Univ. Press, 1935), 18, 401–403.

[24] *Laudatio Turiae*, in: G. H. R. Horsley, *New Documents Illustrating Early Christianity* (Australia: Macquarie Univ., The Ancient History Documentary Research Centre, 1983) S. 33–35.

[25] Homer, *Odyssee* 21, 350–354.

[26] Plutarch, *Weisung zur rechten Ehe* 20. Übertragen von Walter C. G. Schmitthenner (Krefeld: Scherpe, 1947).

[27] Pomeroy, *Women in Hellenistic Egypt*, S. 86.

[28] Plutarch, *Vergleichende Lebensbeschreibungen – Tiberius Gracchus* 4.1–2. Übers. von Johann Friedrich Kaltwasser (Leipzig: Reclam, o. J.).

[29] Martial, *Epigramme* XI,53. Übersetzt von Rudolf Helm (Zürich und Stuttgart: Artemis, 1957).

[30] Tacitus, *Dialogus de Oratoribus – Das Gespräch über die Redner*. Lateinisch-deutsch, herausgegeben von Hans Volkmer (München: Heimeran, 3. Auflage 1979).

[31] Xenophon, *Oikonomikos (Die Hauswirtschaftslehre)* 7.18, 23. In: Xenophon, *Die sokratischen Schriften*. Übers. von Ernst Bux (Stuttgart: Kröner, 1956).

[32] Xenophon, *Oikonomikos (Die Hauswirtschaftslehre)* 7.25–27. In: Xenophon, *Die sokratischen Schriften*. Übers. von Ernst Bux (Stuttgart: Kröner, 1956).

[33] Xenophon, *Oikonomikos (Die Hauswirtschaftslehre)* 16–21. In: Xenophon, *Die sokratischen Schriften*. Übers. von Ernst Bux (Stuttgart: Kröner, 1956).

[34] Xenophon, *Oikonomikos (Die Hauswirtschaftslehre)* 9.3. In: Xenophon, *Die sokratischen Schriften*. Übers. von Ernst Bux (Stuttgart: Kröner, 1956).

[35] Columella, *De Re Rustica* 12.3.1–2. Cf. Xenophon, *Oikonomikos (Die Hauswirtschaftslehre)* 9.11. In: Xenophon, *Die sokratischen Schriften*. Übers. von Ernst Bux (Stuttgart: Kröner, 1956).

[36] Xenophon, *Oikonomikos (Die Hauswirtschaftslehre)* 7. 36. In: Xenophon, *Die sokratischen Schriften*. Übers. von Ernst Bux (Stuttgart: Kröner, 1956).

[37] Columella, *De Re Rustica* 12.1.2–3. Cf. Xenophon, *Oikonomikos (Die Hauswirtschaftslehre)* 9.11. In: Xenophon, *Die sokratischen Schriften*. Übers. von Ernst Bux (Stuttgart: Kröner, 1956).

[38] Xenophon, *Oikonomikos (Die Hauswirtschaftslehre)* 7.35. In: Xenophon, *Die sokratischen Schriften*. Übers. von Ernst Bux (Stuttgart: Kröner, 1956).

[39] Xenophon, *Oikonomikos (Die Hauswirtschaftslehre)* 7.36; 10.10–11. In: Xenophon, *Die sokratischen Schriften*. Übers. von Ernst Bux (Stuttgart: Kröner, 1956).

[40] Pomeroy, *Women in Hellenistic Egypt*, S. 132.

[41] Xenophon, *Oikonomikos (Die Hauswirtschaftslehre)* 10.10–11. In: Xenophon, *Die sokratischen Schriften*. Übers. von Ernst Bux (Stuttgart: Kröner, 1956).

[42] Xenophon, *Oikonomikos (Die Hauswirtschaftslehre)* 9.15. In: Xenophon, *Die sokratischen Schriften*. Übers. von Ernst Bux (Stuttgart: Kröner, 1956).

[43] Herondas, *Die Mimiamben* 6. Übers. von Otto Crusius, herausgegeben von Rudolf Herzog (Leipzig: Dieterich, 1926).

[44] Pseudo-Aristoteles, *Economics* 1.5.3, übers. von Armstrong, *Aristotle*, 18, 337.

[45] Pseudo-Aristoteles, *Economics* 1.5.4.

[46] John Chrysostom, *Against Remarriage*, 4, übers. von Sally Rieger Shore, *Studies on Women in Religion*, Bd. 9 (New York: Edwin Mellen Press, 1983).

[47] Xenophon, *Oikonomikos (Die Hauswirtschaftslehre)* 7. 41. In: Xenophon, *Die sokratischen Schriften*. Übers. von Ernst Bux (Stuttgart: Kröner, 1956).

[48] Pseudo-Aristoteles, *Economics* 1.5.3, übers. von Armstrong, *Aristotle*, 18, 335.

[49] Xenophon, *Oikonomikos (Die Hauswirtschaftslehre)* 9.12. In: Xenophon, *Die sokratischen Schriften*. Übers. von Ernst Bux (Stuttgart: Kröner, 1956).

[50] Xenophon, *Oikonomikos (Die Hauswirtschaftslehre)* 9.13. In: Xenophon, *Die sokratischen Schriften*. Übers. von Ernst Bux (Stuttgart: Kröner, 1956).

[51] Tertullian, *De exhortatione castitatis. Ermahnung zur Keuschheit*, 12. Übers. von Hans-Veit Friedrich (Stuttgart: Teubner, 1990).

[52] Plutarch, *Roman Questions* 9, übers. von Babbitt, *Plutarch's Moralia*, 4,21.

[53] Plutarch, *Vergleichende Lebensbeschreibungen – Tiberius Gracchus* 1.4. Übers. von Johann Friedrich Kaltwasser (Leipzig: Reclam, o.J.).

[54] Varro, *On Agriculture* 1.1.1–4.

[55] Columella, *De Re Rustica* 12.3.6.

[56] Columella, *De Re Rustica* 12.3.8.

[57] Ägyptischer Papyrus, 2. Jahrhundert, übers. von A. S. Hunt und G. C. Edgar in *Women's Life in Greece and Rome*, hrsg. von Mary R. Lefkowitz und Maureen B. Fant (Baltimore: Johns Hopkins Univ. Press, 1982), S. 236.

[58] *Apostelgeschichte* 6, 1–6. Siehe auch Elisabeth Schüssler Fiorenza, *In Memory of Her: A Feminist Reconstruction of Christian Origins* (New York: Crossroad, 1983), S. 162–168.

[59] *Didache* 13. In: Handbuch zum Neuen Testament, Ergänzungsband: *Die Apostolischen Väter*, Band I, *Die Lehre der zwölf Apostel, Die zwei Clemensbriefe* (Tübingen: J. C. B. Mohr, 1920).

[60] *Apostolic Tradition* 5–6.

[61] *Didache* 15. In: Handbuch zum Neuen Testament, Ergänzungsband: *Die Apostolischen Väter*, Band I, *Die Lehre der zwölf Apostel, Die zwei Clemensbriefe* (Tübingen: J. C. B. Mohr, 1920).

[62] Die Meinung des Autors, daß alle Bischöfe Männer waren, ist Teil einer allgemeinen Kampagne gegen Frauen in Führungspositionen – Frauen sollten nicht lehren, geweihte Witwen sollten ihr Amt auf das Beten beschränken, und Frauen sollten das Heil im Kinderkriegen suchen. Siehe Dennis MacDonald, *The Legend and the Apostles: The Battle for Paul in Story and in Canon* (Philadelphia: Westminster Press, 1983).

[63] Ignatius, *Brief an Polykarp* 4.1. In: Handbuch zum Neuen Testament, Ergänzungsband: *Die Apostolischen Väter*, Band II, *Die Briefe des Ignatius von Antiochia und der Polykarpbrief* (Tübingen: J. C. B. Mohr, 1920). Im Zusammenhang mit der Diskussion um die Witwen drängt Ignatius: »Nichts soll ohne deine Zustimmung geschehen«. In späteren Kirchenregeln wurden diese Worte benutzt, um zu beweisen, daß die Bischöfe den Geldfluß zwischen den reicheren und den ärmeren Christen überwachen sollten; auch hier deuten sie vielleicht auf die finanzielle Unterstützung einiger Witwen hin.

[64] Pseudo-Aristoteles, *Economics* 1.5.2, übers. von Armstrong, *Aristotle*, 18, 335.

[65] Origenes, *Against Celsus* 3.5, übers. von F. Crombie, *The Ante-Nicene Fathers* 4, Reprint (Grand Rapids, MI: Eerdman, 1982), S. 486.

Livia, Gattin des Augustus. *Livia war eine große Patronin, was sie zu einer der mächtigsten politischen Figuren im Rom des 1. Jahrhunderts machte. Fund aus Pompeji. Museo Nazionale Neapel. (Alinari/Art Resource, New York)*

3
Der Einfluß der Frauen und das Patronat

Im frühen 4. Jahrhundert befand sich die afrikanische Kirche in einer Krise. Die Edikte Diokletians trafen die Kirche wie eine Serie von Keulenschlägen. Soldaten rüttelten an den Kirchentüren und verlangten von den Bischöfen die Übergabe der christlichen Schriften an die römische Regierung. Die kaiserlichen Edikte befahlen die Beschlagnahmung der Kirchengüter und der liturgischen Geräte. Verhaftete Christen wurden in feuchte, stinkende Gefängnisse gesteckt. Sie mußten sich von dem ernähren, was ihnen Freunde und Familienangehörige von draußen brachten, denn römische Gefängnisse boten Logis, aber keine Kost. Oft mußten sie wochenlang in Ketten auf die Gerichtsverhandlung warten. Wenn sie sich als Christen bekannten, war ihnen der Tod sicher. Doch dieser Tod war dann ein Märtyrertod, ein machtvolles Zeugnis für den wahren christlichen Glauben.

In diesem Klima von Verfolgung, Leiden und Märtyrertum wurde eine neue Spiritualität geboren. Durch diese Spiritualität wurden die Schrecken des Martyriums – die angsteinflößende Gefangenschaft, die öffentliche Gerichtsverhandlung, die grausige Hinrichtung gläubiger Christen – verklärt in Ehre und in den Schatz der Heiligkeit. Der Heilige wurde zum mächtigen spirituellen Patron erklärt, der Bittsteller mit wunderbarem Segen beschenken konnte. Lucilla, eine spanische Adelige, die in Karthago lebte, verkörperte diese Spiritualität. Sie hatte das Gebein eines Märtyrers in ihrem Besitz, das sie mit Küssen verehrte.[1] Die Berührung seiner sterblichen

Überreste verband sie mit der machtvollen spirituellen Ausstrahlung dieses Heiligen. Die Verehrung, die all jenen erwiesen wurde, die den Märtyrertod gestorben waren, bot die Gewähr, daß das Leiden für den Glauben als edel und bedeutsam anerkannt wurde. Lucilla machte ihr Haus zu einem Zentrum dieser Märtyrerverehrung. Durch ihre Führung ermutigt, unterstützten mehrere Amtsträger der Kirche von Karthago die Sache der Märtyrer. Marjorinus war einer ihrer Anhänger, ebenso Donatus von Casaenigerae, ein numidischer Bischof im Exil. Lucilla hatte auch die Unterstützung einiger anderer Bischöfe aus Numidien gewonnen.

Manche Mitglieder der Geistlichkeit von Karthago waren entschiedene Gegner dieser Märtyrerverehrung. Mensurius, Bischof von Karthago, und sein Erzdiakon Caecilian wollten den Eifer für das Märtyrertum dämpfen. Er ordnete seinem Klerus an, den gefangenen Christen keine Nahrungsmittel zu bringen, was diese im Prinzip dem Hungertod preisgab. In hochfahrender Weise verbot Caecilian den Heiligenkult und beleidigte Lucilla öffentlich während einer Eucharistiefeier, indem er sie kritisierte, weil sie das Gebein des Heiligen küßte.

Als Caecilian, der Erzdiakon, der gegen das Martyrium eingestellt war, nach Mensurius' Tod ins Bischofsamt gewählt wurde, setzte Lucilla ihren beträchtlichen politischen Einfluß ein, um dieses neue Unheil abzuwenden. An der Spitze des Klerus von Karthago und Numidien focht sie die Wahl Caecilians aufgrund eines Formfehlers an. (Der numidische Patriarch, als »Vorsitzender« des numidischen Klerus, war bei Caecilians Ordination nicht anwesend, wie es bei den Bischofsernennungen in Karthago sonst der Brauch war.) Dann wandte sie sich an den numidischen Patriarchen und unterrichtete ihn vom Protest gegen die Wahl Caecilians. Der Patriarch versammelte eine größere Anzahl numidischer Bischöfe, und gemeinsam trafen sie im Jahr 312 in Karthago ein, wo sie eine Synode einberiefen und Caecilian absetzten.[2]

Lucilla hatte Einfluß auf diese Synode, weil sie Gönnerin mehrerer Bischöfe war, ihnen Geldgeschenke gab und die Wahl von Marjorinus, ihrem Anhänger, betrieb. Aus dieser Bewegung entstand eine neue afrikanische Kirche, die ihre Ursprünge auf Marjorinus zurückführt. Nach dem Tod von Marjorinus wurde Donatus zum Bischof gewählt, und dieser Ableger der afrikanischen Kirche wurde Donatistenkirche genannt; die Rolle, die Lucilla dabei spielte, wurde jedoch unkenntlich gemacht. Und doch war diese spanische Adelige die Gründerin dieser afrikanischen Kirche, die sich Kirche der Märtyrer nannte und bis ins 7. Jahrhundert hinein ein lebendiger Ausdruck des afrikanischen Christentums war.[3]

Lucillas politische Macht und ihre Führungsposition innerhalb der afrikanischen Kirche leitete sich, wie bei Männern in vergleichbarer Stellung, vom System des Mäzenatentums ab. Als Angehörige des Adels hatte Lucilla einen höheren sozialen Status als der Klerus der Kirche von Karthago. Caecilians öffentliche Zurechtweisung dieser hochrangigen Frau war ein schwerwiegender Verstoß gegen die Sozialordnung. Lucillas Patronat für einen Teil des Klerus von Karthago drückte sich in Geldgeschenken aus und, durch ihre Verbindungen zur herrschenden Schicht, in politischer Protektion. Ihre Beziehungen zum Klerus waren vornehmlich persönlicher Art, und diese Männer waren oft zu Gast in ihrem Haus. Sie unterstützten ihren politischen Einsatz für eine afrikanische Kirche und halfen ihr bei der Durchsetzung ihrer Ziele. Ein Anhänger dieser mächtigen Patronin zu sein, hieß für Marjorinus, daß er vom Stand des Diakons in den eines Bischofs erhoben wurde. Die Berufung in ein politisches Amt im Römischen Reich wurde oft durch den Einfluß eines Gönners oder einer Gönnerin erreicht, und ebenso wurde Kirchenpolitik gemacht.

Durch Patronat wurden die gesellschaftlichen Verbindungen gewoben; sie bestimmten die Rollen und Verpflichtungen der PatronInnen wie die der Klienten. Das dichte Netzwerk von Verbindungen durch Patronat, ein Gewebe von gesellschaftlichen Verbindungen, war ein Weg, um politische Macht aufzubauen und zu festigen. Nur Männer und Frauen mit einem gewissen Reichtum und einem gewissen gesellschaftlichen Ansehen waren in der Lage, MäzenInnen oder PatronInnen zu sein. Dies war der bevorzugte Weg, auf dem Mitglieder der herrschenden Schichten ihre politische Macht festigten, politische Ziele verfolgten und sich führend betätigten.

Arten des Patronats

Der gesellschaftliche Status von Frauen der Herrschaftsschichten gab ihnen die Möglichkeit, politische Macht auszuüben und Führungspositionen einzunehmen. Abgesehen von den kurzen Sätzen der Widmungen und der Grabinschriften, die ihre Ehrentitel aufzählen und die Ämter, die sie innehatten, ist die einzige Möglichkeit, einen Blick auf Einzelheiten von politischer Aktivität und Macht von Frauen zu werfen, das Studium der Berichte von frühen Geschichtsschreibern über die Familien der römischen Kaiser. Es sind uns keine politischen Memoiren von Frauen aus diesen Familien überliefert, die uns ihre politischen Ziele und Strategien erklären würden.

Sie erscheinen nur in kurzen Szenen im Leben und in der Politik der römischen Männer. Doch aus diesen flüchtigen Auftritten können wir die Konturen von weiblichem Mäzenatentum erkennen und die Art und Weise, wie es in politische Macht umgesetzt wurde. Wir können ebenso die Konflikte erkennen, die politische Frauenmacht verursachte, als sie das gesellschaftliche Verbot in Frage stellten, das Frauen aus der öffentlichen Amtsausübung verbannte.

Die Patron-Klient-Beziehung leitete sich von Status- und Klassenunterschieden ab. Römische BürgerInnen teilten sich, je nach Reichtum, in fünf soziale Klassen auf. Die Klassen der Senatoren und Ritter waren die höchsten und somit die herrschenden Klassen. In der römischen Gesellschaft gab es dreierlei Patron-Klient-Beziehungen, die politische Ämter und damit politische Macht betrafen: 1. Die Beziehung zwischen einem Mitglied der Senatoren- oder Ritterklasse und einer Person von niedererem gesellschaftlichen Status, einschließlich des gewöhnlichen Volks,

dem *plebs*. 2. Die Beziehung zwischen einem Mitglied der Senatoren- oder Ritterklasse und ausländischen Gemeinden, die autonom sein wollten und durch diese Beziehung Schutz vor Ausbeutung suchten. 3. Die Beziehung, die als *amicitia* (Freundschaft) bezeichnet wurde, in der der Statusunterschied zwischen PatronIn und KlientIn nicht so groß war. Letztere wurden gepflegt als ein Weg, um politische Attacken abzuwehren, die oft durch die Gerichte ausgefochten wurden und mit Exil oder Tod enden konnten, und als Weg, sich einen Verwaltungsposten zu verschaffen.[4]
Das Patronat über eine Stadt und die Fürsorge für die *clientes* konnte dem Patron oder der Patronin beträchtliche politische Macht verleihen. Klienten waren ihren PatronInnen in lebenslanger Loyalität verbunden. Sie lieferten Informationen, gaben Geschenke und weigerten sich gegebenenfalls, gegen den Patron oder die Patronin auszusagen. Ein Klient war »verpflichtet, das Ansehen, den Ruhm und die Ehre des Patrons im privaten und öffentlichen Leben zu fördern.« Ihre Hauptaufgabe war es, ihre PatronInnen durch »öffentliches Bezeugen und Gedenken an die Wohltaten, Großzügigkeit und Tugendhaftigkeit ihrer Patrone« mit gesellschaftlichen Ehren auszustatten.[5] Hinzu kam, daß PatronInnen gewisse KlientInnen als Verbindungsglieder zu anderen mächtigen Personen in ihren Einflußbereich holten, als treue Anhänger, die ihr öffentliches Ansehen hoben und schützten und eine wertvolle Informationsquelle waren.

Frauen als Patroninnen

Den Historikern widerstrebte es, Lucilla als ein Beispiel für das Patronat zu sehen. Lucilla wird meist als hochnäsige Frau von exzentrischer Frömmigkeit dargestellt, die sich in dilettantischer Weise mit Kirchenpolitik beschäftigte und willensschwache Bischöfe bestach.[6] Livia, aus dem julisch-claudischen Geschlecht und Gattin von Kaiser Augustus, Mutter des Kaisers Tiberius, wurde von den Geschichtsschreibern besser behandelt. Als Patronin wollten jedoch auch sie Livia nicht sehen. Doch ebenso wie Lucilla, die sich durch das Patronat einen bedeutenden Einfluß auf die Kirchenpolitik sicherte, wurde Livia durch das Patronat eine mächtige Persönlichkeit im Rom des 1. Jahrhunderts.[7]

Livia übte die Art von Patronat aus, die Mitglieder der Senatorenklasse mit Leuten von niedrigerem Stand verband. Sie verschaffte zum Beispiel einem Klienten aus Gallien die Bürgerrechte. Diese garantierten ihm wichtige politische Privilegien und den Zugang zu guten Geschäftsverbindungen.[8] Mehrmals spielte sie Plebejern gegenüber die Rolle der Gönnerin, indem sie Opfern von Feuersbrünsten, die Teile der Stadt regelmäßig heimsuchten, Hilfe zukommen ließ.[9] Den Töchtern vieler Familien gab sie eine Mitgift und versicherte sich so deren Loyalität.[10] Eine Mitgift bedeutete für eine Frau finanzielle Sicherheit, denn sie verfügte auch während ihrer Ehe über ihre Mitgift und konnte sie im Fall einer Scheidung wieder mitnehmen. Sie war ihr Anteil am Familienerbe und eine wichtige Voraussetzung für eine gute Heirat. Mit Livias finanzieller Hilfe war es diesen Familien möglich, ihre Töchter gut zu verheiraten, die dann ein gewisses Maß an Status und Unabhängigkeit genossen, während Livia ihr Netzwerk von Klienten bedeutend erweiterte.

Diese Beziehungen gaben Livia einen besonderen Status und politischen Einfluß, weil es Aufgabe ihrer Klienten von niedererem Stand war, ihren guten Ruf und ihre Ehre zu mehren. Die Klienten machten Morgenbesuche im Hause ihrer Patroninnen und Patrone. Sie bildeten ein Gefolge, wenn er oder sie sich in der Öffentlichkeit zeigte, und bezeugten damit öffentlich ihre Loyalität. Es war leicht, eine wichtige Person zu erkennen, die sich durch Roms Straßen bewegte, weil sie von ihrem Gefolge umgeben war.

Livia übte auch die zweite Art von Patronat aus, bei der eine ausländische Gemeinde durch ihre Verbindung mit einem Mitglied der Herrscherklasse Schutz und Autonomie suchte. Livia war Patronin der Einwohner von Samos. Sie setzte sich beim Senat für deren

Unabhängigkeit und Steuerfreiheit ein, die mit dem Status eines freien Verbündeten verliehen wurden.[11] Dies waren begehrte Privilegien. Gruppen, die eine Patronin oder einen Patron aus der kaiserlichen Familie hatten, schätzten sich glücklich. Auch die jüdische Gemeinde in Jerusalem genoß Livias Patronat. Philo berichtet, daß sie dem jüdischen Tempel in Jerusalem goldene Vasen und Opferkrüge sowie andere kostbare Gegenstände schenkte.[12] Das System des Patronats verband Livia auch mit der Familie des Herodes, die in Jerusalem regierte. Herodes selbst war einer von Livias Klienten und hinterließ ihr deswegen bei seinem Tod 100 Talente aus Silber. Die PatronIn-Klient-Beziehung konnte auch den Tausch von Städten und Ländereien ermöglichen, die dann von einem Patron oder einem Klienten rechtmäßig regiert werden durften. Herodes der Große, von Rom zum Herrscher über die Juden bestimmt, war ein Klient von Caesar Augustus, aber auch von Livia, seiner Gattin. Salome, die Schwester des Herodes, erbte von ihm den Status der Klientin der Livia und des Augustus. Kaiser Augustus gab Salome die Stadt Archelais, die sie dann regierte, und dazu eine königliche Residenz in der Stadt Askelon.[13] In ihrem Testament vermachte Salome die Stadt Askelon Livia, ihrer Patronin, als Geschenk.[14]

Doch den größten politischen Einfluß hatte Livia wahrscheinlich durch ihre Patronatsbeziehungen zu führenden Angehörigen des römischen Adels – durch die Patronatsform der *amicitia*. Unter ihren KlientInnen waren viele Männer und Frauen aus der Senatorenklasse, die Livia ihr Leben verdankten. Sie schuf Patronatsbeziehungen, indem sie diejenigen schützte, die des Verrats, eines sehr gefährlichen Verbrechens also, angeklagt waren. Das Leben von Plancina, einer reichen römischen Adeligen und wichtigen, eigenständigen politischen Persönlichkeit, war in Gefahr, weil ihrem Gatten kriminelle Machenschaften vorgeworfen wurden. Das war, wie üblich, ein konstruierter Vorwurf aus politischen Motiven. Piso, Plancinas Gatte, wurde des Mordes beschuldigt, und Plancinas Feindin Agrippina warf ihr Komplizenschaft bei diesem Verbrechen vor. Livias Bemühungen als Patronin erreichten eine Begnadigung von Plancina, ihr Gatte wurde verurteilt und beging Selbstmord.[15] Als Kaiser Augustus die Verhaftung und Verurteilung seiner politischen Feinde ereicht hatte, setzte sich Livia für Milde und Gnade ein, um so die Loyalität der Adeligen zu erlangen, die sich so heftig gegen die Einsetzung einer Monarchie gewehrt und die ältere Form der demokratischen Herrschaft durch den Senat verteidigt hatten. Diese Strategie war äußerst klug: Augustus versicherte sich der Treue seiner ehemaligen Feinde.[16] Dem Philosophen Seneca zufolge riet Livia, als Lucius Cinna wegen Verrats verhaftet wurde: »Gestattest du den Rat einer Frau? Handle wie die Ärzte, die das Gegenteil versuchen, wenn die gebräuchliche Therapie nicht hilft. Mit Strenge hast du bislang nichts erreicht. ... Nun versuche, wie dir Milde ausschlägt; verzeih dem Lucius Cinna. Verhaftet ist er; schon kann er dir nicht mehr schaden, aber nützen deinem Ruf kann er.« Seneca fuhr fort: »Erfreut, daß er für sich einen Ratgeber gefunden hatte, dankte er seiner Frau« und erließ die entsprechenden Anordnungen.[17]

Ein gewisser Cornelius wurde zusammen mit vielen anderen beschuldigt, Augustus' Tod geplant zu haben, und wurde zum Tode verurteilt. Durch Livias Einschreiten wurde er begnadigt und sogar zum Konsul ernannt. Cassius Dio, ein römischer Politiker und Geschichtsschreiber, berichtet: »Durch dieses Verhalten gewann er dessen Herz und das der übrigen Verschwörer in einem Maße, daß weder sie noch sonst jemand von den Bürgern späterhin tatsächlich einen Anschlag gegen Augustus machten oder in den Verdacht gerieten, derlei zu planen.«[18] Livias Einsatz für die Belange der Bürger machte diese zu dankbaren KlientInnen, was ihre politische Macht und ihr öffentliches Ansehen mehrte.

Für die Klienten der *amicitia*-Form des Patronats war dieses auch ein Mittel, politische Ämter zu bekommen, und auch in dieser Hinsicht war Livia eine mächtige Patronin. Rufius, der es bis zum Konsul, dem höchsten militärischen und zivilen Amt, brachte, verdankte seine politische Karriere dem Patronat Livias. Sie war auch

Patronin von Galba, der seinen Einflußbereich mit ihrer Hilfe so ausdehnen konnte, daß er es schließlich bis zum Kaiser brachte. Als einem ihrer wichtigsten Klienten wurden ihm in ihrem Testament 50 Millionen Sesterzen vermacht.[19]

Da einer der Gegendienste der KlientInnen darin bestand, die PatronInnen aufzusuchen, bekam Livia von einer beträchtlichen Zahl von Senatoren Besuch. Diese ehrerbietigen Besuche haben sie wohl mit Informationen versorgt und gaben ihr die Möglichkeit, ihre eigenen politischen Ziele im Senat zu verfolgen. Livias Art der Beeinflussung war ein anerkanntes Instrument des politischen Systems in Rom – die Besuche der Senatoren in ihrem Haus wurden in der Öffentlichkeit gebührend beachtet. Die Briefe Tiberius' trugen auch ihren Namen, und Botschaften richteten sich an beide.[20]

Livia schuf sich so durch Patronat ihr eigenes Netzwerk von Klienten, das Senatoren, Kaiser und ausländische Könige umfaßte. Das verschaffte ihr eine echte und legitime Machtbasis, wodurch sie einigen ihrer Klienten politische Ämter und anderen die Bürgerrechte verschaffen und die Gesetzgebung zugunsten ihrer Klienten beeinflussen konnte. Für ausländische Gemeinden konnte sie Steuerfreiheit und Autonomie bewirken.

Im 3. Jahrhundert finden wir ein weiteres Beispiel einer mächtigen Patronin. Die Syrer aus Palmyra sprachen mit Stolz von ihrer Königin Zenobia. Durch ihre erfolgreiche Politik hatte sich ihr Reich von Syrien bis Ägypten ausgedehnt. An den Marktständen und in Regierungsbüros wurden Geschichten über ihre Schönheit und Tugend erzählt. Die Königin war darüber hinaus gebildet, und sie gehörte dem blühenden Kreis von Intellektuellen der Königsstadt Samosata an. Als Teil dieser Gelehrtenrunde baute sie Patronatsbeziehungen zu dem bekannten Philosophen Longinus und dem christlichen Theologen Paulus von Samosata auf.[21] Es wird überliefert, daß sie es war, die ihren Klienten Paulus für den Bischofssitz von Samosata erwählte, als dieser vakant wurde. Auch soll sie ihm das Amt des *procurator ducenaris* verschafft haben. Das war ein Verwaltungsposten in der Nähe der Königin, der mit einem beträchtlichen Gehalt verbunden war (*ducenarius* bedeutete ein Jahresgehalt von 200 000 Sesterzen).[22]

Kritiker warfen Paulus vor, mit seinem Reichtum zu protzen und Ehrenbezeugungen zu verlangen, die einem Bischof nicht zustanden. Als im Jahr 269 Paulus von einer Bischofssynode in Antiochien seines bischöflichen Amtes enthoben wurde, weil ihm häretische Äußerungen über die Person Christi vorgeworfen wurden, sah es aus, als wäre seine Laufbahn zu Ende. Seine Gegner gingen sogar so weit, einen neuen Bischof für den vakanten Platz zu benennen. Zenobia war es aber möglich, ihren Klienten Paulus in der bischöflichen Residenz zu halten und ihm das Bischofsamt zu sichern. Zenobia hatte den Beschluß der Synode für nichtig erklärt. (Paulus wurde erst nach dem militärischen Sieg des Kaisers Aurelian über Zenobia aus seinem Amt entfernt.)

Cyprian von Karthago, ebenfalls im 3. Jahrhundert, liefert eine Fallstudie über eine weitere Geschichte, in der das Patronat eine entscheidende Rolle bei der Bischofswahl spielte. Die von Mauern umgebenen Gärten eines seiner größeren Güter wurden als die schönsten der Stadt bezeichnet. Dieser reiche Grundbesitzer und Adelige war von einem eifrigen Presbyter zum Christentum bekehrt worden. Kurz nach seiner Konversion verkaufte Cyprian einen Teil seiner Güter und vermachte sie der christlichen Gemeinde in Form einer Stiftung. Die *Vita Cypriani* berichtet: »Keine Witwe kehrte mit leeren Händen von ihm zurück, kein Blinder wurde von ihm nicht als Begleiter geführt, keinem, dessen Schritte unsicher waren, diente er nicht als Stab, keiner, der von mächtiger Hand in Hilflosigkeit gestoßen war, wurde von ihm nicht als Verteidiger beschützt.«[23] Während einer Seuche, die Karthago heimsuchte, leistete Cyprian den Mitgliedern der christlichen Gemeinden und den Bewohnern der Stadt Hilfe.[24]

Als Mitglied der Aristokratie, der in der Stadtpolitik erfahren war, ein Wohltäter und Beschützer, schien Cyprian ein geeigneter Kandidat für das Bischofsamt zu sein. Als dieser Posten frei wurde, befand sich Cyprian jedoch noch im Katechumenat, der Zeit der Einführung in christlicher Lehre und Moral, die oft bis zu drei Jahren dauerte. Als Katechumene konnte Cyprian nicht an der Eucharistie teilnehmen. Das war erst nach der Taufe am Ende des Katechumenats möglich. Trotzdem wurde Cyprian durch Akklamation des Volkes in das Bischofsamt gewählt, wobei einige sagten, daß es seine außerordentliche Wohltätigkeit gewesen sei, die zu der vorzeitigen Einsetzung in das hohe Amt geführt habe.[25]

In Alexandrien wurde Anfang des 3. Jahrhunderts eine nicht näher bezeichnete Frau, vielleicht auch eine Gelehrte wie Zenobia, die Patronin eines vielversprechenden, jungen Studenten. Sie war eigenständige Leiterin und das Haupt einer Gemeinde von gnostischen Christen in Alexandrien, die ihre Gottesdienste in ihrem Haus abhielt.[26] Sie war Patronin dieser Gemeinde, weil sie ihr Haus gastfreundlich zur Verfügung stellte, was vielleicht bedeutete, daß sie das Oberhaupt dieser Hauskirche war.

Als die Verfolgung unter Kaiser Maximinus den Vater des jungen Mannes zum Märtyrer gemacht und der Gouverneur den Besitz der Familie konfisziert hatte, finanzierte diese »bemerkenswerte Frau«, wie der Kirchenhistoriker Eusebius sie nannte, die weiteren Studien des jungen Mannes und gab ihm finanzielle Unterstützung, als er seine Laufbahn mit Rhetorikunterricht und mit Vorlesungen an der Glaubenschule von Alexandrien begann.[27] Ihre Entscheidung war klug, denn dieser junge Mann, Origenes von Alexandrien, wurde einer der ersten und herausragendsten Theologen der griechischsprachigen Kirchen.

Melania die Ältere, Mitglied einer angesehenen Senatorenfamilie Roms, war Patronin von Rufinus, dem berühmten Gelehrten, der die Schriften des Origenes ins Lateinische übersetzte. Rufinus begleitete sie nach Jerusalem, wo sie auf dem Ölberg ein Doppelkloster gründete.[28] In Konstantinopel, der neuen Hauptstadt des Ostreiches, wurde die reiche Adelige Olympia die Patronin der beiden Bischöfe, Nectarius und Johannes Chrysostomos. Ihr Patronatsverhältnis zu dem berühmten Prediger Chrysostomos kam sie bei einem Streit über das Bischofsamt teuer zu stehen: Sie wurde nach seiner Amtsenthebung ins Exil geschickt.[29] Die wohl extravaganteste Patronin im 5. Jahrhundert war Melania die Jüngere, Enkelin von Melania der Älteren, die ihren riesigen Reichtum dafür einsetzte, von Thagasta in Nordafrika nach Ägypten und ins Heilige Land zu reisen, in Afrika Klöster zu gründen und eines, wie ihre Großmutter zuvor, auf dem Ölberg.[30]

Patronat und Ehre

Obgleich das Patronat ein wichtiges Instrument war, um politische Macht zu erlangen und auszuüben, war Macht an sich, in der römischen Ausprägung, nicht das eigentliche Ziel des Patronatssystems, sondern gesellschaftliches Ansehen. Eine typische Aufzählung von Tugenden zum Lobpreis eines Patrons oder Wohltäters führt die Attribute der Ehren auf, die ein Patron oder eine Patronin zu erlangen hoffte: edel, großzügig, ehrliebend, gerecht, treu und voll Bürgersinn.[31] Die Belohnung, die der Rat oder Senat einer Stadt einem Wohltäter, einem Patron oder einer Patronin gab, waren zum Beispiel: eine zu ihren Ehren errichtete Statue, Steuerfreiheit, Bürgerrechte, Immunität von Personen und/oder Besitz, öffentliche Unterstützung und, im Falle einiger Kaiser, göttlicher Status.[32]

Der Rat der Stadt Syros stimmte für die folgende Ehrung der Priesterin Berenike:

> Beschluß des *prytaneis*, bestätigt vom Rat und vom Volke: Weil Berenike, Tochter des Nichomachus, Gattin des Aristoclos, Sohn des Isodorus, sich bei jeder Gelegenheit so gut und angemessen verhielt und, nachdem sie zur Richterin ernannt war, großzügig auf eigene Kosten Feste für Götter und Menschen ihrer Geburtsstadt veranstaltete und, nachdem sie zur Priesterin der himmlischen Götter und der heiligen Göttinnen Demeter und Kore ernannt ward, ihre Feiern in heiliger und ehrbarer Weise veran-

> staltete und weil sie nun ihr Leben ausgehaucht hat – in dem sie auch ihre eigenen Kinder aufgezogen hat. [Der *prytaneis* hat] dafür gestimmt, das Leben dieser Frau zu ehren und sie mit dem goldenen Kranz zu krönen, wie es in unserem Vaterland der Brauch ist, um gute Frauen auszuzeichnen. Laßt den Mann, der diesen Beschluß vorschlug, bei ihrem Begräbnis ausrufen: »Das Volk von Syros krönt Berenike, Tochter des Nichomachus, mit einer goldenen Krone, in Anerkennung ihrer Tugend und ihrer Wohltaten, die sie ihm erwies.«[33]

Livia bekam viele solcher öffentlichen Ehrungen als Lohn für ihr Patronat und die Ausübung politischer Macht zum Gemeinwohl. Augustus errichtete ihr zu Ehren eine Statue und gab ihr das Recht, ihre Angelegenheiten ohne einen Vormund zu regeln, und die gleiche diplomatische Immunität, die auch Tribunen genossen.[34] Livia wurde mit dem Amt der Priesterin im neugeschaffenen Kult um Augustus betraut, als der Senat ihm nach seinem Tod göttliche Ehren zuerkannte.[35] Sie bekam das Recht, von einem Liktor begleitet zu werden, einer offiziellen Eskorte, die der Senat stellte, wenn sie ihren Pflichten nachging.[36] Es gab auch Stimmen im Senat, die ihr den Titel Mutter des Landes, und auch einige, die ihr göttliche Ehren verleihen wollten.[37]

Die Ausübung von politischer Macht durch das Patronatssystem erlaubte es Frauen, viele der institutionalisierten Formen der Ehrbezeugung zu erlangen, wie sie auch die Männer bekamen. Eine Inschrift, die Euxenia wegen ihrer Wohltaten für die Stadt Megalopolis gewidmet ist, preist sie für die Finanzierung einer Mauer am Tempel der Aphrodite und für den Bau eines Hauses für öffentliche Gäste, das daran anschloß. Diese Inschrift lautet: »Daß eine Frau ihren Reichtum für einen guten Ruf einsetzt, ist nicht verwunderlich, denn die Tugend der Vorfahren lebt in den Kindern fort.«[38] Der »gute Ruf« beruhte auf dem Ansammeln gesellschaftlicher Ehren, die durch die Wohltaten ihrer Tätigkeit als Patronin erworben wurden; die Tugend der Vorfahren war der Status der Familie, in welche sie hineingeboren war, der über Generationen hinweg durch

Dienst an der Allgemeinheit erworben worden war. In Bithynien wurde Plancia geehrt, weil sie auf ihre Kosten die große Toranlage und die angrenzenden Gebäude errichtete, die einen prachtvollen Eingang zum südlichen Teil der Stadt bildeten.[39] Die Patronin Archippae, die den Bau des Versammlungssaales für den Rat bezahlte, wurde auch von ihrer Stadt geehrt.[40]
Für ein öffentliches Amt ernannt zu werden war eine Ehre. Männer und Frauen führten auf ihren Grabsteinen jedes der öffentlichen Ämter auf, das sie innegehabt hatten. Ein solches Amt zu bekleiden war jedoch eine teure Ehre. Oft mußten neugewählte Amtsträger einen städtischen Posten bezahlen. So war zum Beispiel der *gymnasiarchos* für das kostbare Olivenöl verantwortlich, das im Gymnasion bei den Übungen und Wettspielen benutzt wurde. Um die Last zu erleichtern, war die Zeitspanne manchmal nur auf einen Monat festgesetzt, so daß die Stadt in einem Jahr zwölf *gymnasiarchoi* wählte. Menadora, eine Patronin von Sillyon im 2. Jahrhundert, verteilte in ihrer Stadt Weizen und spendete 300 000 Denare zum Kauf von Nahrungsmitteln für die Kinder der Stadt. Als Dank für diese und viele andere Wohltaten, wurde sie in *gymnasiarch, decaprotos* (Steuereinnehmerin), Priesterin der Demeter und *ktistria* (Erbauerin).[41]

Patronat und Geschlechterideologie

Obwohl sich Frauen wie Männer in der gleichen Art und Weise um Ehre und politische Macht bemühten, kollidierte die Ausübung des Patronats durch Frauen mit dem herrschenden Vorurteil gegen öffentliche Macht von Frauen. Sexistische gesellschaftliche Vorschriften wiesen Männern und Frauen unterschiedliche Betätigungsfelder, unterschiedliche Rollen und unterschiedliche Leistungsstandards zu. Der politische Bereich, der sich mit der Wohlfahrt der Polis befaßte, gehörte zu den Männern. Der Bereich der Haushaltsangelegenheiten wurde Frauen zugewiesen.

Was passierte also, wenn Frauen aktiv am öffentlichen Leben teilnahmen? Cassius Dio beschreibt das Ausmaß von Livias politischer Macht, indem er sagt: »Abgesehen davon, daß sie es niemals wagte, in der Kurie oder in den Feldlagern oder Volksversammlungen zu erscheinen, versuchte sie alles andere in ihre Hand zu nehmen, so als wenn sie allein das Regiment führte.«[42] Diese Bemerkung zeigt uns zwei interessante Dinge: 1. Livia übte tatsächlich die Funktion einer Herrscherin aus, und 2. tat sie dies innerhalb der Grenzen, die das Geschlechterrollensystem nach dem Muster öffentlich versus privat zog. Die Kammer des Senats *(synedrion)*, die Militärlager *(stratopeda)* und die öffentlichen Versammlungen *(ekklesias etolmese)* stellten den ausschließlich Männern vorbehaltenen Raum des öffentlichen, politischen Bereichs dar,. in den Livia nicht eindrang.

Livia nutzte ihre Stellung als Gattin des Kaisers Augustus, um zu anderen mächtigen Persönlichkeiten der herrschenden Klasse Zugang zu bekommen. Livias Sohn Tiberius war jedoch eifersüchtig auf ihre politische Macht und versuchte, diese wenn immer möglich zurückzudrängen. Sueton schrieb: »Über seine Mutter Livia war er erbittert, weil sie angeblich die Macht mit ihm teilen wollte, und vermied ängstlich ein Zusammentreffen oder längere und intimere Gespräche mit ihr, damit es nicht scheine, er höre auf ihre Ratschläge, die er doch zuweilen benötigte und auch einholte.« Während eines Streitgesprächs, bei dem Livia ihn bedrängte, einen Mann, der erst vor kurzem das Bürgerrecht bekommen hatte, in die Richterbehörde aufzunehmen, gab Tiberius gereizt nach und erklärte, »daß er das nur unter der Bedingung machen werde, daß sie gestatte, im Protokoll den Zusatz hinzuzufügen, die Gewährung dieser Gunst sei ihm von seiner Mutter aufgezwungen worden.«[43] Tiberius berief sich auf das Vorurteil gegen Frauen in öffentlichen Positionen, als er sich weigerte, dem Senat zu erlauben, Livia zur Mutter ihre Landes zu ernennen. Er fand es einer Frau nicht angemessen, wichtige öffentliche Ehrungen entgegenzunehmen. Tiberius bezog sich auf das Geschlechterrollensystem mit den beiden Polen, öffentlich und privat, um Livia unweibliches Benehmen vorzuwerfen, als sie das Kommando über ein Gruppe von Soldaten übernahm, nachdem im Tempel der Vesta ein Feuer ausgebrochen war. Öffentliche Rede und die Ausübung militärischer Autorität wurden in der Polis als ausschließlich männliche Aktivität betrachtet. Es ist interessant, daß Sueton selbst Livia nicht dafür kritisierte. Es gab unterschiedliche Ansichten darüber, wo die Grenze zwischen öffentlichem und privatem Bereich tatsächlich verlief. Ungeachtet dessen war die politische Macht einer Frau immer angreifbar, da stets das Argument im Raum stand, es sei unpassend für eine Frau, politische Macht auszuüben.

Philo, der jüdische Philosoph und Theologe, bemühte sich, die gesellschaftliche Tatsache von Livias politischer Macht mit den gängigen Vorstellungen über die Rolle der Frau überein zu bringen, die Frauen aus dem öffentlichen Leben ausschlossen. Sie war eine wichtige Gönnerin der jüdischen Gemeinde, und Philo wollte den Kaiser Gaius dazu bringen, ihrer Politik zu folgen. Er bezog sich auf die theologische Überlieferung, die besagt, daß die Vernunft oder die vernünftige Natur – das Bild des Göttlichen – im Manne sei. Vernunft war diejenige Fähigkeit des Geistes, die – durch Abstraktion von den Dingen der sichtbaren Welt, welche durch die Sinne erfahrbar wurden, ausgehend – zu den unveränderlichen Prinzipien und Begriffen vordringen konnte. Philo glaubte wie seine Zeitgenossen, daß diese Fähigkeit nur Männern eigen war und daß diese Fähigkeit zur Vernunft die Basis für richtige politische Entscheidungen war. Es war Philos Dilemma, daß er sich auf Livias gesundes politisches Urteil berufen wollte, um sie davon zu überzeugen, daß es richtig war, als Patronin die jüdische Gemeinde zu schützen. Weil ihr unweigerlich die häusliche Natur der Frau innewohnte, war der Wert ihres Urteils womöglich zweifelhaft. Um ihr also ein richtiges Urteil zuschreiben zu können, mußte er sagen, daß sie durch ihre aristokratische Erziehung einen männlichen Verstand erworben habe. Dadurch war ihr politisches Urteil so viel wert wie das eines jeden Mannes.

Und so erklärte er sich die Ursache für Livias politischen Scharfsinn folgendermaßen:

> Was ging auch in ihr vor, das zu tun, obwohl im Innern des Tempels kein Götterbild vor ihr stand? Denn der Frauen Urteilsvermögen ist irgendwie schwächer, weil sie außerhalb der wahrnehmbaren Umwelt Denkbares nicht begreifen können. Sie aber unterschied sich, wie auch sonst von all ihren Geschlechtsgenossinnen, auch hierin. Denn vollkommene Bildung hatte sich bei ihr mit ihren natürlichen Anlagen und praktischer Betätigung vereinigt. So glich sie eher einem Mann in vernunftgemäßem Denken, das so scharfsichtig war, daß sie Begriffe des Denkens besser erfaßte als Gegenstände der Wahrnehmung und diese für Schatten von jenen hielt.[44]

So kam es, daß Livia – und wohl jede Frau, die ein kluges, politisches Urteilsvermögen zeigte – über ihre weibliche Natur hinauswuchs. Eine Frau, die im politischen Leben erfolgreich tätig war, einfach als Mann zu betrachten, war eine Möglichkeit, die Spannung aufzulösen zwischen der erlebten Tatsache politischer Macht von Frauen und der Auffassung, daß Frauen nicht für eine öffentliche Position geeignet seien. Fast 2000 Jahre später haben manche Leute immer noch Schwierigkeiten, sich mit weiblicher Kompetenz anzufreunden: »Einige unserer besten Männer sind Frauen«, sagt ein Werbeslogan unserer Zeit.

Anmerkungen

1 Optatus 1,16. Der Empfang von Brot und Wein bei der Eucharistiefeier stand in einem engen Zusammenhang zur Gemeinschaft der Heiligen. Die Verehrung, die Lucilla den Gebeinen der Märtyrer entgegenbrachte, war Teil dieser Verbindung von Eucharistie und Heiligenkult. Oft wurde das eucharistische Mahl am Grab eines Märtyrers gefeiert. Später wurden die Gebeine der Märtyrer dann unter den Altar gelegt, auf dem das eucharistische Mahl stattfand.

2 W. H. C. Frend, *Martyrdom and Persecution in the Early Church* (Oxford: Basil Blackwell, 1965), S. 499–505.

[3] Fast alle überlieferten Quellen zur Geschichte der Donatistenkirche stammen von ihren Gegnern. Eine der wenigen donatistischen Quellen spricht von Lucilla als »*clarissima femina*«, sehr edle Frau, was sich sowohl auf ihren gesellschaftlichen Status als auch auf ihren Charakter bezieht. Sie war es, die die afrikanischen Bischöfe zusammenrief und Marjorinus zum Bischof machte. Diese Ereignisse verursachten das Schisma und die Gründung der Donatistenkirche. Siehe auch Augustinus, *Contra Crescens* III,32–33.

[4] S. N. Eisenstadt und L. Roniger, *Patrons, Clients, and Friends* (Cambridge, U. K.: Cambridge Univ. Press, 1984) S. 52–53.

[5] John H. Elliot, »Patronage and Clientism in Early Christian Society«, in: *Forum* 3,4 (Dez. 1987), S. 40–41.

[6] Das trifft sowohl auf die antiken Autoren, die über den Donatismus geschrieben haben, als auch auf zeitgenössische Wissenschaftler zu. Optatus nennt sie *factiosa* (mächtig oder machthungrig), Augustinus nennt sie *factiosissima* und *pecuniosissima* (überaus ehrgeizig und überaus reich). *The Dictionary of Christian Biography* und die *Encyclopedia of Early Christianity* zeichnen das gleiche Bild von Lucilla.

[7] Erich Gruen wies auf der Tagung der American Classics Society 1984 in Washington, D. C., auf die Wichtigkeit der julisch-claudischen Frauen für die Geschichte der Frauen hin.

[8] Sueton, *Leben der Caesaren*, Augustus 40. Deutsche Übersetzung von André Lambert (Reinbek bei Hamburg: Rowohlt, 1960).

[9] Cassius Dio, *Römische Geschichte* LVII.

[10] Cassius Dio, *Römische Geschichte* LVIII 2.

[11] Joyce Reynolds, »Aphrodisias and Rome«, in: *Journal of Roman Studies Monographs*, Nr. 1 (1982), S. 105–106.

[12] Philo, *Die Gesandtschaft an Caligula – Legatio ad Gaium* 319. In: Philo von Alexandria, *Die Werke in deutscher Übersetzung*. Herausgegeben von Leopold Cohn, Isaak Heinemann, Maximilian Adler und Willy Theiler. Band 7 (Berlin: de Gruyter, 1964).

[13] Flavius Josephus, *Geschichte des Judäischen Krieges* 2,167; 2,98; K. C. Hanson in »Mediterranian Kinship: The Herodians, Part 3: Economics«, in: *Biblical Theology Bulletin* 20 (1990), S. 10–12, bemerkt, daß die Standardwerke Salome von der Liste der Herrscher, die Herodes nachfolgten, strichen. (Koester, S. 394–395; Perrin und Duling, S. 19; und Kee, S. 40). Flavius Josephus, *Jüdische Geschichte* 17,321; 18,31. Salome II. erbte von Herodes Territorien, über die sie dann auch herrschte. Die *toparchia*, über die sie regierte, bestand aus den Städten Jamnia, Azotes und Phasaelis. Sie trug den Titel *despotes* (Herrscherin).

[14] Flavius Josephus, *Jüdische Geschichte* 17,190; 18,31.

[15] Tacitus, *Annalen* III,15.

[16] Cassius Dio, *Römische Geschichte* LV 21.

[17] Seneca, *Über die Milde (De clemetia)* 1.9.6. In: L. Annaeus Seneca, *Philoso-*

phische Schriften. Lateinisch und deutsch, fünfter Band. Herausgegeben und übersetzt von Manfred Rosenbach (Darmstadt: Wissenschaftliche Buchgesellschaft, 1989).

[18] Cassius Dio, *Römische Geschichte* LV 22. Übersetzt von Otto Veh (Zürich und München: Artemis). Archelaus, König von Kappadokien, vertraute fälschlicherweise auf das Patronat von Livia und befolgte einen gefährlichen Befehl des Kaisers Tiberius, den er ganz richtig für seinen politischen Feind hielt, nach Rom zu kommen. Livia bot ihm keinen Schutz oder konnte ihm keinen bieten; er wurde verhaftet, angeklagt und beging dann Selbstmord.

[19] Sueton, *Leben der Caesaren*, Galba 5. Deutsche Übersetzung von André Lambert (Reinbek bei Hamburg: Rowohlt, 1960).

[20] Cassius Dio, *Römische Geschichte* LVII 12.

[21] Athanasius nennt sie eine *proeste* von Paulus, eine Patronin. *Geschichte der Arianer*, 71. Sowohl Athanasius als auch Theodoret merken an, daß Zenobia Jüdin war. Siehe Eusebius, *Kirchengeschichte*,VII,27–31, wo Paulus' Lehre und Lebenswandel kritisiert wird.

[22] Siehe Fergus Millar, »Paul of Samosata, Zenobia and Aurelian: The Church, Local Culture and Political Allegiance in Third Century Syria«, in: *Journal of Roman Studies* 61 (1971), S. 1–51, wo dieses Treffen besprochen wird. Im ganzen Mittelmeerraum genossen die Bischöfe diese Art des Patronats und viele hatten das Amt des Prokurators zusammen mit dem Amt des Bischofs inne. Siehe Theodor Klauser, *Jahrbuch für Antike und Christentum* 14 (1971), S. 140–14.

[23] *Vita Cypriani* XCV,14–17; diese Beschreibung des Patronats Cyprians ist an Ijob 29, 12–16 angelehnt.

[24] *Vita Cypriani* X,23,21.

[25] *Vita Cypriani* X. XCV,7–12.

[26] Eusebius, *Kirchengeschichte*, VI.2.14.

[27] Eusebius, *Kirchengeschichte*, VI.2.14.

[28] F. X. Murphy, »Melania the Elder: A Biographical Note«, in: *Traditio* 5 (1947), S. 59–77.

[29] Elizabeth Clark, *Jerome, Chrysostom and Friends* (New York: Edwin Mellen Press, 1970), S. 107–157.

[30] Elizabeth Clark, *The Life of Melania the Younger* (New York: Edwin Mellen Press, 1984).

[31] Frederik W. Danker, *Benefactor: Epigraphic Study of a Graeco-Roman and New Testament Semantic Field* (St. Louis: Clayton Publishing House, 1982), S. 317–366; A. R. Hands, *Charities and Social Aid in Greece and Rome* (London: Thames and Hudson, 1968), S. 49–61.

[32] Danker, *Benefactor*, S. 436–486.

[33] Ross Kraemer, *Maenads, Martyrs, Matrons, and Mystics* (Minneapolis: Fortress Press, 1988), S. 217.

[34] Cassius Dio, *Römische Geschichte* XLIX 38.

[35] Cassius Dio, *Römische Geschichte* LVI 46.

[36] Cassius Dio, *Römische Geschichte* LVII 12.

[37] Tacitus, *Annalen* I.14.

[38] Riet van Bremen, »Women and Wealth«, in: *Images of Women in Antiquity*, hrsg. von Averil Cameron und Amlie Kuhrt (Detroit: Wayne State Univ. Press, 1983), S. 223.

[39] Van Bremen, S. 223.

[40] Van Bremen, S. 235.

[41] Van Bremen, S. 223.

[42] Cassius Dio, *Römische Geschichte* LVII 12. Übersetzt von Otto Veh (Zürich und München: Artemis).

[43] Sueton, *Leben der Caesaren*, Tiberius 50–51. Deutsche Übersetzung von André Lambert (Reinbek bei Hamburg: Rowohlt, 1960).

[44] Philo, *Die Gesandtschaft an Caligula – Legatio ad Gaium* 320. In: Philo von Alexandria, *Die Werke in deutscher Übersetzung*. Herausgegeben von Leopold Cohn, Isaak Heinemann, Maximilian Adler und Willy Theiler. Band 7 (Berlin: de Gruyter, 1964).

Kaiserin Theodora und ihre Hofdamen. *Theodora in offizieller Haltung und in prächtigem Gewand, trägt in ihrer Rolle als Wohltäterin der Kirche von San Vitale einen goldenen Kelch. Detail aus einem Mosaik. San Vitale, Ravenna.*
(Alinari/Art Resource, N.Y.)

4
Öffentliche Frauen, private Tugenden

Christliche Autoren, die die Autorität von Frauen angriffen, beschworen das furchterregende Bild von einer Führerin als einer verrufenen, vielleicht sogar promiskuitiven Frau. Johannes war gegen Frauen in Führungspositionen und schrieb an die Kirche von Thyatira:

> Aber ich werfe dir vor, daß du das Weib Isebel gewähren läßt; sie gibt sich als Prophetin aus und lehrt meine Knechte und verführt sie, Unzucht zu treiben und Fleisch zu essen, das den Götzen geweiht ist. Ich habe ihr Zeit gelassen, umzukehren; sie aber will nicht umkehren und von ihrer Unzucht ablassen. Darum werfe ich sie auf das Krankenbett, und alle, die mit ihr Ehebruch treiben, bringe ich in große Bedrängnis, wenn sie nicht abkehren vom Treiben dieses Weibes. Ihre Kinder werde ich töten... (Offb 2, 20–23)

Epiphanius, der Kämpfer gegen die Häresie, reduzierte seinen theologischen Streit mit einigen gnostischen Christen auf eine Verführungsszene:

> Ich selbst stieß zufällig auf diese Häresie, ihr Lieben, und wurde wirklich persönlich von diesen Dingen unterrichtet, aus dem Munde praktizierender Gnostiker. Frauen in ihrer Verblendung boten mir nicht nur diese Art von Gesprächen an und zeigten mir solche Dinge. Mit schamloser Kühnheit versuchten sie vielmehr, mich selbst zu verführen ... weil sie mich in meiner Jugend begehrten.[1]

Während des theologischen Streits in Alexandrien beanstandete Bischof Alexander, daß seine Gegner »Klage erheben durch die

Anschuldigung von gesetzlosen kleinen Frauen, die sie betrogen haben, und bringen die Christenheit in Verruf, weil die jüngeren Frauen unter ihnen schamlos auf allen öffentlichen Plätzen herumrennen.«[2] Er versäumte zu erwähnen, daß diese schamlosen Frauen geweihte Jungfrauen waren, die öffentlich seinen theologischen Gegner unterstützten.

Es war den frühen Autoren möglich, solch ein Bild heraufzubeschwören, weil sie sich auf eine Reihe von ethischen Grundsätzen beriefen, die gute Frauen und schlechte Frauen voneinander trennten: Gute Frauen waren keusch und häuslich, schlechte Frauen waren unkeusch und öffentlich. Philo, der jüdische Philosoph des 1. Jahrhunderts, führte aus, nachdem er erklärt hatte, daß Haushaltsführung Sache der Frauen sei:

> Die Frau soll sich also um weiter nichts kümmern als um die Obliegenheiten der Haushaltung; sie soll sich eines zurückgezogenen Lebens befleißigen und nicht wie eine umherziehende Dirne auf den Straßen den Blicken fremder Männer sich aussetzen, außer wenn sie einmal ins Heiligtum gehen muß; und auch dann nehme sie darauf Bedacht, nicht in der Zeit lebhaften Marktverkehrs, sondern erst, wenn die meisten Menschen nach Hause gegangen sind, als eine freigeborene und wirklich gebildete Frau in aller Stille ihre Opfer und Gebete zur Abwendung des Bösen und zur Gewinnung des Guten zu verrichten.[3]

Der Ton dieser Reden ist bissig. Diese Redner waren darin geübt, die richtigen emotionalen Saiten zum Klingen zu bringen: Angst, Wut, Entrüstung und Schamgefühl. Farbige Kommentare wie diese deuten auf einen schwerwiegenden Konflikt bezüglich der Wertvorstellungen und Bräuche, ja sogar bezüglich der Grundsätze der Gesellschaftsordnung selbst. Eine Frau, die den gesellschaftlichen Rang, den Reichtum, die Bildung und Fähigkeiten hatte, um eine Führungsrolle zu spielen, konnte jederzeit dafür angegriffen werden, den gesellschaftlich vorgeschriebenen Platz für Frauen, den Haushalt, verlassen und die weibliche Tugend der Keuschheit verraten zu haben, was bedeutet hätte, ihre Präsenz als Frau vor dem

Auge der Öffentlichkeit zu verbergen. Der alte römische Kodex der Geschlechterrollen – öffentliche Rollen für Männer und häusliche Sphäre für Frauen – legitimierte diese schneidenden Reden.

Viele christliche Intellektuelle übernahmen die Geschlechterideologie von den beiden Polen öffentlich/privat. Im späten 3. Jahrhundert erklärte Johannes Chrysostomos:

> Unser Leben ist nach altem Brauch in zwei Sphären aufgeteilt: öffentliche Geschäfte und private Angelegenheiten ... Frauen ist der Vorsitz über den Haushalt zugeordnet; dem Manne alle Geschäfte des Staates, die Rechtsprechung, Regierung, das Militär und alle diese Unternehmungen ... [Eine Frau] kann ihre Meinung in einer gesetzlichen Versammlung nicht äußern, aber sie kann es zu Hause tun.[4]

Origenes von Alexandrien, der ironischerweise, wie im 3. Kapitel beschrieben, ohne die finanzielle Unterstützung einer Patronin nie Theologe geworden wäre, bezog sich in seiner Polemik gegen die weiblichen Propheten der Montanisten auf dieses System der Geschlechterrollen. Er bemerkt zu 1 Kor 14, 34–35:

> Kurz, laßt eine Frau von ihrem eigenen Manne lernen, »Mann« im eigentlichen Sinne gebraucht, als das Gegenstück zur Frau. Denn es ist ungehörig für eine Frau, in der Versammlung zu sprechen. Was immer sie sagt, seien es auch bemerkenswerte Dinge oder heilige Dinge, das hat keinerlei Bedeutung, denn sie kommen aus dem Munde einer Frau. Eine Frau, die in einer Versammlung spricht – das ist ein ungehöriger Mißbrauch, ein Mißbrauch, für den die ganze Versammlung verantwortlich ist.[5]

Der christliche Apologet Tertullian (gestorben um das Jahr 220) betont unerbittlich: »Es ist der Frau nicht erlaubt, in der Gemeindeversammlung zu reden, das bedeutet: nicht lehren, taufen, das Opfer darbringen noch ein männliches Amt, geschweige denn die Aufgabe des priesterlichen Dienstes, für sich beanspruchen.«[6]

Heutige Kirchengeschichtler nahmen allesamt an, daß die Absage dieser frühen christlichen Autoren an Frauen in Führungsrollen theologisch begründet sei. Wenn Tertullian und seinesgleichen

Frauen von Lehre und Taufspende ausschließen, waren die Gelehrten geneigt, göttlichen und damit unwiderlegbaren Willen dahinter zu sehen. Doch solche Interpretationen machen sich einer ernsthaften Unterlassung schuldig: sie übersehen, in welchem enormen Ausmaß es die christliche Kirche der griechisch-römischen Gesellschaftsordnung gestattete, ihre Lehre zu durchdringen – in diesem Falle die dort herrschenden Einschränkungen der Aktivitäten von Frauen. Sie ließen ferner einen wichtigen Schluß außer acht, der aus diesen frühen Beschuldigungen zu ziehen ist: daß Frauen tatsächlich wichtige Ämter in der Kirche bekleideten. Sonst hätte es keinen Grund für diese Drohungen gegeben, die im unmißverständlichen Ton bedrohter Autorität vorgetragen werden.

Wir sahen bereits, daß es erhebliche literarische und epigraphische Beweise für die Amtsausübung von Frauen in der Polis und in der Kirche gibt. Plinius, der römische Statthalter von Bithynien (um 110), erwähnt zwei Mägde *(ancillae)*, die kirchliche Ämter *(ministrae)* in der christlichen Gemeinde von Bithynien innehatten.[7] Cyprian (3. Jahrhundert) erwähnt eine Presbyterin in Kappadozien.[8] Ein ägyptischer Papyrus aus dem 4. Jahrhundert spricht von einer christlichen Frau namens Kyria, als einer Lehrerin *(didaskalos)*.[9] Diese Ära und ihre Institutionen war buchstäblich von Widersprüchen getränkt: einerseits einschränkende Rollenvorschriften für Frauen, andererseits der tatsächliche Einfluß von Frauen auf jedem Gebiet, auch dem öffentlichen.

Tugenden der Männer, Tugenden der Frauen

Parallel zu der Auffassung von getrennten Bereichen gab es das griechisch-römische System der unterschiedlichen Tugenden der beiden Geschlechter. Männern wurden die Tugenden Mut, Gerechtigkeit und Selbstbeherrschung zugeschrieben. Dies waren öffentliche Tugenden, die nötig waren, um am Leben der Gemeinschaft teilzunehmen. Frauen wurden die Tugenden Keuschheit, Schweigsamkeit und Gehorsam zugeschrieben.

Die Verbindung zwischen männlichen Tugenden und männlichem Geschlecht wird klar, wenn die historische Entwicklung vom adligen Krieger des archaischen Griechenland zum Bürger der griechischen Polis betrachtet wird. Nicht die Polis war der Ursprung der griechischen Auffassung von *arete*, »Tugend«. Arete bedeutete Vortrefflichkeit, wenn auch die Art dieser Vortrefflichkeit verschieden sein konnte. Der Begriff entwickelte die erste seiner vielen Bedeutungen im Umfeld der Kriegeraristokratie in archaischer Zeit.[10] Während dieser Periode bedeutete das Wort *arete* hauptsächlich Stärke, Geschicklichkeit und Tapferkeit im Krieg. Arete zeigte sich in heroischen Taten, durch Sieg im Kampf, und sie wurde mit Ehre und Lobpreis belohnt. Diese arete sicherte den unsterblichen Ruhm, den griechische Krieger so heiß begehrten. Arete war somit unauflöslich mit dem männlichen Geschlecht und mit der Aristokratie verbunden.[11]

In der demokratischen Polis kollidierte das heroische Ideal vom Streben nach Ruhm mit der Notwendigkeit, den Individualismus und das selbstbewußte Pochen auf die Rechte der Krieger-arete im Stadtstaat in Grenzen zu halten. *Sophrosyne*, also die Beherrschung von Begierden und Leidenschaften, Selbsterkenntnis und Selbstkontrolle, wurde zur gebräuchlichsten Form von arete im Stadtstaat.[12] Die Umwandlung der *sophrosyne* in eine politische Tugend war im 4. Jahrhundert v. Chr. vollzogen, wo wir lesen können, daß der *sophron* (der Mann von ausgeglichenem Wesen) ein guter Bürger war, der die Oligarchie haßte und mit seinem Vermögen großzügig umging, indem er »Liturgien« stiftete, d.h. der Stadt finanzielle Dienste leistete.[13] Die Tugend der *andreiea*, »Mut«, die sich in altgriechischer Zeit auf physische Tapferkeit bezog, wurde den Bedingungen der Polis angepaßt und bedeutete nun schlicht »Männlichkeit« (Kraft, Ausdauer).

Gerechtigkeit war auch eine Form von arete, es war eine Tugend, die besonders mit dem Stadtstaat verbunden war. Die Sophisten beschreiben sie als politische arete. In seiner Wiedergabe des Prometheus-Mythos erzählt Platon die Geschichte, wie das Geschenk der Gerechtigkeit verteilt wurde: Als das Menschengeschlecht in Gefahr war, durch einen schrecklichen vernichtenden Zwist ausgelöscht zu werden, sandte Zeus den Hermes mit der Gabe der Tugend zu den Menschen. Die Gabe der Gerechtigkeit wurde allen Menschen verliehen, nicht wie die Gabe der Geschicklichkeit, die den Menschen unterschiedlich zugemessen wurde. Der Mythos zeigt, daß es die soziale Funktion der Gabe der Gerechtigkeit war, ein harmonisches Leben in der Polis zu ermöglichen. Wenn alle Menschen die Tugend der Gerechtigkeit haben, wird in der Polis Harmonie herrschen.[14]

Männliche Tugenden hatten also eine soziale und eine persönliche Funktion. Mut, Gerechtigkeit und Mäßigung wurden als gesellschaftliche Tugenden bezeichnet, weil sie das Zusammenleben erleichterten.[15] Das war ihre soziale Funktion. Gleichzeitig waren diese Tugenden das Maß, mit dem der persönliche Ruf eines Mannes innerhalb der Polis gemessen wurde. So wie die frühere arete der Kriegerelite in homerischer Zeit die Voraussetzung war für unsterblichen Ruhm, so brachten auch die zivilen Tugenden einem Mitglied der Aristokratie öffentliche Anerkennung und einen Platz im kollektiven Gedächtnis.

Die Tugenden des Mutes, der Gerechtigkeit und der Mäßigung lagen am Schnittpunkt von öffentlichem Leben und dem Streben nach Ehre. Der öffentliche, politische Bereich des männlichen Bürgers war der Schauplatz, auf dem er nach Ehre strebte. Wenn dieses Streben nach Ehre erfolgreich sein sollte, dann mußten die Bürger den öffentlichen Tugenden des Mutes, der Gerechtigkeit und der Selbstbeherrschung hohen Wert beimessen.

Griechen und Römer glaubten, daß das leidenschaftliche Streben nach Ehre aus dem natürlichen Wunsch nach Auszeichnung herrührte, das der männlichen Natur eigen war. Das Streben nach Auszeichnung bezieht sich in einer hierarchisch strukturierten Gesellschaft auf Status und Autorität. Status wurde im Wetteifer um

Ehre erlangt, durch die öffentliche Würdigung der eigenen Tugenden. Autorität wurde in den häuslichen Beziehungen zu Gattin, Sklavinnen, Sklaven und Kindern ausgeübt.
Frauen jedoch gewannen Ehre, indem sie ihre sexuelle Reinheit bewahrten. War Ehre, also das Streben nach Auszeichnung, ein angemessener Ausdruck der männlichen Natur, so war Scham, das heißt Zurückhaltung und Schüchternheit, der angemessene Ausdruck der weiblichen Natur. Politische Autorität und öffentliches Leben standen in Verbindung mit der sexuellen Freiheit von Männern; weibliche Abhängigkeit und Verletzbarkeit bedeutete, daß ihre Sexualität geschützt und behütet werden mußte. So war die Begrenzung des Frauenbereichs auf den Haushalt ein Mittel, um ihre Sexualität zu schützen und ihr Schamgefühl zu erhalten. Es ist interessant, festzustellen, daß die soziale Funktion der weiblichen Tugenden, Keuschheit, Schweigsamkeit und Gehorsam, mit der Autorität in Konflikt stand, die Frauen brauchten, um ihre ökonomischen und organisatorischen Aufgaben innerhalb des Haushalts zu erfüllen.

Tugenden der Frauen: Keuschheit, Schweigsamkeit und Gehorsam

So wie die männlichen Tugenden, Mut, Gerechtigkeit und Selbstbeherrschung, Ausdruck männlicher Ehre sind, so sind die weiblichen Tugenden, Schweigsamkeit, Keuschheit und Gehorsam, die Zeichen, die der Gesellschaft signalisieren, daß die Frau weibliches Schamgefühl pflegt.
Weil es griechischen Intellektuellen und Moralisten wichtig war, die Universalität der Tugenden zu unterstreichen, galt das griechische Wort Tugend für Männer und Frauen gleichermaßen. Das war jedoch wegen der unterschiedlichen Geschlechterrollen und der Asymmetrie zwischen männlichen und weiblichen Tugenden ein schwieriges Unterfangen, und es bedurfte einiger exegetischer

Tricks, um den gleichen Worten unterschiedliche Bedeutungen zu verleihen, je nachdem, ob sie sich auf Männer oder auf Frauen bezogen. Der Autor einer Abhandlung über die weibliche Tugend der Keuschheit erklärt:

> Nun meinen manche Leute, daß es für eine Frau nicht passend sei, Philosoph zu sein, so wie eine Frau nicht Kavallerieoffizier oder Politiker sein sollte. Ich stimme zu, daß *Männer* Generäle, Beamte und Politiker sein sollen und *Frauen* das Haus verwalten sollen, daheim bleiben und ihre Gatten empfangen und sie versorgen. Doch glaube ich, daß Mut, Gerechtigkeit und Intelligenz Werte sind, die Männer und Frauen haben, Mut und Intelligenz sind eher männliche Eigenschaften wegen der Kraft des männlichen Körpers und der Kraft ihres Geistes. Keuschheit ist eher weiblich.[16]

Die Griechen benutzten das Wort *sophrosyne* (Besonnenheit, Selbstkontrolle) sowohl für die weibliche Tugend der Keuschheit wie für die männliche Tugend der Selbstbeherrschung. Männliche *sophrosyne* war eine Geisteshaltung; weibliche *sophrosyne* war eine Lebensführung.

Keuschheit bezog sich vor allem auf sexuelle Treue. Viele Grabinschriften, die die Tugenden von Gattinnen rühmen, preisen sie wegen ihrer Keuschheit.[17] Das Gefühl, das hinter der Wertschätzung von sexueller Treue steht, ist in einem Epitaph für die Herrin Pantheia sehr klar ausgedrückt: »Herrin Pantheia, es grüßt dein Gatte. Mein Kummer um deinen traurigen Tod ist ewig. Denn nie blickte Hera, die Herrin der Ehe, auf eine Gattin wie dich, so schön und so zurückhaltend. Du warst es, die mir Kinder gebar, die ganz wie ich sind.«[18] Die Keuschheit einer Frau stellte sicher, daß ihre Kinder dem Gatten gehörten.

Keuschheit hatte auch noch eine andere Auswirkung. Sie verpflichtete zu bescheidener Kleidung und Beschränkung auf den Privatbereich. Einer philosophischen Abhandlung über Keuschheit zufolge bestimmte diese Tugend die Bewegungsfreiheit einer Frau in der Stadt. Wenn sie ausgehen wollte, so konnte sie das nur in der Mittagszeit und nur in Begleitung einer Dienerin. Sie konnte am

Tage zu einem öffentlichen religiösen Fest gehen, doch die Keuschheit verbot es ihr, an den Mysterienfesten, die in Privathäusern gefeiert wurden, teilzunehmen, weil diese »Formen der Anbetung mit Trunkenheit und Ekstase einhergehen.«[19] Die Tugend der Keuschheit verstärkt den Zwang für Frauen, im häuslichen Bereich verborgen zu bleiben.

Schweigsamkeit war eine weitere wichtige Tugend, die bei Frauen erwünscht war. Aristoteles bezog sich auf die Weisheit der Dichter und betonte, daß Schweigsamkeit *die* weibliche Tugend schlechthin sei. »Und was der Dichter vom Weibe sagt: ›Des Weibes Schmuck ist Schweigen‹, eben das gilt, ... auch vom Knaben und vom Sklaven, aber vom Manner gilt es nicht mehr.«[20] Ein Epitaph für eine freigelassene Frau, Allia Potestas, lobt sie mit den Worten: »Sie sprach wenig und wurde nie ermahnt (weil sie nur zur rechten Zeit sprach).«[21]

Weil bedeutsames Sprechen öffentliches Sprechen war und öffentliches Sprechen seinen Platz in der Polis hatte, wurde öffentliches Sprechen zum männlichen Vorrecht und zu einem männlichen Machtinstrument. Während in der altgriechischen Epoche heroischer Kampfesmut dem Mann Status und Macht eintrug, so wurde in der Zeit des klassischen Stadtstaates öffentliches Sprechen zur Quelle politischer Macht. Jean Pierre Vernant sagt: »Das System der Polis bedeutet vor allem die herausragende Bedeutung der Rede über alle anderen Machtinstrumente. Sprache wurde das politische Werkzeug par excellence, der Schlüssel zu jeder Art von Autorität im Staat, das Mittel, um anderen zu befehlen und sie zu beherrschen.«[22] Bedeutsames Sprechen wurde zu einem öffentlichen Ereignis und einem Weg, politische Macht auszuüben.

Die Tugend der Schweigsamkeit für Frauen war eine weitere schützende Mauer gegen das Eindringen von Frauen in den öffentlichen Bereich. Die Rede von Frauen war bedeutungslos und wurde herabgesetzt, weil sie private Rede war. Der Brief an Timotheus im Neuen Testament betrachtet die Rede von Frauen in ähnlicher

Weise: »Außerdem werden sie faul und gewöhnen sich daran, von Haus zu Haus zu laufen. Aber nicht nur faul werden sie, sondern auch geschwätzig, sie mischen sich in alles und reden über Dinge, die sie nichts angehen« (1 Tim 5, 13). In der misogynen Schrift *Über den weiblichen Geist* charakterisiert Semonides die verschiedenen Frauen, indem er sie mit Tieren vergleicht: »Eine andere machte er aus einer Hündin, echte Tochter ihrer Mutter, die alles hören will und alles wissen. Sie späht überall herum und streunt überall hin, immer hechelnd, selbst wenn sie kein menschliches Wesen sieht.«[23] Da Schweigsamkeit als weibliche Tugend galt, konnte die Rede von Frauen leicht verächtlich gemacht und kritisiert werden. Paulus befahl den Frauen, in den Versammlungen zu schweigen. Origenes setzte die Rede von Frauen herab, selbst wenn sie eine geistliche Wahrheit enthielt.

Obschon mit dem gleichen Wort bezeichnet, wurden die griechisch-römischen Tugenden doch für jedes Geschlecht anders definiert. Es gab bestimmte Tugenden für den männlichen Bürger und andere für den privaten Bereich der Frauen. Daraus schloß Aristoteles: »Und sonach ist denn offenbar, daß die Tugend von jeder der genannten Klassen eine eigentümliche und daß nicht die Enthaltsamkeit des Weibes und des Mannes dieselbe ist noch ihre beiderseitige Tapferkeit und Gerechtigkeit, wie Sokrates glaubte, sondern von anderer Art, die eine von der, welche sich im Herrschen, und die andere von der, welche sich im Gehorchen zeigt, und ähnlich verhält es sich mit den sonstigen Tugenden.«[24]

Gehorsam als Tugend drückt aus, welches Gewicht auf die Unterordnung in gesellschaftlichen Beziehungen gelegt wurde. Als Tugend für Frauen drückt sie hauptsächlich ihre untergeordnete Position in bezug auf ihren Ehemann aus. Plutarch meint, wenn Frauen sich ihren Gatten unterordnen, »so lobt man sie. Wollen sie aber herrschen, so geraten sie in einen schlechteren Ruf als die Opfer ihrer Herrschsucht. Herrschen soll der Mann über die Frau, nicht wie ein Hausherr über seinen Besitz, sondern wie die Seele über den Körper.«[25]

Die Briefe des Neuen Testaments spiegeln das Thema des weiblichen Gehorsams wider, so wie es in den griechisch-römischen Haushaltsordnungen zu finden ist.[26] »Ihr Frauen, ordnet euch euren Männern unter, wie es sich im Herrn geziemt« (Kol 3, 18), »Ihr Frauen, ordnet euch euren Männern unter, wie dem Herrn« (Eph 5, 22), »Ebenso sollt ihr Frauen euch euren Männern unterordnen« (1 Petr 3, 1).

Bedenken über »private« Frauen in öffentlichen Rollen werden zerstreut

Das Zusammenspiel der Geschlechterideologie von den beiden Polen öffentlich/privat mit der Auffassung von männlicher und weiblicher Tugend bot reiche rhetorische Möglichkeiten. Die öffentliche Frau war die sexuelle Frau. Ihre Präsenz in der Öffentlichkeit bedeutete, daß sie nicht mehr unter der Aufsicht des Mannes stand. Griechische und römische Männer, die ihre eigene Angst, ihre Libido nicht unter Kontrolle halten zu können, auf Frauen projizierten, waren der Meinung, daß die »Tierhaftigkeit« von Frauen die rationalen Dinge des öffentlichen Bereichs stören würden. Christliche Polemiker gegen die Häresie machten sich im 4. Jahrhundert diese Auffassung, eine öffentliche Frau sei eine sexuelle Frau, zunutze. Die Führerinnen von Bewegungen, die als häretisch bezeichnet wurden, die Gnostiker, Montanisten und die Arianer, waren öffentliche Frauen und somit auch sexuell promiskuitiv. Epiphanius, der am Anfang dieses Kapitels zitiert wird, erzählt triumphierend, wie gnostische Frauen ihn durch Verführung zu bekehren versuchten.
Obwohl männliche Redner diese gesellschaftlichen Vorschriften benutzen konnten, um eine einzelne Frau oder Gruppen von Frauen in Mißkredit zu bringen, wie wir im 5. Kapitel sehen werden, baute die Gesellschaft als Ganzes die Spannungen ab, die durch den Zusammenprall dieser Vorschriften und der tatsächlichen Amts-

ausübung durch Frauen entstanden. Sie verknüpfte private Tugenden fest mit der öffentlichen Frau. Immer wenn von der öffentlichen Rolle einer Frau die Rede war, wurden auch ihre privaten Tugenden gepriesen, so daß sie auch dann als Beispiel privater Tugenden gelten konnte, wenn sie eine öffentliche Rolle spielte. Ein Epitaph von 300 n. Chr. für Aurelia Leite zählt ihre öffentlichen Ehrungen auf und preist ihre privaten Tugenden:

> Der allseits bekannten und in jeder Beziehung ganz außergewöhnlichen Aurelia Leite, Tochter des Theodotus, Gattin des besten Mannes der Stadt, Marcus Aurelius Faustus, vererblicher und lebenslanger Hoher Priester des Kultes um Diokletian und sein Mitherrscher, Priester der Demeter und *gymnasiarch*. Sie war *gymnasiarch* des Gymnasions, welches sie instand setzte und erneuerte, als es für viele Jahre geschlossen war. Die glorreiche Stadt der Parianer [Parion], ihre Geburtsstadt, hat als Gegengabe für ihre vielen Wohltaten in Übereinstimmung mit zahlreichen Dekreten eine Marmorstatue von ihr errichtet. Sie liebte die Weisheit, ihren Gatten, ihre Kinder, ihre Geburtsstadt: diese Frau mit ihrer Weisheit, beste aller Mütter, seine Gattin Leite, Faustus lobpreist sie.[27]

Aurelia Leite war eine öffentliche Frau: sie hatte das Amt des *gymnasiarch* inne; ihr Reichtum machte sie zur mächtigen Kraft in der Stadtpolitik. Ihre öffentliche Präsenz in der Stadt wurde der Nachwelt erhalten, weil die Stadt eine Statue von ihr am zentral gelegenen öffentlichen Platz errichtete. Ein öffentlicher Name, dessen noch in Generationen gedacht wurde, war eine sehr geschätzte, männliche Art der Ehre. So ehrt die Inschrift Aurelia als öffentliche Person, während sie sie in unfreiwilliger Ironie als private Frau, als Gattin und Mutter lobt.

Lalla, die das öffentliche Amt der Priesterin bekleidete, wurde von der Stadt Arneae in ähnlicher Weise gepriesen:

> Das Volk von Arneae und Umgebung für Lalla, Tochter des Timarchus, Sohn ihres Mitbürgers Diotimus, Gattin des Diotimus, Sohn des Vassus, Priesterin des Kaiserkultes und *gymnasiarch* aus eigenem Recht, fünfmal geehrt, keusch, gebildet, ihrem Gatten

> ergeben, ein Beispiel an Tugend, außergewöhnlich in jeder Hinsicht. Sie ehrte die Tugenden ihrer Ahnen mit dem Beispiel ihres Charakters. [Erbaut] zu ehren ihrer Tugend und ihrer Freundlichkeit.[28]

Lalla, eine öffentliche Frau, Priesterin und *gymnasiarch*, die fünfmal geehrte wurde, wird für ihre Keuschheit gepriesen und ihre Ergebung an den Gatten.

Judith Hallet versucht, das Paradox der öffentlichen Rollen der Römerin und der privaten Tugenden zu erklären, und hat dafür die Rollen der römischen Elitefrauen innerhalb des Familiensystems untersucht.[29] Die materfamilias (Familienmutter) wurde wegen ihrer Weisheit, ihrer Moral, Autorität und Gerechtigkeit verehrt. Sie war durch ihr persönliches Netzwerk von Beziehungen zu den Senatoren und durch ihren politischen Einfluß eine Schlüsselfigur in der erfolgreichen politischen Karriere ihres Sohnes.

In ähnlicher Weise schätzten auch manche Brüder ihre Schwestern, ehrten sie öffentlich und holten sich bei ihnen Rat. Servilia war Catos Schwester und eng mit Julius Caesar und Cicero verbündet. Sie hatte den Vorsitz im Familienrat, wenn es um politische Entscheidungen ging, sie sagte selbst dem mächtigen Cicero, wann er zu sprechen oder zu schweigen hatte, und behauptete, daß sie sogar Resolutionen des Senats verwerfen konnte und ähnliches mehr.

Sylvia war zuerst Claudius', dann Marc Antons Frau. Sie war nach der Ermordung Caesars Marc Antons Fürsprecherin in Rom und bewahrte ihn davor, zum öffentlichen Feind erklärt zu werden. Sie vertrat Marc Anton in Italien, als Octavian gegen Marc Anton in den Krieg zog. Marc Antons Truppen wurden von Sylvia und ihrem Schwager angeführt.[30]

Hallet stellt fest, daß Frauen in Rom öffentliche Macht hatten, weil sie Gattinnen, Schwestern und Töchter großer römischer Familien waren.[31] Sie zieht daraus den Schluß, daß der Einfluß von Frauen in öffentlichen Angelegenheiten möglich war, weil sie innerhalb der Familie eine zentrale Stellung innehatten. Dadurch hatten sie Macht und Einfluß auf dem Weg über die männlichen Mitglieder, die im öffentlichen Leben aktiv waren. Da in Rom nur den aristokratischen Familien politische Macht gegeben war, konnten die Frauen dieser ausgewählten Familien politisch sehr aktiv sein. In der Stadtpolitik von Rom waren öffentlicher und privater Bereich eng miteinander verknüpft. Die Spannungen, die sich durch die Tatsache weiblicher Führungsmacht einerseits und die Geschlechterideologie der beiden Pole öffentlich/privat andererseits ergaben, wurden durch den Umstand gemildert, daß diese Grenzen selbst oft verschwammen.

In den griechischen Städten des Römischen Reiches herrschte die gleiche theoretische Trennung zwischen öffentlicher und privater Sphäre. Dessenungeachtet hatten griechische Frauen ebenfalls öffentliche Ämter inne und nahmen am politischen Leben teil. Wohlhabende Frauen finanzierten öffentliche Bauarbeiten und trugen staatsbürgerliche Verantwortung, die oft zur Ernennung in ein öffentliches Amt und zu politischer Macht führte. Grabinschriften nennen die Ämter der Frauen, und viele Statuen von Frauen auf den Marktplätzen zeugen von der öffentlichen Dankbarkeit diesen Frauen gegenüber, die einen wichtigen Beitrag zur Polis leisteten. Bei der Untersuchung der politischen Rollen aristokratischer Frauen in griechischen Städten spricht Riet van Bremen vom Zwiespalt zwischen

> der Ideologie und Mentalität in bezug auf Frauen und der wichtigen öffentlichen Rolle, die Frauen, für alle sichtbar, in ihren Städten spielten ... In offensichtlichem Widerspruch zu den öffentlichen Aktivitäten und dem unabhängigen Verhalten dieser Frauen, beziehen sich die meisten Epitaphe jedoch auf die traditionelle weibliche Sphäre der Bescheidenheit, der liebenden Hingabe an Gatte und Familie, der Frömmigkeit und Wohlanständigkeit.[32]

Sie nimmt an, daß die Spannungen zwischen den öffentlichen Rollen griechischer Frauen und dem gesellschaftlichen Leitbild von privater Tugend durch die philanthropischen Werke der Frauen gemildert wurden. Auf dem Gebiet der Wohltätigkeit gab es sowieso fließende Übergänge zwischen öffentlicher und privater Sphäre, denn die Beziehungen einer Wohltäterin zur Polis wurden oft in Begriffen aus dem Umfeld der Familie beschrieben. So konnten Frauen, die wegen ihrer Philanthropie ein öffentliches Amt bekleideten, für ihre privaten Tugenden gelobt werden.

Während männliche Polemiker auf die Geschlechterideologie der beiden Pole öffentlich/privat pochten und Frauen diese überlisteten, stand die Gesellschaft als solche doch vor dem Dilemma, daß einerseits wirkliche Frauen öffentliche Ämter innehatten und es andererseits eine Ideologie des Gegensatzes von öffentlichem und privatem Bereich gab, die das öffentlich-politische Leben zur ausschließlichen Domäne von Männern erklärte.

Auch christliche Gemeinden mußten sich mit diesem Widerspruch auseinandersetzen. Dort wurden die Spannungen, die durch die Geschlechterideologie der beiden Pole öffentlich/privat einerseits und der Autorität von Frauen andererseits entstanden, von der Auffassung gemildert, daß diese Gemeinden Einrichtungen der Privatsphäre waren. Das soll nicht heißen, daß frühchristliche Hauskirchen mit Haushalten gleichgesetzt wurden. Mitglieder einer Hauskirche waren auch Personen, die nicht zum Haushalt gehörten, auch waren die Beziehungen innerhalb der christlichen Gemeinde ursprünglich nicht am hierarchischen Beziehungsmodell des patriarchalen Haushalts orientiert.[33] Die christlichen Hauskirchen waren – wie auch die verschiedenen anderen griechisch-römischen Formen freier Versammlungen und Mysterienkulte – in diesem »Zwischenreich« angesiedelt, in dem sich privater und öffentlicher Bereich mischten. Doch stellte die Privatsphäre nicht nur die Unterkunft, sondern formte auch viele Aspekte der gesellschaftlichen Organisation und Funktion der frühchristlichen Hauskirchen.[34]

Die Urchristen begriffen sich ausdrücklich als eine andere Form von Familie oder Haushalt. Die Evangelien schildern die Beziehungen unter den Jüngern Christi als familiär, ja sie ersetzten sogar biologische Bande. Die christlichen Gemeinden der apostolischen Zeit bezeichneten sich als »Haushalt-Kirche« *(he kat' oikon ekklesia*, wörtlich »zu Hause zusammenkommen«; 1 Kor 16, 19; Philem 2; Kol 4, 15). Christen redeten sich mit Bruder und Schwester an, doch das Wort Vater war bezeichnenderweise für Gott reserviert. Sie waren einander »Sklaven«, doch Gott war der Herr oder die Herrin. Die Ernsthaftigkeit dieses familiären Selbstverständnisses zeigt sich auch in ihren Experimenten mit gemeinsamem Eigentum, worin sich die Solidarität, die im Haushalt herrscht, zeigt. Sie rückten von der Besitzstandswahrung innerhalb der Blutsverwandschaft ab, und durch gemeinsame Verwaltung des Besitzes und gemeinsame Verantwortung für Arme, Kranke und Verwitwete entstanden neue Familienstrukturen.

Nicht nur ihre »familiären« Beziehungen, sondern auch die Art ihrer Gottesdienste verband die Christen mit dem Haushalt. Nach der Zerstörung des Tempels in Jerusalem im Jahre 70 n. Chr. durch die römische Armee und die Vertreibung jüdischer Christen aus den Synagogen entwickelte sich der christliche Gottesdienst teilweise aus den jüdischen Familienriten. Die Struktur der Eucharistie mit dem Sabbatmahl im Zentrum weist auf den Ursprung des christlichen Gottesdienstes in der privaten Sphäre des Haushalts hin.[35]

Bis zur Mitte des 3. Jahrhunderts fanden christliche Gottesdienste im Haus von reichen Haushaltsvorständen statt. Architektonische Funde legen den Schluß nahe, daß nach der Mitte des 3. Jahrhunderts die christlichen Gemeinden private Häuser kaufen konnten und sie durch kleinere Umbauten für Gottesdienstzwecke anpaßten.[36] Reichtum und Größe der Gemeinde von Rom lassen annehmen, daß der Übergang von Haushalten zu Gebäuden, die ausschließlich dem Gottesdienst gewidmet waren, in dieser Stadt schneller vollzogen wurde.[37] Während die früheren »Hausgemeinden« ganz klar im privaten Bereich angesiedelt waren, stellten diese umgestalteten »Hauskirchen« eine Übergangsphase auf dem Weg zum christlichen Gottesdienst dar, der ganz im öffentlichen Bereich stattfand. Doch erst im 4. Jahrhundert, als die Basiliken erbaut wurden, machte der bauliche Raum den christlichen Gottesdienst öffentlich.[38]

Die in der griechisch-römischen Gesellschaft so beliebten privaten Vereinigungen boten den jungen christlichen Kirchen ein Modell für Führungsrollen. Private Vereinigungen waren demokratisch organisierte Vereine mit einem gewählten Präsidenten, Schreiber, Schatzmeister und Wächter. Für das festliche Mahl, um das sich die Vereinsaktivitäten gruppierten, wurden Beiträge eingesammelt. Die jungen christlichen Kirchen waren den privaten Vereinigungen in der Bedeutung des Mahles und im nicht-öffentlichen Charakter der Organisation ähnlich.[39] Der Titel des Präsidenten dieser Vereinigungen war *prostatis,* und wir finden auch Frauen in Führungsrollen in der Urkirche, die diesen Titel trugen. Auch Phöbe von Kenchreä wurde *prostatis* genannt.[40]

Der deutlich nicht-öffentliche Charakter des frühen Christentums gab jedoch Anlaß zu einiger Besorgnis. Heidnische Kritiker »sahen im Christentum eine Privatisierung der Religion ... Kritiker spürten, daß das Christentum das Band lockerte, das zwischen politischer Welt und Religion bestand«.[41] Weder das gemeine Volk, noch die Beamtenschaft Roms erkannten im Christentum eine Religion, deren Ziel die Wohlfahrt des ganzen Reiches war. Als Antwort darauf vertraten die Apologeten des 2. Jahrhunderts die Meinung, daß christliche Riten der öffentlichen Wohlfahrt sehr wohl nützten. Schließlich war es nicht nur das Selbstbild der Christenheit als eine Art Familie, sondern auch die schwankende öffentliche Stimmung und die Unsicherheit des politischen Klimas, die dazu führten, daß das Christentum in den ersten zwei Jahrhunderten im privaten Bereich verblieb. Hätte das Christentum den Status einer *religio licita* erlangt, wie das Judentum, wäre es vielleicht schon früher in die Öffentlichkeit getreten. Doch der fehlende Rechtsstatus machte das Christentum für Verfolgungen anfällig. Durch das Verbleiben in der privaten Sphäre und eine gewisse Geheimhaltung bezüglich der Mitglieder und Treffpunkte war es möglich, daß die Verfolgungen in den ersten zwei Jahrhunderten das Christentum nicht vollständig auslöschten. Dadurch gelang es den Christen auch, die Akzeptanz von Frauen in Führungspositionen der Kirchen zu erhalten.

[1] Epiphanius, *Panarion* 37.2, übers. von Virginia Burrus, »Demythologizing the ›Heretical Woman‹? An Investigation of Symbolic Language in the Texts of Alexander, Athanasius, Epiphanius and Jerome«, unveröffentlichtes Manuskript.

[2] Ep. Alexander I.

[3] Philo, *Über die Einzelgesetze – De specialibus legibus* 3.171. In: Philo von Alexandria, *Die Werke in deutscher Übersetzung*. Herausgegeben von Leopold Cohn, Isaak Heinemann, Maximilian Adler und Willy Theiler. Band 2 (Breslau: M. und H. Marcus, 1910).

[4] John Chrysostom, *The Kind of Women Who Ought to Be Taken as Wives*, 4, übers. von Elizabeth A. Clark, in: *Women in the Early Church* (Wilmington: Michael Glazier, 1983).

[5] Origenes, »Fragments on 1 Corinthians 74«, in: *Journal of Theological Studies* 10 (1959), S. 41–42.

[6] Tertullian, *De virginibus velandis* 9.2. Übersetzt von Eva Schulz-Flügel (Göttingen, 1977 [Diss.]).

[7] Plinius, *Ep.* 96. Die Bedeutung des Wortes *minister* reicht von Verbündeter und Helfer bei einem religiösen Amt, bis zu Hausdiener. Es ist der lateinische Begriff, den die Autoren des Neuen Testaments für den Führer der Gemeinde gebrauchen.

[8] Cyprian, *Brief* 75, 10.5.

[9] *ZPE* 18 (1975), S. 317–323.

[10] Arete konnten nur die adeligen Krieger haben. Der Begriff selbst kommt von *aristos*, d. h. »der edelste«. Der kollektive Plural *aristoi* bezeichnete den Adel als soziale Gruppe.

[11] J. Kautsky, *The Politics of Aristocratic Empires* (Chapel Hill: Univ. of North Carolina Press, 1982), S. 170–177.

[12] Werner Jaeger, *Paideiea. Die Formung des griechischen Menschen.* (Berlin, New York: de Gruyter, 1973).

[13] Helen North, *Sophrosyne, Self-Knowledge and Self-Restraint in Greek Literature* (Ithaca, NY: Cornell Univ. Press, 1966), S. 86–87.

[14] North, *Sophrosyne*, S. 32–33; Jean Pierre Vernant, *The Origins of Greek Thought* (Ithaka, NY: Cornell Univ. Press, 1982) S. 62–63. Hier wird der Ursprung der Tugend der *sophrosyne* im militärischen Bereich gesehen, im Übergang von berittenen Soldaten, die von leidenschaftlichem Kampfesmut beseelt waren, zu den Hopliten, die sich als Einheit bewegen mußten und von denen keiner ausscheren durfte. Sie wurden deswegen für die Tugend der *sophrosyne* gepriesen.

[15] Michel Foucault, *Der Gebrauch der Lüste*. (= Michel Foucault, *Sexualität und Wahrheit*, Bd. 2). Übersetzt von Ulrich Raulff und Walter Seitter (Frankfurt am Main: Suhrkamp, 1986), S. 84–123. Vincent Wimbush, »Self-Restraint

in the Exercise of Male Dominance: The Origins of a Type of Ascetic Piety in Greco-Roman Antiquity«, Manuskript vorgelegt auf dem Asketizismus-Seminar, Duxbury, MA, 1987.

[16] Neupythagoräische »Treatise on Chastity«, in: M. R. Lefkowitz und M. B. Fant, *Women's Life in Greece and Rome* (Baltimore: Johns Hopkins Univ. Press, 1982), S. 104.

[17] Wir finden nur in Epitaphen, die Frauen gewidmet sind, daß Frauen für ihre gute Haushaltsführung und ihre Fertigkeiten bei der Wollherstellung gelobt werden. Doch selbst hier wird die Tugend der Keuschheit noch mehr hervorgehoben.

[18] R. Lattimore, *Themes in Greek and Latin Epitaphs* (Urbana: Univ. of Illinois Press, 1962) S. 276.

[19] Neupythagoräische »Treatise on Chastity«, in: Lefkowitz und Fant, *Women's Life*, S. 104.

[20] Aristoteles, *Politik*, 1259 a. Griechisch und deutsch, herausgegeben von Franz Susemihl (Leipzig, 1879).

[21] Lattimore, *Themes in Greek and Latin Epitaphs*, S. 298.

[22] Vernant, *The Origins of Greek Thought*, S. 49.

[23] Lefkowitz and Fant, *Women's Life*, S. 14.

[24] Aristoteles, *Politik*, 1259a. Griechisch und deutsch, herausgegeben von Franz Susemihl (Leipzig, 1879).

[25] Plutarch, *Weisung zur rechten Ehe* 33. Übertragen von Walter C. G. Schmitthenner (Krefeld: Scherpe, 1947).

[26] David Balch, »Let Wives Be Submissive ... The Origin and Form of the Apologetic Function of the Household Duty Code in I Peter«, Yale, Diss. 1974.

[27] Lefkowitz und Fant, *Women's Life*, S. 158–159.

[28] Lefkowitz und Fant, *Women's Life*, S. 157.

[29] Judy P. Hallet, *Fathers and Daughters in Roman Society* (Princeton Univ. Press, 1984), S. 6.

[30] J. P. D. Balsdon, *Roman Women* (New York: Harper & Row, 1962), S. 49–50.

[31] Hallet, *Fathers and Daughters*, S. 31.

[32] Siehe Riet van Bremen, »Women and Wealth«, in: *Images of Women in Antiquity*, hrsg. von A. Cameron und A. Kuhrt (Detroit: Wayne State Univ. Press, 1983), S. 234.

[33] Elisabeth Schüssler Fiorenza, *In Memory of Her: A Feminist Reconstruction of Christian Origins* (New York: Crossroad, 1983), S. 175–84. Sie betont den Unterschied zwischen den egalitären Strukturen der frühen Hauskirchen und den hierarchischen Strukturen des patriarchalen Haushalts. Obwohl ich im Grunde mit ihr in diesem Punkt übereinstimme, denke ich doch, daß der Haushalt in vielem als Modell für die Hauskirche diente.

[34] Von vielen Forschern wurde die enge Verbindung der Urkirche mit der privaten Sphäre des Haushalts festgestellt. Siehe insbesondere Floyd V. Filson, »The Significance of the Early House Churches«, in: *Journal of Biblical*

Literature 58 (1939), S. 105–112; Raymond E. Brown, »New Testament Background for the Concept of Local Church«, in: *Catholic Theological Society of America Proceedings* 36 (1981), S. 1–14; Abraham J. Malherbe, »House Churches and Their Problems«, in: *Social Aspects of Early Christianity*, 2. Aufl. (Philadelphia: Fortress Press, 1983), S. 60–91; Hans-Josef Klauck, »Die Hausgemeinde als Lebensform im Urchristentum«, in: *Münchner Theologische Zeitschrift* 32 (1981), S. 1–15; und Klauck, *Hausgemeinde und Hauskirche im frühen Christentum* (Stuttgart: Katholisches Bibelwerk, 1981); Rafael Aguirre, »La Casa como estructura base del cristianismo primitivo; las iglesias domesticas«, in: *Estudios Eclesiasticos* 59 (1984) S. 27–51; Ernst Dassmann, »Hausgemeinde und Bischofsamt«, in: *Vivarium. Festschrift Theodor Klauser zum 90. Geburtstag* (Münster in Westfalen: Aschendorff, 1984), S. 82–97.

[35] Sieh J. P. Audet, »Literary Forms and Content of a Normal Eucharistia in the First Century«, in: *Studia Evangelica, Texte und Untersuchungen* 73 (1959), S. 643–662. Abwandlungen und Ausarbeitungen dieser Theorie des Ursprungs des eucharistischen Gebetes in den jüdischen Tischsegen bei Thomas J. Talley, »From Berakah to Eucharistia: A Reopening Question«, in: *Worship* 50 (1976) S. 115–137; und Talley, »The Literary Structure of the Eucharistic Prayer«, in: *Worship* 58 (1984), S. 404–420.

[36] Siehe Carl H. Kraeling, *The Christian Building at Dura-Europas* (Locust Valley, NY: J. J. Augustin, 1967); und Gorbo Virgilio, *The House of St. Peter at Capharnaum, Publications of the Studium Franciscanum, Collectio minor, Nr. 5* (Jerusalem: Franciscan Printing House, 1969).

[37] Siehe Klaus Gamber, *Domus ecclesiae* (Regensburg: Friedrich Pustet, 1968).

[38] Siehe Sir Thomas Graham Jackson, *Byzantine and Romanesque Architecture* (1920; Reprint New York: Hacker Art Book, 1975) S. 17ff; und H. Kahler, *Die Frühkirche, Kult und Kultraum* (Berlin, 1972), S. 54ff.

[39] L. Wm. Countryman, »Patrons and Officers in Club and Church«, in: *SBL Seminar Papers* No. 11 (Missoula, MT.: Scholars Press, 1977), S. 135–141.

[40] Römer 16, 1. Fiorenza, *In Memory of Her*, S. 181.

[41] Robert L. Wilken, *The Christians as the Romans Saw Them* (New Haven, CT. und London: Yale Univ. Press, 1984) S. 202.

Lucretia *wurde von den lateinischen Schriftstellern sehr verehrt, weil sie ihren guten Ruf von Sittsamkeit und Scham um den Preis ihres Lebens verteidigte. Marcantonio Raimondi, nach Raphael. Kupferstich, 212 x 130 mm. Harvey D. Parker Collection. Mit freundlicher Genehmigung des Museums of Fine Arts, Boston.*

5
Die Ehre einer Frau ist ihre Scham

Wenn die Tat einer Frau den Zorn eines Römers erregte, dann schwang er sich zu rhetorischen Höhen auf und bezeichnete die Tat als »ehrlos« und »schamlos«. Cicero, der bekannte Anwalt der römischen Aristokratie, benutzte diese rhetorische Waffe gegen Frauen – mit schlimmem Erfolg. Cicero wollte den Einfluß einer bestimmten römischen Matrone schmälern, um ihre Rolle bei der Anklage einer seiner Klienten zu untergraben und eine alte Rechnung mit ihrem Bruder zu begleichen:

> Unser ganzes Augenmerk in diesem Falle, ihr Juroren, liegt auf Clodia, einer nicht nur noblen, sondern auch berüchtigten Frau … Frau, was hattest du mit Caelius [dem Beklagten] zu schaffen, einem Mann, noch in seinen Jugendjahren und noch kein Ehemann? Warum warst du so freundlich zu ihm und liehest ihm Gold? … Hast du vergessen, daß du erst kürzlich die Gattin des Quintus Metellus warst, ein Herr der besten Art, ein edler Patriot, der nur sein Gesicht zu zeigen brauchte, um fast alle anderen Bürger durch seinen Charakter, seinen Ruf, seine Würde in den Schatten zu stellen? Von hoher Familie geboren, verheiratet in eine berühmte Familie, wie kam es, daß du Caelius solche Vertrautheit gestattet hast? War er ein Freund oder Verwandter deines Gatten? Keineswegs. Was war es denn anderes, als heiße, eigensinnige Leidenschaft? Wenn das Bild unserer Ahnen dir nichts bedeutete, wie konnte meine Enkelin, Quinta Claudia, es versäumen, dir ihre häusliche Tugend und ihren weiblichen Ruhm zur Nachahmung zu empfehlen? … Die Ankläger waren großzügig mit Geschichten

> über Affären, Liebschaften, Ehebruch, Baiae [ein Ausflugsort in der Bucht von Neapel], Strandausflüge, Festessen, Trinkgelage, Singereien, Musikveranstaltungen, Schiffspartien.[1]

Die Ehre einer Frau war ihr guter Ruf, und der hatte immer der Ruf der Keuschheit zu sein.

Ehre und Scham

Ehre war mit Ruf gleichgesetzt, »ein Anspruch auf Verdienst und die gesellschaftliche Anerkennung dieses Verdienstes«.[2] Quintus Metellus war, wie Cicero seine Zuhörerschaft erinnerte, ein Mann, der Ehre besaß: Er übertraf andere Bürger »in Charakter, Ruf und Würde«. Scham war Sorge um den Ruf, »ein Gefühl für den eigenen Ruf und ein Gefühl für die Meinung der anderen«.[3] Als Cicero Clodias Leben schilderte, schloß er von ihrer mangelnden Besorgnis um ihren Ruf auf Schamlosigkeit: »Wenn diese Person, als Witwe, leichtfertig lebt, vorlaut ist und zügellos lebt, reich ist und ausschweifend lebt, lüstern ist und wie eine Hure lebt, habe ich dann einen Mann als Ehebrecher anzusehen, wenn er sie nicht ganz wie eine Dame behandelt?« In Ciceros Rede hat Clodia ihre Ehre verloren – das Recht, wie eine Dame behandelt zu werden –, weil sie sich nicht um ihre Ehre kümmerte. Cicero malt mit kräftigen Strichen das Bild einer schamlosen Frau. Doch eigentlich waren Clodias Aktivitäten typisch für eine Frau ihres Standes.

Obwohl Männer und Frauen danach strebten, ihren Ruf zu bewahren, so taten sie es mit den unterschiedlichen Mitteln, die ihrem Geschlecht vorgeschrieben waren. Männlichkeit war das kulturelle Symbol für Ehre. Männliche Ehre zeigte sich in Mut, in familiärer Autorität, in der Bereitschaft, den eigenen Ruf zu verteidigen, und in der Weigerung, Erniedrigung hinzunehmen.[4] Ein Mann gewann Ehre, wenn er die Ehre eines anderen Mannes herausforderte oder sich für den Verlust der eigenen Ehre rächte. Eine Frau jedoch bewies ihre Ehrbarkeit, wenn sie Schamgefühl zeigte und damit deutlich machte, daß sie um ihre sexuelle Verletzbarkeit wußte und jeden Anschein der Indiskretion vermied. Weiblichkeit war das kulturelle Symbol von Scham, und das Hymen, die faßbare Schranke des weiblichen Leibes, war der Inbegriff sexueller Treue von Frauen. Der kulturelle Begriff von Scham bezeichnete das Wesen von Frauen als scheu, zurückhaltend, diskret und schüchtern. Diese Eigenschaften machten es notwendig, weibliche Sexualität zu »beschützen«.[5] In dieser Aufteilung der moralischen Aufgaben wurde Ehre als Teil der männlichen Natur betrachtet, die sich im natürlichen Streben nach Auszeichnung und einer aggressiven Sexualität ausdrückte. Scham, das typische Merkmal der Weiblichkeit, zeigte sich durch Passivität, Unterordnung und Verborgenheit im Haus.

Der hohe Wert, der weiblicher Scham zugemessen wird, ist ein gemeinsamer Wesenszug aller patriarchalen Gesellschaften. Wenn Männer die Frauen verheiraten oder wenn jüngere Männer ihre Ehefrauen durch irgendeine Form von Bezahlung erwerben, dann wird die Sexualität von Frauen zur Handelsware. Als kostbares ökonomisches Gut muß es bewacht werden. Deswegen gebietet die Gesellschaft den Frauen Jungfräulichkeit vor und sexuelle Treue nach der Heirat, obwohl sie männlicher Sexualität in beiden Fällen keine Vorschriften macht.[6] Die soziale Kontrolle weiblicher Sexualität bringt eine »weibliche« Persönlichkeit hervor, die von Abhängigkeit geprägt ist.[7] Damit darüber hinaus die patrilineare Erbfolge sichergestellt war, mußte der Mann wissen, daß die Kinder, die seine Frau gebar, seine eigenen waren, und das konnte nur durch ihre Keuschheit sichergestellt werden. So kam es, daß männliche Unsicherheit über die Vaterschaft dazu führte, daß Scham und Keuschheit als weibliche Tugenden bezeichnet wurden. Im Sozialisationsprozeß patriarchaler Gesellschaften wird in der Erziehung von kleinen Jungen sexuelle Energie und Libido »gelobt«, und somit werden sie ermutigt, eine aktive, wenn nicht gar aggressive Sexualität zu entwickeln. Doch bei kleinen Mädchen muß diese Energie unterdrückt werden, weil von ihnen Keuschheit erwartet wird, wenn sie groß sind. Ihre Sozialisation macht sie zu passiven

»weiblichen« Persönlichkeiten und ihre Sexualität ist von Schamgefühl umgeben.[8]

Die Legende der Lucretia illustriert das komplexe Zusammenspiel zwischen männlicher Ehre und weiblicher Scham in den mediterranen Gesellschaften. Lucretia wurde von römischen Geschichtsschreibern sehr bewundert, weil sie ihren guten Ruf von Sittsamkeit und Scham um den Preis ihres Lebens verteidigte. Livius läßt ihre Geschichte bei einem Trinkgelage außerhalb Roms anfangen. Da wetteiferten heißblütige junge Männer darum, wessen Ehefrau die tugendhafteste sei. Sie kamen überein, den Streit zu entscheiden, indem sie ihre Gattinnen bei ihren abendlichen Verrichtungen überraschten. Der unerwartete Besuch fand die Frauen der Wetteifernden, »wie sie sich bei Gelage und Spiel mit Gleichaltrigen die Zeit vertrieben.« Nur eine, Lucretia, die Gattin des Collatinus, »saß noch spät in der Nacht, mit der Wolle beschäftigt, im Inneren des Hauses unter ihren bei Lampenlicht arbeitenden Mägden.« Livius fährt fort: »Im Streit um die Frauen trug Lucretia den Preis davon. Der heimkommende Ehemann und die Tarquinier wurden freundlich empfangen; der Ehemann lud als Sieger in aufgeräumter Stimmung die Königssöhne ein.«[9]

Wir stellen zuerst fest, daß Keuschheit – die Vermeidung jeglichen Anscheins sexueller Indiskretion – einer Frau einen Preis im Wettstreit um Ehre einbringt, der auch dem Ehemann zur Ehre gereicht. Collatinus wird als siegreicher Ehemann ausgezeichnet.

Livius fährt fort:

> Hier ergriff den Sex[tus] Tarquinius das böse Verlangen, Lucretia Gewalt anzutun. Ihn reizte ihre Schönheit, aber mehr noch ihre erwiesene Sittsamkeit. ... Wenige Tage danach kam Sex. Tarquinius ohne Wissen des Collatinus mit nur einem Begleiter nach Collatia [ein Dorf nördlich von Rom]. Dort nahm man ihn freundlich auf, da man von seiner Absicht nichts ahnte, und führte ihn nach dem Mahl in das Gästezimmer. Als er den Eindruck hatte, es sei ringsum hinreichend sicher und alles liege in tiefem Schlaf, trat er, glühend vor Verlangen, mit blankem Schwert zu der schlafenden

> Lucretia, drückte die Frau mit der linken Hand aufs Bett und sagte: »Still, Lucretia! Ich bin es, Sex. Tarquinius. Ich habe eine Waffe in der Hand. Du stirbst, wenn du einen Laut von dir gibst.« Als die Frau, aus dem Schlaf aufgeschreckt, nirgends Hilfe, nur den drohenden Tod vor Augen sah, da gestand ihr Tarquinius seine Liebe, bettelte, mischte Drohungen unter seine Bitten und suchte mit den verschiedensten Mitteln auf das Herz der Frau einzuwirken. Als er sah, daß sie fest blieb und nicht einmal durch die Todesangst zu bewegen war, brachte er zu der Angst auch noch die Schande ins Spiel; wenn sie tot sei, erklärte er ihr, werde er einen Sklaven töten und nackt neben sie legen, damit es heiße, sie sei bei schmutzigem Ehebruch getötet worden. Nachdem durch diese schreckliche Drohung die wilde Begierde über die beharrliche Sittsamkeit triumphiert hatte, als wenn sie wirklich den Sieg davongetragen hätte, [ritt] Tarquinius, außer sich vor Freude, die Ehre der Frau bezwungen zu haben, wieder weg …[10]

Sextus Tarquinius, der von Collatinus im Wettstreit um Ehre besiegt worden war, wollte seine verlorene Ehre rächen, indem er Lucretia ihrer Ehre (Keuschheit) und Collatinus seiner Ehre (Lucretias sexueller Treue) beraubte. Lucretia war bereit, ihr Leben ihrer Ehre (ihrer Keuschheit) zu opfern, war jedoch nicht willens, ihre öffentliche Ehre (den Ruf ihrer Keuschheit) der Keuschheit zu opfern. Sextus' Drohung, ihren guten Ruf zu zerstören, brachte sie zum Nachgeben. Sextus ging aus diesem Wettstreit um Ehre siegreich hervor, weil es ihm gelungen war, sowohl Lucretia als auch Collatinus zu entehren.

Lucretia rief daraufhin ihren Vater und ihren Gatten zu sich und bat sie, einen vertrauenswürdigen Freund mitzubringen. Als diese sie mit »Ist alles gut?« begrüßten, erwiderte sie: »Was kann gut sein mit einer Frau, die ihre Ehre verloren hat?« Als diese ihr versprachen, den Ehebrecher zu bestrafen, schloß sie ihre Rede mit den Worten: »Obwohl ich mich von Sünde freispreche, so erspare ich mir doch nicht die Strafe; nie und nimmer sollen unkeusche Frauen durch Lucretias Beispiel weiterleben.« Dann zog sie ein Messer aus ihrem Gewand und stieß es sich in die Brust.

Lucretia hatte einen Weg gefunden, ihre Ehre wieder herzustellen, jedoch um den Preis ihres Lebens.

Keuschheit als weibliche Ehre

Im Wertesystem von Ehre und Scham, das immer noch in den Kulturen auf der ganzen Welt fortlebt, stellt die öffentlich sichtbare Ehre einer Frau ihren gesellschaftlichen Wert dar. Die Keuschheit der weiblichen Familienmitglieder betrifft auch den gesellschaftlichen Wert der ganzen Verwandtschaft. So ist eine ganze Familie entehrt und in schlechtem Licht, wenn ein weibliches Mitglied den Standard der weiblichen Keuschheit nicht erfüllt.[11] Aus dem Sizilien unserer Zeit wird berichtet, daß sich eine junge Frau tötete, um dem »Recht der ersten Nacht«, das der örtliche Grundbesitzer an ihr ausüben wollte, zu entgehen. Sie wahrte die Familienehre auf Kosten ihres Lebens.[12]

Der hohe Stellenwert, der weiblicher Keuschheit eingeräumt wird, formt immer noch die Vorstellung von Männlichkeit und Weiblichkeit in der mediterranen Kultur. M. Giovanni berichtet, daß auch heute noch in Sizilien »kleine Buben von Kindheit an für ihr aggressives und dominierendes Verhalten mit Lachen, Beifall und Rufen ›che maschio‹ (was für ein Mann!) belohnt werden. Im Gegensatz dazu wird das gleiche Verhalten bei kleinen Mädchen übergangen oder mit ›che vergogna‹ (wie peinlich!) quittiert.« Während ein Mädchen für sein braves und gehorsames Betragen gelobt werde, werde das gleiche Verhalten bei Jungen als lächerlich empfunden.[13]

In ihrem Buch *Seeds of Honor, Fields of Shame*, arbeitet die Anthropologin Carol Delaney die Verbindungen zwischen Weiblichkeit, Scham und Sexualität in der mediterranen Gesellschaft heraus:

> Frauen hingegen schämen sich allein aufgrund ihrer Natur von Anfang an. Das Wissen um ihre konstitutionelle Minderwertigkeit ist die Grundlage für das Gefühl von Scham. Scham ist ein unver-

> meidlicher Teil des Frauseins; eine Frau bleibt ehrbar, wenn sie sich dieser Tatsache immer bewußt ist und sich entsprechend verhält. Sie ist schamlos, wenn sie das vergißt. Das Geburtsrecht eines Mannes ist seine Ehre; er kann sie verlieren, wenn er die Grenzen seiner Frau nicht schützen kann. Auf den einfachsten Nenner gebracht, ist die Grenze einer Frau ihr Hymen. Es ist dem Ehemann vorbehalten und sein Besitz. Indem er es durchbricht, besitzt er die Frau. Einmal durchbrochen, kann er kommen und gehen, wie er mag, so wie nur er und niemand anders seine Felder unbeschwert betreten darf. Wenn die Grenzen dessen, was ihm gehört, von einem anderen durchbrochen und verletzt werden, dann wird er in die Lage einer Frau versetzt und somit beschämt. So ist männliche Ehre durch eine Frau verwundbar.[14]

Ein sechsjähriger Junge aus Sizilien drückte diese Besorgnis aus, als er seiner Mutter sagte, er wünsche sich einen kleinen Bruder, denn »wenn wir eine Schwester haben, dann werden Carlo [sein jüngerer Bruder] und ich dafür sorgen müssen, daß niemand ihr *putana* [Hure] nachschreit und niemand die Familie auslacht. Wenn der Doktor uns aber einen Bruder bringt, dann können wir die Schwestern von allen anderen *putana* nennen und mit ihnen kämpfen.«[15] Die Hure ist ein wichtiges Symbol, deren negatives Bild benutzt wird, um den Wert, der weiblicher Keuschheit zugeschrieben wird, zu unterstreichen. Sie verkörpert die Frau, deren Sexualität nicht bewacht wird. Weil sie nicht einem bestimmten Mann gehört, ist sie allen zugänglich. Deswegen wird ihre ungezügelte Sexualität als gefährlich empfunden, verderblich für Männer und Frauen und eine Bedrohung für die ganze Gesellschaftsordnung. In der Antike finden wir Philos schneidende Anklage der Hure, den Antityp der Frau, die ihren sexuellen Ruf bewahrt. Sie wird so beschrieben:

> ... von Schicklichkeit, Scham, Züchtigkeit und den anderen Tugenden [weiß sie] nichts; sie erfüllt die Seelen der Männer und Frauen mit Unzucht, und während sie die unvergängliche Schönheit der Seele schändet, räumt sie des Körpers kurzfristiger Wohlgestalt den Vorrang ein; sie gibt sich dem ersten besten preis und bietet ihre Schönheit wie eine Ware auf dem Markt feil.[16]

Eine Frau, die Wert auf ihren guten Ruf legt, zeigte dies auch öffentlich. Sie bewahrte nicht nur die Heiligkeit ihres Ehebettes, sondern bewies ihre sexuelle Zurückhaltung auch durch ihr Verhalten in der Öffentlichkeit. Sie kleidete sich in Weiß, sie mied Kosmetik – das Röten der Wangen, Aufhellen des Teints und Betonen der Augen – und trug nur wenig Schmuck. Sie ging abends nicht zu Festbanketten und ließ sich am Tage beim Gang zum Markt immer von zwei Dienerinnen begleiten.[17]
Die Geschlechterideologie der beiden Pole öffentlich/privat und die Auffassungen von Ehre und Scham verschmolzen bei einer Frau im Haushalt. Die gute Frau blieb zu Hause. Eine Frau, der ihr guter Ruf wichtig war, die Schamgefühl hatte, behielt ihre Sexualität einzig ihrem Mann vor. Sie war diskret, im öffentlichen Leben nicht zu sehen und ruhig. Eine Frau, die die Grenzen ihres Haushalts überschritt und öffentlichen Raum betrat, war keine gute Frau mehr, weil sie den Raum, der Frauen zugemessen war, verließ. Eine Frau, die nicht scheu, zurückgezogen und still (das Markenzeichen der Keuschheit) war, wurde natürlich als unkeusch betrachtet. Die gute Frau, die zu Hause blieb, war keusch; die öffentliche Frau war schon per definitionem leichtfertig.

Führung durch Frauen und die Tugend der Keuschheit

Frauen, die Führungsrollen in ihren Gemeinden übernahmen, wie Lydia, Lucilla und Livia, überschritten ihre Grenzen und drangen in den Bereich der Männer ein. Sie erledigten ihre Geschäfte, gingen dabei durch die Straßen und über die Marktplätze, nahmen an öffentlichen Versammlungen außerhalb des Haushalts teil und bewegten sich somit im männlichen Raum. Wenn sie ein öffentliches Amt annahmen, Ehrentitel bekamen, den Status ihrer Geburt oder ihrer Familie verteidigten, wetteiferten sie um männliche Symbole der Ehre. Dieser Wettstreit war eine männliche Domäne.

Bei solchen Gelegenheiten, in denen die Gegenwart und die Autorität einer Frau Respekt verlangte, zeigte sie die männlichen Tugenden des Mutes, der Gerechtigkeit und der Selbstbeherrschung. Genau in diesen Situationen zeigte sie die weiblichen Tugenden Keuschheit, Schweigsamkeit und Gehorsam am allerwenigsten. Wenn eine Frau mit offizieller Autorität in der Öffentlichkeit redete, wenn sie sich in eine Debatte einmischte, übte sie männliche Vorrechte aus. Wenn Frauen Führungspositionen innehatten, kamen sie in direkten Konflikt mit der tiefeingewurzelten Ideologie der Geschlechterrollen, die Männern und Frauen getrennte Bereiche und unterschiedliche Tugenden vorschrieb. Frauen, die beträchtliche politische Macht ausüben wollten, wie heutzutage Hillary Clinton, nutzten bewußt die Strategie, öffentliche und private Tugenden zu verschmelzen. In Rom stellte Livia ihre Keuschheit in den Mittelpunkt ihrer politischen Macht. Cassius Dio berichtet voll Bewunderung:

> Einmal fragte sie jemand, wie und durch welches Tun sie einen derart starken Einfluß auf Augustus bekommen habe. Sie habe dies, antwortete Livia, dadurch erreicht, daß sie selbst peinlich auf ein sittlich einwandfreies Benehmen gesehen, gerne alle seine Wünsche erfüllt, sich nicht in seine [privaten!] Angelegenheiten gemischt und vor allem den Anschein erweckt habe, als höre und merke sie nichts von seinen Liebesgeschichten.[18]

Hier bezog sich Livia auf ihre Keuschheit, um ihre öffentliche Rolle zu rechtfertigen. Bei anderer Gelegenheit setzte sie die Macht ihrer Keuschheit auf dramatische und politische Art ein. Cassius Dio berichtet, daß ihr einst zufällig einige nackte Männer (Athleten vielleicht) begegneten, die daraufhin zum Tode verurteilt werden sollten, weil sie ihre Keuschheit entweiht hatten. Sie rettete ihnen das Leben mit der Behauptung, für eine keusche Frau seien solche Männer nichts anderes als Statuen.[19]

Eine ähnliche Strategie, diesmal von einem Mann angewandt, liegt dem Streit des Paulus mit den Prophetinnen von Korinth zugrunde. Ihre Rolle als Prophetinnen war eine Führungsrolle, die Autorität,

Vorrechte, Prestige und Ehre mit sich brachte. Diese Attribute, die mit Männlichkeit verbunden wurden, standen mit der Pflicht, Scham zu symbolisieren, im Konflikt sowie mit der Unterordnung und mit der Pflicht von Frauen, sexuelle Treue, Ehrerbietung und Passivität zu zeigen. Paulus' Lösungsvorschlag war, die Frauen zu verpflichten, ihr Haupt zu bedecken. Am Anfang seiner Strafpredigt gab Paulus zu, daß es ihm darum ging, daß Frauen als Propheten weibliche Scham bewahren und Schamlosigkeit vermeiden sollten. Er beschuldigte Frauen, die ohne Schleier prophezeiten, der Schamlosigkeit (1 Kor 11, 6). Ihre Haltung war so ehrlos, als ob ihnen der Kopf kahlgeschoren worden wäre. Paulus war der Ansicht, daß eine Frau ohne Schleier keine Ehre hatte, weil sie durch das Fehlen des Schleiers deutlich machte, daß sie nicht mehr sexuell treu sein wollte. Paulus beharrte auf diesem Standpunkt und behauptete, daß Frauen, die prophezeiten, ohne ihr Haupt zu bedecken, die Engel zur Lust verführen würden (1 Kor 11,10, siehe auch Gen 6,1).[20]

Weiter führte Paulus aus, daß Prophetinnen den Eindruck machten, als verweigerten sie die weibliche Rolle der Passivität, Ehrerbietung und Unterordnung, wenn sie keinen Schleier trugen. Das Tragen von Schleiern würde deutlich machen, daß sie den Vorrang des Mannes über die Frau und die Überlegenheit des Männlichen über das Weibliche anerkannten:

> Der Mann darf sein Haupt nicht verhüllen, weil er Abbild und Abglanz Gottes ist; die Frau aber ist der Abglanz des Mannes. Denn der Mann stammt nicht von der Frau, sondern die Frau vom Mann. Der Mann wurde auch nicht für die Frau geschaffen, sondern die Frau für den Mann. Deswegen soll die Frau mit Rücksicht auf die Engel das Zeichen ihrer Vollmacht auf dem Kopf tragen (1 Kor 11, 7–10).

Paulus konnte sich mit den Frauen in Führungsrollen abfinden, wenn die Prophetinnen der Gemeinde von Korinth bereit waren, öffentlich zu bezeugen, daß sie nicht mit der Frauenrolle als dem Symbol weiblicher Scham brechen wollten. Wenn es Paulus gelang, die Prophetinnen von Korinth zum Tragen des Schleiers zu bringen, dann würden sie öffentlich den Wert der Unterordnung von Frauen bezeugen und damit die Funktion von Weiblichkeit bestätigen, die darin bestand, Scham zu symbolisieren, auch wenn sie Autorität ausübten und einen hohen Rang einnahmen.

Weibliche Tugenden werden gegen Frauen in Führungspositionen eingesetzt

Als christliche Polemiker anfingen, für die Entfernung von Frauen aus den Führungspositionen zu agitieren, da benutzten sie fast immer den Vorwurf, diese würden die privaten Tugenden der Keuschheit, der Schweigsamkeit und des Gehorsams nicht beachten, als rhetorisches Mittel gegen diese Frauen. Frauen in Führungspositionen waren einfach schamlos.

Die *Didascalia*, ein Buch der Kirchenordnung aus dem 3. Jahrhundert, ist ein besonders wichtiges Dokument, an dem sich der Streit über die Führungsmacht von Frauen gut studieren läßt. Der Autor wollte die Ämter der Disziplinierung, Evangelisierung, Unterweisung und Taufe in der Hand des Bischofs zusammenführen. Die weithin anerkannten Ämter, die von Frauen, meist Witwen, ausgeübt wurden, waren ein Hindernis auf dem Weg der Zentralisierung.[21]

Die Beteiligung von Witwen an der kirchlichen Disziplinierung kam als erstes unter rhetorischen Beschuß. Ein besonderes Merkmal der Christengemeinde war ihre moralische Disziplin, und eine der Führungsaufgaben bestand darin, dafür zu sorgen, daß diese aufrechterhalten wurde. Als die *Didascalia* verfaßt wurde, hatten sich bestimmt Disziplinarmaßnahmen herausgebildet. Ein Sünder wurde in öffentlicher Gegenüberstellung gerügt. Bewirkte diese Konfrontation Reue, bekam der Pönitent eine Zeit des Fastens und des Gebetes auferlegt. Am Ende dieser Bußzeit wurde der reuige Sünder wieder öffentlich in die Gemeinschaft aufgenommen. Es war üblich, daß die Witwen mit diesen Büßern fasteten und beteten, um sie dann wieder zu Gemeindemitgliedern zu machen.

Das pastorale Amt der Bestrafung war das mächtigste und umstrittenste im 3. Jahrhundert, denn die Benennung eines Sünders, die Auferlegung einer Fastenzeit und die Wiederaufnahme eines Sünders in die Gemeinde bedeutete auch die Macht, zu entscheiden, wer zur Kirche gehörte und wer nicht.

Da der Autor der *Didascalia* alle Ämter unter die alleinige Autorität des Bischofs stellen wollte, behauptete er, daß sich Witwen nicht mehr mit dem Amt der Bestrafung befassen sollten. Sollte einer Witwe ein Disziplinarproblem zugetragen werden, »so laßt sie sein, als würde sie nicht sehen oder hören,« schrieb er. »Denn eine Witwe sollte sich um nichts anderes kümmern, als für die Wohltäter und die ganze Kirche zu beten« (XV).

Dieses Seelsorgeamt bedeutete öffentliches Wirken, die Ausübung von Autorität und einen öffentlichen Akt (nämlich den, diese Person wieder mit der Gemeinde zu versöhnen). Frauen, die dieses Amt ausübten, zeigten nicht die erwünschten weiblichen Charaktereigenschaften – Passivität, Scheu, Zurückhaltung. Deswegen karikierte dieser Schreiber die Witwen im Amt als geschwätzig, tratschend, zänkisch und streitsüchtig. Weil sie Frauen waren, konnte ihre öffentliche Rede herabgesetzt werden. Der Autor ermutigte die Witwen, sich den gesellschaftlichen Erwartungen anzupassen und unterwürfig, ruhig und sanft zu sein. Dann zeichnet er den Witwen ein anderes Amt: nicht die Widerspenstigen zu bändigen, sondern für die Kirche zu beten. Seine Strategie war es, die Witwen aus dem öffentlichen in ein privates Amt zu verbannen.

Der Autor der *Didascalia* bedeutete den Witwen, die in der Bekehrung der Heiden aktiv waren, zu schweigen:

> Laßt sie also die, die Unterweisung wünschen, zum Leiter schikken. Und denen, die fragen, laßt sie [die Witwen] nur antworten über die Zerstörung der Götzenbilder und darüber, daß es nur einen Gott gibt. Es ist nicht recht für eine Witwe zu lehren, noch

> für einen Laien. Über Strafe und Belohnung, über das Königreich im Namen Christi und über seine göttliche Fügung sollte weder ein Laie noch eine Witwe reden (XV).

Witwen verbreiteten die Lehren, die die heidnischen Religionen widerlegten (Argumente gegen den Götzendienst und den Polytheismus), und erklärten die christliche Lehre (die Lehre von Lohn und Strafe, die Einzigartigkeit und die Herrschaft Christi und die Macht seines Namens). Dem Autor der *Didascalia* zufolge sind Evangelisation und Unterweisung Exklusivrechte des Bischofs, und die Witwen verstießen gegen dieses Recht. Wenn eine Frau das Wunder der Fleischwerdung einem Heiden erklärte, so behauptete er mit Hohn in der Stimme, würde dieser lachen und johlen. Wenn er dann nicht zum Glauben fand, wäre er verdammt und die Witwe, die ihm gepredigt hatte, wäre schuld an seiner Verdammnis, weil ihr niederer Status als Frau die Kraft der Botschaft unterlaufen habe.

Diese Witwen, die das Evangelium verkündeten und lehrten, tauften vielleicht auch ihre Konvertiten, denn der Kritiker fährt fort: »Darüber jedoch, ob eine Frau taufen solle oder ob jemand von einer Frau getauft werden sollte, erteilen wir keinen Rat.« Der Autor besteht darauf, daß die Taufe allein Vorrecht des Bischofs sein sollte. Das Problem waren aber nicht nur die Witwen, die tauften. Manche Leute wünschten es offenbar, von den Witwen getauft zu werden. Der Schreiber sagt ihnen: »Wäre es denn gesetzlich, von einer Frau getauft zu werden, dann wäre unser Herr und Meister selber von Maria, seiner Mutter, getauft worden. Er wurde aber von Johannes getauft, wie auch alle anderen aus dem Volke. Bringt euch also nicht in Gefahr, Brüder und Schwestern, indem ihr gegen das Gesetz des Evangeliums handelt« (XV).

Zuerst wurde den Witwen gesagt, daß sie beten sollten, anstatt pastorale Ämter auszuüben. Dann wurde ihnen gesagt, sie seien beauftragt zu beten, und nicht, die Heiden zu bekehren. Und schließlich zeigt sich, daß in der Vorstellung des Autors Beten und Zu-Hause-bleiben unauflöslich miteinander verbunden sind: »Laß eine Witwe wissen, daß sie der Altar Gottes ist. Und laß sie immer zu Hause sitzen und laß sie nicht herumgehen und zwischen den Häusern hin- und herrennen, um die Gläubigen zu empfangen. Der Altar Gottes wandert nie herum oder rennt hierhin und dorthin, sondern bleibt an einem Platz« (XV). Der Vergleich einer Witwe mit dem Altar Gottes macht aus ihr ein passives Subjekt der Barmherzigkeit der Kirche, sie ist keine aktiv Handelnde mehr, die den anderen die Segnungen der Kirche bringt. Der feststehende Altar, in der Kirche eingeschlossen, empfängt die Geschenke, die die Gemeinde Gott darbringt. Das belustigende Schauspiel eines Altars, der in den Straßen herumwandert, beschwört sowohl die Angst vor Entweihung wie die Angst vor dem Verlust der Kontrolle. Der Autor versucht, diese Dinge mit den Witwen zu verbinden, die ein Amt ausüben.

»Gute« Witwen bleiben zu Hause; »schlechte« Witwen (solche, die in der Öffentlichkeit aktiv sind), sind schamlos:

> Eine Witwe soll also nicht zwischen den Häusern hin- und herwandern und herumrennen. Denn die da herumwandern und keine Scham haben, können nicht einmal ruhig in ihren Häusern bleiben. Denn das sind keine Witwen, sondern Blinde, die sich um nichts anderes kümmern, als irgend etwas aufzuschnappen. Und weil sie redselig sind und Schwätzerinnen und Gerüchte verbreiten, säen sie Streit; sie sind frech und haben keine Scham. (XV)

Uns sollte zuerst auffallen, daß das Besuchsamt der Witwen mit den abfälligen Worten »herumwandern und herumrennen« beschrieben wird, die bei Frauen benutzt werden, deren Keuschheit angezweifelt wurde. Witwen, die von Haus zu Haus gingen, um theologische Gespräche zu führen und die Heilige Schrift auszulegen, werden als Schwätzerinnen bezeichnet, die Zwist säen. Sie verstießen aus der Sicht des Autors gegen die Tugenden der Keuschheit und der Schweigsamkeit.

Die Strategie des Autors, mit der er die Kirche dazu bringen wollte, die Witwen von den Ämtern auszuschließen, bestand darin, sich auf das Wertesystem von Ehre und Scham zu beziehen. Weil die gesellschaftliche Norm tugendhafte Frauen als keusch, schweigsam, gehorsam und zufrieden mit der häuslichen Sphäre definierte, konnte der Autor die Witwen, die ihre öffentlichen Ämter aktiv ausfüllten, so beschreiben, als würden sie gegen alle Grundsätze weiblicher Tugenden verstoßen. Sie waren die »schlechten Witwen«, weil sie ihre Ämter im öffentlichen Bereich ausübten.[22]

Anmerkungen

1 Cicero, *Pro Caelio*, in: M. Lefkowitz und M. Fant, *Women's Life in Greece and Rome* (Baltimore: Johns Hopkins Univ. Press, 1982), S. 147.
2 Bruce Malina, *The New Testament World* (Atlanta: John Knox Press, 1981), S. 28.
3 Bruce Malina, *New Testament World*, S. 44. Siehe auch D. Gilmore, *Honor and Shame and the Unity of the Mediterranean* (Washington, DC: Special Publication of the American Anthropological Association [No. 22] 1987).
4 Malina, *New Testament World*, S. 42.
5 Malina, *New Testament World*, S. 28.
6 Gerda Lerner, *The Creation of Patriachy* (New York: Oxford Univ. Press, 1986), S. 36–52, S. 212–210 (dt.: *Die Entstehung des Patriarchats*, Campus, 1991).
7 Gayle Rubin, »The Traffic in Women«, in: *Toward an Anthropology of Women*, hrsg. von Rayna Reiter (New York: Monthly Review, 1975), S. 157–187.
8 Rubin, »Traffic in Women«, S. 187–210.
9 Livius, *Römische Geschichte* I.57–58. Übersetzt von Hans Jürgen Hillen (München und Zürich: Artemis, 1987).
10 Livius, *Römische Geschichte* I.56–57. Übersetzt von Hans Jürgen Hillen. (München und Zürich: Artemis, 1987).
11 M. Giovannini, »Female Chastity Codes in the Circum Mediterranean: Comparative Perspectives«, in: *Honor and Shame and the Unity of the Mediterranean*, hrsg. von D. Gilmore, S. 61.
12 Giovannini, »Female Chastity Codes«, S. 66.
13 Giovannini, »Female Chastity Codes«. S. 67.
14 Carol Delaney, »Seeds of Honor, Fields of Shame«, in: *Honor and Shame and the Unity of the Mediterranean*, hrsg. von D. Gilmore, S. 35–48.
15 Giovannini, »Female Chastity Codes«, S. 67.
16 Philo, *Über die Einzelgesetze – De specialibus legibus* 3.51. In: Philo von Alexandria, *Die Werke in deutscher Übersetzung*. Herausgegeben von Leopold Cohn, Isaak Heinemann, Maximilian Adler und Willy Theiler. Band 2 (Breslau: M. und H. Marcus, 1910).

[17] Neupythagoräische »Treatise on Chastity«, in: Lefkowitz und Fant, *Women's Life*, S. 104.

[18] Cassius Dio, *Römische Geschichte* LVIII 2. Übersetzt von Otto Veh (Zürich und München: Artemis).

[19] Cassius Dio, *Römische Geschichte* LVIII 2.

[20] Siehe auch Antoinette Wire, *The Corinthian Women Prophets* (Minneapolis: Fortress Press, 1990) S. 21.

[21] Siehe englische Übersetzung *The Didascalia Apostolorum in Syriac*, hrsg. von Arthur Vööbus, Bd. 408 (C. S. C. O., 1905) S. 143–155. Eine strukturelle Analyse des 15. Kapitels der *Didascalia* zeigt, daß es für den Autor im Verhältnis der Kirche zu den einflußreichen Frauen, die den Witwenorden bildeten, sieben Problembereiche gab. Vier dieser Bereiche hatten mit der herausgehobenen Position von Frauen zu tun: die Ausübung der pastoralen Aufgaben von Disziplinierung und Sühne, das Amt, den Heiden das Evangelium zu predigen, das Amt, die Gläubigen zu unterweisen, und das Amt der Taufspende, welches im allgemeinen mit der Heidenbekehrung verbunden war. Die anderen drei Bereiche betreffen die Art, wie die Witwen ihre Geldangelegenheiten regelten, ihre Kritik an der Art, wie der Bischof seine Geldangelegenheiten regelte, wenn es um die Verteilung an die Witwen ging und die Notwendigkeit der Unterordnung der Witwen unter den Bischof in der Ausübung des Gebetsamtes. Das allerwichtigste Ziel des Autors in bezug auf die ersten vier war es, die Witwen von diesen Leitungsfunktionen fern zu halten. Bei den letzten dreien war es sein Ziel, die verbleibenden Tätigkeiten fest unter die Kontrolle des Bischofs zu bringen.
Der Autor ging an diese Problemfelder mit einer rhetorischen Strategie heran, die seine Ziele ziemlich deutlich erkennbar machen. Die rhetorische Strategie kann in sechs sich wiederholenden Elementen in der Behandlung eines jeden Problembereiches beobachtet werden: Es sind 1. die Laster der »schlechten« Witwen, 2. die Tugenden der »guten« Witwen, 3. was Witwen tun, 4. was sie nicht tun sollten, 5. was sie statt dessen tun sollten (zu Hause bleiben und beten) und 6. die Argumente für dieses spezielle Verbot. Die ersten beiden Punkte, die Laster und Tugenden, die oft dazu benutzt werden, um in einen Problembereich einzuführen, dienen eigentlich dazu, Punkt 4 und 5 zu verstärken. Die Laster beziehen sich auf das, was Witwen nicht mehr tun sollten und sind negative Beschreibungen dessen, was in Punkt 3 neutral dargestellt ist. »Schlechte« Witwen sind zum Beispiel redselig und streitsüchtig in den Bereichen, in denen Witwen aufhören sollten zu lehren. Die Tugenden der »guten« Witwen unterstreichen die Anweisungen von Punkt 5, daß es das angemessene Amt der Witwen sei, zu Hause zu bleiben und zu beten. Den bei weitem umfangreichsten Teil nimmt Punkt 6 ein.
Diese Methode der rhetorischen Analyse von Kirchenordnungen wurde erstmals von S. Laeuchly angewandt in *Sexuality and Authority: The Synod of Elvira* (Philadelphia: Temple Univ. Press, 1972).

[22] Gerda Lerner zeigt in *Die Entstehung des Patriarchats*, daß sich das patriarchale System teilweise dadurch entwickelte, daß es die Frauen in zwei Klassen teilte: Frauen, deren Sexualität nur einem Mann, und Frauen, deren Sexualität allen Männern zugänglich war. Das ist hier die Basis für die Unterscheidung von guten und schlechten Frauen. Die Unterscheidung zwischen guten Witwen und schlechten Witwen folgt der gleichen Typologie.

Das himmlische Mahl. *Die Teilnehmenden an diesem Agape-Fest scheinen erstaunt zu sein, daß es von einer Frau geleitet wird. Aus der Katakombe von St. Petrus und Marcellinus. (André Held.)*

6
Als die Kirche in die Öffentlichkeit trat

Kirche als öffentlicher Raum

Ungefähr zu Beginn des 3. Jahrhunderts setzte in den Leitungs- und Organisationsformen der christlichen Kirchen ein Veränderungsprozeß ein. Im 3. Jahrhundert zog das Christentum Mitglieder der regierenden städtischen Eliten an, die öffentliches Leben gewohnt und in Stadtpolitik erfahren waren. Diese Aristokraten waren vielen christlichen Gemeinden willkommen, wo sie schnell in Führungspositionen aufstiegen. Diese Leute waren mit den öffentlichen Einrichtungen vertraut; ihre Vorstellungen von Autorität, Ordnung, Organisation und Führung leiteten sich aus dem politischen Leben der Stadt ab. Sie trugen neue Formen der Führung in die Kirchen, Formen, die sich bei der Regierung von großen und verschiedenartigen Gemeinschaften bewährt hatten.

In den Provinzen des Römischen Reiches begann sich der Klerus, der bislang die Führungsaufgaben gemeinsam wahrgenommen hatte, nach dem Vorbild der Stadträte umzuformen. Daraus folgte, daß sich das Konzept von Führung unmerklich von Verwaltung zu Herrschaft hin verschob. Ein wichtiges Element bei dieser Veränderung war die wachsende Spaltung von Klerus und Laienvolk. Die Sprache, mit der diese Trennungslinie gezogen wurde, spiegelt die Aufteilung der städtischen Politik in Herrscher und Untertanen wider. In einem liturgischen Gebet zur Weihe von Presbytern im 3. Jahrhundert werden Presbyter als Herrscher dargestellt.[1] »Blicke herab auf diese deine Diener und gieße aus den Geist der Gnade und der Weisheit, daß er teilhabe am Presbyterium und dein Volk

reinen Herzens regiere.«[2] Als sich der Begriff der Führung von Verwaltung hin in Richtung Herrschaft verschob, bezogen sich die Befürworter der neuen Linie auf das Alte Testament, denn die Anführer des Volkes Israel waren in der Tat Herrscher. Da die Kirche sich als die Nachfolgerin Israels verstand, waren ihr die Führungsmuster, die im Alten Testament gefunden wurden, nützlich.
Wie in der jüdischen Gemeinde, so wurde auch in der christlichen Wert darauf gelegt, daß Streit zwischen den Mitgliedern innerhalb der Gemeinde geregelt wurde. Beide Gruppen scheuten sich, die politischen Autoritäten des Reiches anzurufen. Im 3. Jahrhundert führte die Praxis der Beilegung von Rechtsstreitigkeiten innerhalb der Gemeinde zur Einrichtung des Bischofsgerichts. Wie bei einem römischen Provinzgouverneur, der die Rechtsmacht *(cognitio)* in seinem Verwaltungsbereich innehatte, so beruhte das Recht eines Bischofs, Rechtsfälle zu bearbeiten und Urteile zu sprechen, nur auf der Autorität seines Amtes. Als im Jahre 306 Konstantin erster christlicher Kaiser wurde, stellt er diese Bischofsgerichte mit den städtischen Gerichten des Reiches auf eine Ebene.
Im 3. und 4. Jahrhundert wurde das Bischofsamt zunehmend monarchisch. Der Thron des Bischofs stand vorn, im Zentrum der betenden Gemeinde, und wurde schließlich mit einem Baldachin überspannt. Einer, der sich für die monarchistische Machtfülle des Bischofsamtes aussprach, beschwor die Gemeindeversammlung schriftlich: »Laßt sie [die Bischöfe] also eure Herrscher sein und betrachtet sie als eure Könige; bringt ihnen euren Tribut dar wie einem König, denn sie und die mit ihm sind sollen von euch unterhalten werden.«[3] In dieser neuen Auffassung des kirchlichen Amtes regierte der Bischof die Gemeinde an Gottes Statt. Er oder sie war »Gottes Mund« und »Vermittler des Wortes«, eine Person mit Macht über Leben und Tod.
Im 4. Jahrhundert zeigte sich dieser Wandel im Führungsmodell auch in der Kirchenarchitektur. Die frühchristliche Basilika, mit ihren Säulengängen im Seitenschiff und der zurückgesetzten Apsis vorne, richtete sich nach dem Vorbild der großen Basiliken von

Rom, die als offizielle Räume dienten und in denen ein Kaiser oder Gouverneur Ehrengäste empfing oder zu Gericht saß. Die Architektur der römischen Basilika drückte Würde und Autorität der Regierung aus. Im 4. Jahrhundert war die Kirche zum »Thronsaal« Gottes geworden.

Als die Gebäude, in denen die Christen ihren Gottesdienst hielten, öffentlich und die Führungsvorbilder immer mehr aus dem öffentlichen Leben bezogen wurden, wurde auch die Führung durch Frauen umstrittener. Weil die Geschlechterideologie der beiden Pole öffentlich/privat die Aktivitäten von Frauen in der Öffentlichkeit einschränkte, fühlten sich die neuen Leiter der Kirche mit Frauen als Führerinnen in diesen Kirchen nicht wohl.

Im frühen 3. Jahrhundert schreckte eine laute Stimme den selbstgenügsamen Schlummer der afrikanischen Kirche auf. Der große Kirchenvater Tertullian wollte nur mit der Macht seiner Rede die afrikanische Christenheit zu ihrer früheren moralischen Strenge, der Verehrung des Martyriums und zur Disziplin zurückführen. Tertullians Vorstellung von Reform war die Rückkehr zum verlorenen Goldenen Zeitalter, dem sich das Verhalten von Frauen wieder anpassen sollte – dabei dachte er bedauerlicherweise nicht an das Goldene Zeitalter des radikalen Gleichheitsstrebens der Jesus-Bewegung, sondern an die festgelegten Rollenzuschreibungen, wie sie in Rom üblich waren.

In den Schriften Tertullians, eines Repräsentanten der neuen Art von Kirchenführern, sehen wir sehr deutlich die Verbindung zwischen der Behauptung, die Kirche sei eine öffentliche Einrichtung, und dem Widerstand gegen Frauen in Leitungsfunktionen.

Tertullians Opposition gegen Frauen in Führungspositionen

Wir können aus der Feindseligkeit Tertullians gegen Frauen in Führungspositionen sehen, daß in den Gemeindeversammlungen, die er kannte, Frauen lehrten, tauften, exorzierten und heilten. Eine

Frau, die Tertullian wegen ihrer Lehren über die Taufe erboste, war Theologin und Leiterin einer gnostischen Kainiten-Gemeinde. Ihr Argument, daß die Taufe nutzlos sei, da Wasser als materielles Element keine spirituelle Kraft übertragen konnte, beschäftigte Tertullians rhetorisches und exegetisches Geschick über lange Strecken seiner Schrift *Über die Taufe*.[4] Zweifellos reagierte Tertullian damit auf die Tatsache, daß Frauen anderer Gemeinden lehrten und debattierten, d. h. sich am öffentlichen, theologischen Diskurs beteiligten.[5] Diese Frauen, die hauptsächlich katechetisierten, nahmen vielleicht auch die Verantwortung auf sich, ihre Taufbewerber zu taufen.[6]

Tertullians wütende Sprache enthüllt nur allzu klar, welche Einstellung er zu Frauen hatte, die diese Ämter innehatten. Er sagte von weiblichen Lehrern: »Wie ausschweifend leben doch die Frauen dieser Häretiker! Sie sind so frech und lehren, diskutieren, üben Exorzismus aus, unternehmen Heilungen – ja vielleicht taufen sie sogar.«[7] Er protestierte gegen Frauen, die an öffentlichen Debatten teilnahmen, weil »es [...] der Frau nicht erlaubt [ist], in der Gemeindeversammlung zu reden, das bedeutet: nicht lehren, taufen, das Opfer darbringen noch ein männliches Amt, geschweige denn die Aufgabe des priesterlichen Dienstes, für sich beanspruchen.«[8] Tertullians verletztes Anstandsgefühl ließ ihn auch wüten, wenn es um Frauen ging, die tauften:

> Doch die Schamlosigkeit dieser Frau, die sich das Recht anmaßte zu lehren, geht sicher nicht so weit, sich auch das Recht zu taufen herauszunehmen – wenn nicht vielleicht eine neue Schlange auftaucht, wie die alte, so daß, weil diese Frau die Taufe aufhob, eine andere sie mit ihrer eigenen Autorität verleiht.[9] Doch wenn gewisse Teile der Paulusakten, die fälschlich so bezeichnet werden, sich auf das Beispiel von Thekla beziehen, um Frauen Lehre und Taufe zu erlauben, so laßt diese Menschen wissen, daß der Presbyter in Asien, der dieses Dokument zusammenstellte und damit Paulus' guten Ruf durch ihn erhöhen wollte, entdeckt wurde und, obwohl er bekannte, daß er es aus Liebe zu Paulus getan habe, von seinem Amt abgesetzt wurde. Wie sollten wir glauben,

> Paulus habe einer weiblichen Person Macht gegeben, zu lehren und zu taufen, wenn er einer Frau nicht einmal erlaubte, selbständig zu lernen? »Laßt sie schweigen,« sagt er, »und ihre Gatten zu Hause befragen.«[10]

Paradoxerweise akzeptierte Tertullian, daß Frauen in der Kirche prophezeiten, und schaffte es, durch seine Auslegung von Paulus' Schweigegebot für Frauen, diese Haltung mit seiner Verdammung von Frauen, die lehrten, diskutierten und Fragen stellten, in Einklang zu bringen. Tertullian sah in diesem Absatz nicht das Verbot für Frauen zu lehren, sondern sich in öffentliche Diskussionen einzumischen, um zu lernen. Er interpretierte das so: wenn es Frauen verboten war, an öffentlichen Diskussionen teilzunehmen, kann es ihnen sicherlich nicht erlaubt gewesen sei, öffentlich zu lehren. Tertullians Interpretation von Paulus' Anweisung, daß Frauen zu Hause lernen sollten, paßte bestens zu seiner Auffassung, daß dies der angemessene Platz für Frauen sei. Nach Tertullian durften Frauen also weder taufen, noch sich in irgendeiner Form an öffentlichen Diskursen beteiligen, dabei theologische Fragen erörtern oder Fragen stellen zur eigenen Belehrung.[11]

Tertullian repräsentiert die Haltung der konservativen römischen Aristokratie, die meinte, der rechte Platz für Frauen sei der private Bereich. Und es ist Tertullians neue Vision einer Kirche von einer mehr politischen Körperschaft als von einem Haushalt oder einer privaten Vereinigung, die ihm Frauen in Führungspositionen so besonders verhaßt machte.

Seine Haltung war so widersprüchlich, weil er die lateinische Christenheit in eine rechtliche und politische Form preßte. Tertullian überliefert uns das erste geschlossene Zeugnis einer Christenheit, die ihre Sprache, Gleichnisse und Paradigmen aus Einrichtungen des öffentlichen Lebens bezog. Die Zurückweisung von weiblichen Führungsrollen in der Kirche hatte also ihre Wurzeln in der römischen Gesellschaft, die Frauenaktivität in die Privatsphäre verbannte und behauptete, daß eine öffentliche Frau eine promiskuitive Frau sei.

Tertullians scharfe Verdammung der Amtsausübung von Frauen innerhalb von Gruppen, die er als häretisch bezeichnete, war Teil einer größer angelegten Anklage des kirchlichen Lebens dieser Gruppen. Sie waren »ohne Würde, ohne Autorität und ohne Disziplin«.[12] Damit wollte er sagen, daß die Abgrenzung zwischen Taufbewerbern und Getauften, zwischen Klerus und Laien, heidnischen Besuchern und Gläubigen, nicht klar genug war. Tertullian überliefert uns den hitzigen Streit zwischen den Kirchen, die anfingen, feste Strukturen nach dem Bild der römischen Regierung herauszubilden, und denen, die an den älteren Organisationsformen festhielten, die sich am Haushalt und an den privaten Versammlungen orientierten. Die Traditionalisten verteidigten ihren Mangel an hierarchischen Strukturen zwischen Klerus und Laien, zwischen Taufbewerbern und Getauften mit dem Argument, dies drücke »die Einfachheit Christi« aus. Tertullian nannte ihre Einfachheit »Zerstörung der Ordnung«. Diese Kirchen bezeichneten das Streben nach Hierarchie (oder nach dem, was Tertullian Ordnung nannte) als Kuppelei und meinten damit, daß das Bemühen, den Hochrangigen die gebührenden Ehren zu verleihen, nichts anderes war als unchristliches Einschmeicheln und der Versuch, sich Einfluß zu verschaffen.

Die Gruppen, die Tertullian angriff, hatten jedoch die gleichen Ämter wie die Kirchen Tertullians, die in gleicher Weise organisiert waren. Sie hatten die gleichen Weiheriten, mit denen die Mitglieder in diese Ämter eingesetzt wurden. Was Tertullian anscheinend kritisiert, sind daher wohl der Mangel an gesellschaftlicher Abgrenzung zwischen den verschiedenen Rängen und die fehlenden Möglichkeiten, diese Unterschiede zu betonen. Wenn die Organisationsstruktur beider Gruppen die gleiche war, was waren dann Tertullians Vergleichskriterien? Ich nehme an, daß Tertullians Maß die Würde, der Ernst und die Feierlichkeit war, mit denen die öffentlichen Angelegenheiten erörtert wurden, der Ton oder die Stimmung, die in den städtischen Versammlungen oder *curiae* (Stadträten) herrschte.

Kirche als politische Körperschaft

Wir sehen bei Tertullian mehr als eine natürliche, unbewußte Übernahme der Muster aus dem öffentlichen, politischen Bereich. Tertullian war selbstbewußt, selbstsicher und kreativ, als er Sprache und Formen des römischen politischen Lebens verwandte, um die Grundzüge des Christentums auszudeuten.[13] Tertullians Lehren über die innere Beziehung der Dreifaltigkeit, der Beziehung zwischen Gott und der Menschheit und den Beziehungen zwischen den Christen innerhalb der Kirche orientierten sich alle an den Mustern der Beziehungen des öffentlichen politischen Lebens.

Tertullian löste das Problem, Einheit und Vielfalt der göttlichen Dreifaltigkeit zu erklären, indem der das Konzept der politischen (monarchischen) Gesellschaft anwandte. Die dreifaltige Natur Gottes beschrieb er als *monarchia*, die persönliche Herrschaft eines einzelnen, die auch von anderen ausgeübt werden kann, ohne die Einheit der Herrschaft zu beeinträchtigen.[14] So übt Gottvater die Alleinherrschaft aus, die durch den Sohn und den Heiligen Geist mitgeteilt wird, die so zu Vertretern oder Bevollmächtigten Gottvaters werden.[15] Die Einheit der Dreifaltigkeit ist eine politische Einheit. Die Auffassung von Christus als Stellvertreter *(vicarius)* Gottes ermöglichte es dem Bischof, sich als Stellvertreter *(vicarius)* Christi zu betrachten, und so entstand das Bild eines monarchischen Bischofs.[16] In Tertullians Sündenlehre formt die herausragende Stellung Gottes die göttlich-menschlichen Beziehungen. Sünde ist ein Bruch des Gott gegebenen Taufversprechens. So wird Sünde zu einem Verstoß gegen den Herrscher, und ihre Schwere mißt sich an der Ehre und Würde des von der Sünde Betroffenen. Als ein öffentliches Vergehen, einem Verbrechen vergleichbar, zieht Sünde eine Strafe nach sich und die Pflicht zur Wiedergutmachung.[17] Sprache und Begriffe sind dem rechtlichen Bereich entnommen – der Gedanke von Wiedergutmachung dem Zivilrecht und der Gedanke der Strafe dem Strafrecht.

Tertullians Beschreibung der christlichen Gemeinde verdeutlicht den Wandel der Kirche von Haushalt und von privater Versammlung zur politischen Körperschaft. Mit ihm wurde die Kirche zu einer Rechtsperson (*corpus* oder *societas*, die Begriffe, die von den Römern für Körperschaften gebraucht wurden), die durch ein gemeinsames Recht (*lex fidei*, »Gesetz des Glaubens«) und eine gemeinsame Ordnung (*disciplina*, christliche Moral) gekennzeichnet war.

Für Tertullian einte die Kirche, wie die römische Gesellschaft auch, eine Vielzahl ethnischer Gruppen unter der Herrschaft des Gesetzes. Die christliche Lehre, die die Herrschaft des Glaubens darstellte, einte die christliche Gesellschaft in der gleichen Weise, wie das römische Gesetz die römische Gesellschaft einte. Tertullian entlieh sich den Begriff *disciplina* vom Militär, wo er die Einheit der Soldaten von unterschiedlichsten Abstammungen ausdrückte, die durch Unterwerfung unter die allgemeine militärische Disziplin hergestellt wurde.

Tertullian betrachtete die Gesellschaft der Kirche analog zur römischen Gesellschaft, die in verschiedene Klassen und Ränge eingeteilt war, die nach Würde und Autorität unterschieden wurden. Der Klerus *(ordo ecclesiasticus)* bildete einen Stand wie der *ordo senatorius* (die Senatorenklasse); die Laien formten den *ordo plebeius* (die untergeordnete Klasse der Plebejer). Der Klerus als *ordo ecclesiasticus* repräsentierte die Würde und die Autorität der Kirche, darum war es unerläßlich, daß dieser die moralische Ordnung der Kirche beispielhaft vorlebte.[18]

Dank ihrer Stellung hatten die Kleriker, ganz wie die Senatoren, bestimmte Rechte: das Recht zu taufen *(ius dandi baptismi)*, das Recht zu lehren *(ius docendi)*, das Recht, das Eucharistieopfer darzubringen *(ius offerendi)*, und das Recht, nach der Buße wieder in die Gemeinde aufzunehmen *(ius delicta donandi)*.[19] Tertullian war sich bewußt, daß aus den früheren Ämtern nun gesetzlich festgelegte Rechte und Privilegien geworden waren. Er merkte an, daß der Klerus seine Privilegien nicht in der Art eines Imperiums in

Anspruch nehmen sollte, noch sollte er sich aufgrund seiner Stellung irgendwelche Freiheiten herausnehmen.[20] Imperium war die Amtsgewalt, mit der hohe Beamte der römischen Regierung ausgestattet waren. Nach Tertullian hatten Laien in gewisser Weise auch das Recht, das Eucharistieopfer zu bringen, und das Recht zu taufen; doch konnten Laien diese Rechte nicht ausüben, wenn jemand vom Klerus anwesend war.[21] Wenn sich zwei oder drei trafen, konnten Laien diese Rechte ausüben, nicht aber in einer ordentlichen Versammlung. Das erste Recht hatte der Bischof, denn die Taufe war eine seiner spezifischen Aufgaben, ein Recht jedoch, das auch Presbyter, Diakone und sogar Laien ausüben durften. Trotzdem hatten die Bischöfe das erste Recht über die Taufe, denn um der »Ehre« (Würde) der Kirche willen mußte die Autorität der Bischöfe auf jeden Fall gewahrt bleiben. Wenn also Tertullian behauptete, daß Frauen nicht taufen dürfen, so zeigt uns das, daß in seiner Vorstellung Frauen sowohl vom Klerus als auch vom Laienstand ausgeschlossen waren![22]

Der Begriff, mit dem Tertullian das Recht des Klerus oder der Laien, kirchliche Ämter auszuüben, bezeichnete, war ein juristischer Begriff. Das Laienvolk hatte kraft der Taufe das Recht zu taufen, ebenso das Recht, zu lehren und das Eucharistieopfer darzubringen.[23] Frauen konnten jedoch keine dieser Funktionen ausfüllen. Im Eröffnungsgeplänkel seiner Attacke gegen seine theologische Gegnerin behauptete Tertullian, Frauen hätten nicht einmal das Recht, die wahre Lehre zu verkünden, und erst recht keine Häresien. Hier benutzte er den Begriff *ius docendi* (das Recht zu lehren); zum Schluß seiner Abhandlung wendet er sich wieder an die Führerin der Kainiten und nennt sie noch einmal eine »schamlose« Frau, die sich das Recht zu lehren »anmaßte«.

In Tertullians neuer Sicht der Kirche als politisch Körperschaft wurden aus den kirchlichen Ämtern abgesicherte Rechte, die nur von den rechtmäßigen Mitgliedern der politischen Körperschaft ausgeübt werden durften. Da Frauen wegen der Geschlechterideologie der beiden Pole öffentlich/privat kein Amt bekleiden, an keiner Debatte teilnehmen oder irgendeine öffentliche Funktion ausüben durften, konnten sie das auch im Rechtssystem der Kirche nicht, so lautete Tertullians Begründung. Das Recht zur Amtsausübung war nicht auf den Klerus beschränkt, sondern auf Bürger, die das volle Bürgerrecht in diesem Staatskörper hatten, und Frauen konnten keine Mitglieder dieses Staatskörpers sein. Tertullian rechtfertigte sein Verbot von weiblicher Führung, indem er diese Funktionen als »männlich« bezeichnete.[24]

Die Ausübung von öffentlichen Aktivitäten durch Frauen (zum Beispiel *ius docendi*, *ius baptizandi* etc.) bedeutete, daß sie die häusliche Sphäre verlassen hatten, und Tertullian bezeichnete sie wiederum als schamlos. Wenn sie ein öffentliches Amt ausübten, maßten sie sich Rechte an, die ihnen nicht zustanden, weil sie Frauen waren; nur Männer konnten gesetzmäßige Rechte haben.

Öffentliche Ehre und weibliche Scham

Als Tertullian die Frauen in den Ämtern schamlos schimpfte, war die sexuelle Anspielung nicht unpassend. Das lateinische Wort *procaces* (kühn, schamlos) wurde auf Frauen angewandt, wenn sie außerhalb ihrer eigenen Sphäre, d. h. außerhalb des Haushalts, waren.[25] Frauen, die lehrten, diskutierten, exorzierten und heilten, waren in Tertullians Denken schamlos, weil sie dies in einem männlichen Umfeld taten. Weil der kirchliche Bereich nunmehr öffentlich war, wurde von Frauen verlangt, daß sie in Verhalten, Kleidung und der ganzen Aufmachung deutlich zeigten, daß sie den öffentlichen, männlichen Charakter der Kirche respektierten.

Nirgends wird das Trauma vom Übergang aus der häuslichen Sphäre in den öffentlichen Raum deutlicher, als in Tertullians leidenschaftlicher Schrift *Über das Verschleiern der Jungfrauen*. »Wenn sie nun«, schimpfte er, »auch vor den Augen der Heiden ihren Kopf verschleiern, dann sollten sie in der Gemeinde [*in ecclesia*] erst recht ihre Jungfräulichkeit verbergen ... Wenn sie die

Außenstehenden [*extraneos*] fürchten, sollen sie auch vor den Glaubensbrüdern [*fratres*] Scheu zeigen, oder sie sollen es konsequent wagen, auch auf den Straßen [*in vicis*] als Jungfrau kenntlich zu sein, so, wie sie es in der Gemeindeversammlung wagen.«[26]
Doch das war es eben: Kirche war ein privater Ort gewesen, wie der Haushalt, ein Ort, an dem Frauen frei und ungezwungen kommen und gehen konnten. Doch Tertullian behauptete, daß Kirche kein Privatbereich mehr sei; eigentlich war sie nun nichts anderes als ein Marktplatz. Die Anstandsregeln, die für Frauen auf der Straße galten, wurden nun auf das innere, einst häusliche Heiligtum der Kirche angewandt.

Wie Paulus, so sah auch Tertullian im Tragen des Schleiers einen Weg für Frauen, ihr Bemühen um Anstand bei der Amtsausübung deutlich zu machen. Tertullians Besorgnis galt der Führungsrolle und Ehre der Jungfrauen in den afrikanischen Gemeinden. Die Jungfrauen waren ein Teil der kirchlichen Rangordnung, ein Teil des Klerus, und sie saßen auf eigenen, für sie reservierten Plätzen, zusammen mit den Presbytern, Witwen und Bischöfen. Ihre Anzahl und ihre Hingabe an ein keusches Leben waren die am höchsten geachteten Güter der Kirche. Diese Jungfrauen zeigten ihren Status als Unverheiratete, indem sie keinen Schleier trugen. Für die Kirche stellten diese jungen Frauen so etwas wie eine öffentliche und sichtbare Opfergabe dar, die hohes Lob verdiente und Gottes Herrlichkeit verkündete.[27] Tertullian nannte diese Praxis eine »Freiheit«, die die Kirche verlieh, um die Jungfrauen und ihre Entscheidung zu ehren. Tertullian drückte es so aus: sie wurden mit dem Recht (*ius*) geehrt, keinen Schleier zu tragen. Doch diese öffentliche Ehrung war es, mehr noch als das Fehlen des Schleiers, die Tertullian am meisten störte. Er vertrat die Meinung, daß es kein Unterschied war, Jungfrauen das Recht zu verleihen, keinen Schleier zu tragen und sie mit diesem Recht zu ehren, oder sie mit einem männlichen Titel oder Rang zu ehren. Er behauptete schlicht: »Von daher darf man eine Jungfrau nicht durch eine besondere Stellung ehren.«[28]

Die öffentliche Verehrung, die diesen Jungfrauen entgegengebracht wurde, verletzten Tertullians Gefühl, daß Weiblichkeit mit Unterordnung, Passivität und sexueller Treue gleichgesetzt werden sollte. Für Tertullian war das Keuschheitsgelübde an sich noch nicht ausreichend, um die Besorgnis einer Frau um ihre Keuschheit auszudrücken. Es mußte für diese Sorge um Zurückhaltung und Keuschheit ein öffentlich sichtbares Zeichen geben, und das war seiner Meinung nach das Tragen eines Schleiers. Tertullian sagte warnend, daß Frauen, die das Gelübde der Jungfräulichkeit abgelegt hätten, »nachdem sie hervorgehoben, durch die öffentliche Verkündigung ihrer guten Tat mit Stolz erfüllt und von den Mitbrüdern mit allen guten Gaben beladen wurden«, dann zweifellos sexuell aktiv würden, denn sie waren ja öffentlich sichtbar. Wenn sie keine Schleier trügen, um ihre Haltung zu Scham (Keuschheit) deutlich zu machen, dann würden sie zum Schluß schwanger werden und ihre Schuld noch durch Abtreibung und den Versuch, ihre Mutterschaft zu verbergen, vergrößern. In Tertullians Augen konnte eine verschleierte Jungfrau ihre Position von Autorität, Verehrung und gesellschaftlicher Anerkennung sichern, indem sie ihre Sorge um Schamhaftigkeit und Keuschheit damit öffentlich demonstrierte.[29]
Tertullians Überzeugung, daß Frauen in der christlichen Gemeinde nirgends einen Platz hatten, war auch von der Auffassung von Ehre und Scham beeinflußt, die in der Gesellschaft herrschte. Wenn er über Frauen außerhalb der christlichen Kreise schrieb, beklagte er die lockeren Verhaltensregeln in den heidnischen Gesellschaften und drängte christliche Frauen, diese zu verachten und sich nach den Normen einer früheren, konservativen Kultur zu richten, auf die Tertullian nostalgisch zurückblickte.

Die Regeln, die er den Frauen für den Gebrauch von Schminke aufstellte, wurden damals nur von den vestalischen Jungfrauen in Rom eingehalten.[30] Seine Meinung über den Einfluß, den Frauen auf den moralischen Niedergang des Kaiserreiches hatten, ist ein Echo seiner konservativen Vorläufer. Livius verfaßte in seiner *Geschichte Roms* eine leidenschaftliche Rede für Cato, anläßlich der Abstimmung über die Außerkraftsetzung des Oppischen Gesetzes, das für die Zeit des Kriegszustandes zwanzig Jahren zuvor den Frauen gewisse Einschränkungen auferlegt hatte. Es war ihnen verboten, mehr als eine halbe Unze Gold oder farbige Stoffe zu tragen, und sie durften nicht in Kutschen durch die Stadt fahren, außer um an einer religiösen Festlichkeit teilzunehmen. Livius beschreibt den Tag der Abstimmung so: »Die Frauen ließen sich durch keine Autorität, kein Gefühl von Anstand und keinen Befehl ihrer Männer zu Hause halten, sie belagerten alle Straßen der Stadt und die Zugänge zum Forum.« Sie drängten die Männer, die allein das Wahlrecht hatten, »auch den Frauen ihre frühere Ausstattung zurück[zu]geben«, denn Schmuck und Kleidung waren für die Frauen das, was politische Ämter und Ehren für die Männer waren – die Zeichen von Rang und Würde.[31]

Cato widmet einige Sätze seiner Rede der erschreckenden Schamlosigkeit der Frauen, »aus dem Haus zu laufen, die Straßen zu belagern und fremde Männer anzusprechen.« Noch größere Wut kommt jedoch über die Kühnheit der Frauen auf, sich mit einer öffentlichen Rechtsangelegenheit zu befassen, was völlig außerhalb ihres Bereichs lag. »Indessen hättet ihr euch nicht einmal zu Hause darum kümmern dürfen, welche Gesetze hier beantragt oder aufgehoben werden, wenn der Anstand die Frauen dazu brächte, die Grenzen ihres Rechts nicht zu überschreiten.« Doch noch schlimmer sei, klagt er, daß »wir, wenn es den Göttern gefällt, ... jetzt sogar [dulden], daß sie ihre Hand nach dem Staat ausstrecken und sich auch schon aufs Forum und in die Volksversammlungen und Abstimmungen drängen.« Wenn es nicht gelang, das Verhalten der Frauen in der Öffentlichkeit zu reglementieren und das Tragen von Schmuck und feinen Stoffen, und noch schlimmer, wenn es nicht gelang, Frauen aus den öffentlichen Angelegenheiten herauszuhalten, würde das zum fürchterlichsten moralischen und politischen Zerfall führen: »Laßt einer unbeherrschten Natur und einem ungezähmten Geschöpf die Zügel schießen und hofft, daß sie selbst ihrer Hemmungslosigkeit ein Ziel setzen.«[32]

Für einen konservativen Mann wie Tertullian konnte die Beschränkung von Frauen auf den häuslichen Bereich im Zusammenhang mit christlichen Gottesdiensten erreicht werden, indem Frauen aus den sogenannten öffentlichen Rollen ausgeschlossen wurden. Außerhalb dieses Bereichs hatten christliche Frauen ihre Schamhaftigkeit durch ihre Kleidung, Frisur und Schminke zu bezeugen.

In Tertullians Schrift über die äußerliche Erscheinung der Frauen faßte er die Vorschriften für christliche Frauen in zwei Tugenden zusammen: Demut und Keuschheit.[33] Er verdammte das Tragen von Schmuck – Gold (Arm- und Oberarmreifen waren besonders beliebt), Silber, Edelsteine (Fußketten waren bei den kühneren Frauen Mode) und Perlen (besonders gerne als Ohrgehänge getragen) – als mit der christlichen Tugend der Demut nicht zu vereinbaren. Seine Begründung war christlich, aber er drückte eine Wertvorstellung aus, die viele römische Autoren bezüglich schmucktragender Frauen hatten.[34]

Tertullian verdammte den Gebrauch von Hautcreme, um den Teint aufzuhellen, die Anwendung von Wangenrot und Wimperntusche. Er folgte den Argumenten der römischen Moralisten, die behaupteten, daß eine Frau, die sich schminkt, ein falsches Gesicht zeigt: »Wie unwürdig ist es, im christlichen Namen ein unwahres Gesicht zu zeigen, ihr, die ihr nur Bescheidenheit zeigen solltet – in eurem Erscheinungsbild lügt ihr.«[35] Doch am stärksten war sein Argument, daß eine Frau, die Schminke benutzt, die Tugend der Keuschheit nicht bewahren konnte, denn Schminke, Schmuck und Kleidung verliehen einer Frau öffentliche »Identität«. Deshalb argumentierte Tertullian folgendermaßen:

> Mehr noch, was bewegt euch, in der Öffentlichkeit so großartig aufzutreten, ihr habt doch mit dem Anlaß, sich so herauszustellen, nichts zu schaffen. Denn ihr besucht weder die Tempel, noch nehmt ihr an den öffentlichen Spielen teil, noch seid ihr an die heiligen Tage der Sippen gebunden. Nun ist es wegen all dieser öffentlichen Versammlungen und um zu sehen und gesehen zu werden, daß all dieser Pomp [der Gewänder] vor dem Auge der

> Öffentlichkeit gezeigt wird; entweder mit dem Ziel, wollüstige Geschäfte zu machen, oder um den »Stolz« zu steigern. *Ihr* jedenfalls habt keinen Grund, euch öffentlich zu zeigen, außer es gibt einen ernsthaften Anlaß.[36]

Er fährt fort: »Wie fordert ihr die Blasphemie heraus, ihr, die ihr Priesterinnen der Demut genannt werdet, wenn ihr euch öffentlich zeigt, herausgeputzt und bemalt, in der Art der Schamlosen?«[37] Auf Schminke zu verzichten und zu Hause zu bleiben, das war ein Teil der Tugend der Keuschheit. Tertullian wollte christliche Frauen auf dem konservativen Stand früherer Tage halten.[38] Er fährt mit einer bitteren Erinnerung fort:

> Wenn ihr nicht in züchtiger Aufmachung geht, was unterscheidet euch dann von den armen, niedrigen [heidnischen Frauen], unglücklichen Opfern öffentlicher Lust, die, obwohl die Gesetze früher den Gebrauch von Dingen verboten, die Verheirateten und Matronen vorbehalten waren, durch die täglich anwachsende Verderbtheit des Zeitalters den ehrbaren Frauen fast gleich geworden sind, so daß es schwierig ist, sie auseinanderzuhalten.[39]

Tertullians eigene Meinung über das Verhalten von Frauen geht aus seinen Schriften *De Cultu Feminarum, De Exhortatione Castitatis* und *De Virginibus Velandis* hervor. Sie verraten jedoch auch die Einstellung christlicher Frauen in bezug auf weibliches Verhalten und die Wahrscheinlichkeit, mit der sie von Tertullians Theologie oder Lehre beeinflußt wurden.

Es scheint, daß Frauen Keuschheit anders definierten als die männlichen Moralisten. Tertullian sagte: »Denn die meisten Frauen haben, entweder aus schlichter Dummheit oder aus Falschheit, die Kühnheit, sich so zu verhalten, als sei Keuschheit nur die reine Unversehrtheit des Fleisches [zum Beispiel, indem sie es bedeckten] und Abkehr von der Unzucht.«[40] Christliche Frauen teilten diese Auffassung mit ihren heidnischen Schwestern, und Tertullian hatte in seiner Abhandlung Mühe, sie eines anderen zu überzeugen.

Tertullians erster Argumentationsstrang war dazu bestimmt, christliche Frauen davon zu überzeugen, daß Heidinnen die Tugend der

Keuschheit nicht wirklich besaßen. Er definierte dazu christliche Keuschheit so, daß er christliche Frauen für die Sexualität der Männer verantwortlich machen konnte. Christliche Frauen waren nur keusch, wenn sie keine Wirkung auf männliche Sexualität hatten. Tertullian ging mit diesem eigenartigen Standpunkt so weit zu behaupten, daß eine Frau ihre Schönheit verbergen müsse. Heidnische Frauen erreichten das von Tertullian definierte Ideal von Keuschheit nicht.

Christliche Frauen fühlten sich jedoch keineswegs für männliche Sexualität verantwortlich, noch war ihnen sehr daran gelegen, durch Vernachlässigung ihres Äußeren unerschütterliche Keuschheit zu demonstrieren. Tertullian legte einer Frau folgenden Protest in den Mund: »Ich brauche nicht die Zustimmung der Männer; denn ich brauche das Zeugnis der Männer nicht; Gott allein prüft mein Herz.« Tertullian antwortete dieser imaginären Gegnerin: »Christlicher Demut genügt es nicht, da zu sein, sie muß sich auch zeigen.«[41]

Christliche Frauen teilten die heidnische Auffassung von der weiblichen Körperpflege – besonders die, daß eine Frau ihre Schönheit betonen sollte, um ihrem Gatten zu gefallen. Hier vertritt Tertullian kühn die Meinung, daß ein christlicher Ehemann von der Schönheit seiner Frau unbewegt sei und sein Hauptanliegen sei, daß sie nicht anderen gefiele.[42] Frauen und Männer waren der Ansicht, daß Schönheit ein Wert an sich sei. Im philosophischen Denken stand sie in direkter Beziehung zu Gott, und Tertullian vermied es, dieser allgemein verbreiteten Weisheit zu widersprechen. Doch für christliche Frauen, so meinte er, sei Schönheit überflüssig, denn sie habe nichts mit der Erlösung zu tun. »Ihr mögt sie ruhig geringschätzen«, sagte er zu den christlichen Frauen, »wenn ihr sie habt, und vernachlässigen, wenn ihr sie nicht habt.«[43] Die Standards, die Tertullian für das Verhalten von Frauen setzte, waren die eines verlorenen, angeblich »Goldenen Zeitalters« der moralischen Integrität, als Frauen unauffällig und keusch ihre häusliche Rolle wahrnahmen.

Tertullians größte Sorge war, wie auch die seiner Vorgänger, daß Frauen an ihrem angemessenen Platz in der häuslichen Sphäre blieben und Keuschheit die größte Sorge der Frauen sei. Die Teilnahme am öffentlichen Leben – das Leben in den Straßen der Stadt, auf dem Markt, im Theater oder das Leben in öffentlichen Einrichtungen wie der Kirche –, sei es durch Ehrenbezeugungen, Ausübung eines öffentlichen Amtes oder die Teilnahme an öffentlichen Debatten, war strikt verboten, weil dies männliches Territorium war. Tertullian, wie andere Moralisten vor ihm, sah in der Überschreitung der Grenze des weiblichen Bereichs eine Hauptursache und ein Beispiel für den moralischen Niedergang im 3. Jahrhundert.

Weil er ein großer Geist und Gelehrter war, hatte Tertullian einen enormen Einfluß auf die Entwicklung des westlichen Christentums. Ein Historiker nennt ihn »die Leuchte seines Zeitalters«, der »die neue und lebendige Form der christlichen lateinischen Literatur einführte.«[44] Tertullians schöpferische Leistung, christliches Gedankengut in elegantes Latein zu gießen, gleicht der Leistung, die kirchlichen Strukturen und Ämter an die Formen des öffentlichen Lebens anzugleichen. Damit schuf er eine grundlegende Ordnung für die reiche Vielfalt kirchlichen Lebens. Dank seines Geschlechts, seiner gesellschaftlichen Stellung und seiner wissenschaftlichen Vorbildung war es eben eine »öffentliche Ordnung«, die Frauen ausschloß.

Anmerkungen

1 Zum Thema Entwicklung zum monarchischen Episkopat siehe Elisabeth Hermann, *Ecclesia in Re Publica* (Frankfurt am Main: Peter D. Lang, 1984), S. 21–29, eine Beschreibung der verschiedenen politischen Instrumente, die als Modelle der Kirchenorganisation dienten. Siehe auch Georg Schöllgen, »Monoepiskopat und monarchischer Episkopat, Eine Bemerkung zur Terminologie«, in: *Zeitschrift für die neutestamentliche Wissenschaft und die Kunde der älteren Kirche* 77, 1/2 (1986), S. 147–151.

2 *Apostolic Tradition* 7.

[3] *Didascalia* 9.

[4] Tertullian, *De baptismo* I.17.

[5] Tertullian, *De praescriptione haereticorum* 41,5.

[6] Einige WissenschaftlerInnen haben die Schriftstellen von führenden Frauen, die lehrten und tauften, als Beweise dafür interpretiert, daß Frauen bei der Evangelisierung, Unterrichtung und der Taufe ihrer KonvertitInnen beteiligt waren. Siehe Elisabeth Schüssler Fiorenza, *In Memory of Her: A Feminist Reconstruction of Christian Origins* (New York: Crossroad, 1983), S. 173; H. Archelis und J. Fleming, *Die syrische Didascalia übersetzt und erklärt, Texte und Untersuchungen*, 25, 2 (Leipzig, 1904).

[7] Tertullian, *De praescriptione haereticorum* 41.5.

[8] Tertullian, *De virginibus velandis* 9.2. Übersetzt von Eva Schulz-Flügel (Göttingen, 1977 [Diss.]).

[9] Tertullian spricht hier von den Lehren dieser Frau über die Taufe, er weiß nicht, ob sie selbst getauft hat. Tertullian sah offenbar einen Zusammenhang zwischen den beiden Verstößen, dem Unterricht und der Taufe durch Frauen.

[10] Tertullian, *De baptismo* 17. Obwohl die meisten WissenschaftlerInnen Tertullians Schrift über die *Paulusakten* wörtlich nehmen, sollte seine Zuverlässigkeit zumindest kritisch untersucht werden. In jüngeren Arbeiten über die *Paulus- und Thekla-Akten* wird die Meinung vertreten, daß ein erheblicher Teil davon bereits in mündlicher Tradition existierten bevor sie niedergeschrieben wurden. Insbesondere die Geschichte der Thekla weist die Merkmale einer Geschichte auf, die schon lange um Umlauf war. Die erwähnte Absetzung eines Presbyters wegen strafbarer Fälschung des Dokumentes hatte offensichtlich auf die Verbreitung des Dokumentes, das fast neunzehn Jahrhunderte überlebte, wenig Einfluß. Siehe auch Dennis MacDonald, *The Legend and the Apostle: The Battle for Paul in Story and Canon* (Philadelphia: Westminster Press, 1983).

[11] Tertullian, *Adversus marcionem* 5.8.II; *De baptismo* 17.

[12] Tertullian, *Adversus marcionem* 5.8.II; *De baptismo* 17.

[13] Alexander Beck, in: *Römisches Recht bei Tertullian und Cyprian* (Halle: Max Niemeyer, 1930), S. 39 ff., neigt zur Bestätigung von Eusebius' Bericht, daß Tertullian ein berühmter Jurist gewesen sei. Timothy Barnes, in: *Tertullian, A Historical and Literary Study* (Oxford: Clarendon Press, 1971) S. 24, argumentiert überzeugend, daß der christliche Tertullian von Nordafrika nicht der berühmte Anwalt (*jurisconsultus*) sei, dessen Werke in der Sammlung des Theodosius erscheinen; Tertullians Gebrauch der juristischen Terminologie geht nicht über das hinaus, was von einem gebildeten Rhetor, einem Mann, der für das öffentliche Leben geschult ist, erwartet werden kann.

[14] Tertullian, *Adversus praxean* 3.

[15] Tertullian, *Adversus praxean* 24; *Adversus marcionem* 3.6.

[16] Beck, *Römisches Recht*, S. 70.

[17] Beck, *Römisches Recht,* S. 46. Im griechischen Denken war die gebräuchliche Metapher für Sünde Krankheit oder Wunde, die nach einer Behandlung durch den Arzt rief. Siehe Joseph Trigg, »The Healing That Comes from God: The Alexandrian Response to the Third Century Penitential Crisis« (Ph. D. Diss. Univ. of Chicaco, 1978). Cf. Ignatius, *Brief an Polykarp* 2.

[18] Zum Thema Kirche als *corpus* oder *societas* siehe Herrmann, *Ecclesia in Re Publica*, 42, Beck, *Römisches Recht*, S. 58; über *lex fidei*, siehe Beck, S. 51; über *disciplina*, Beck, S. 54.

[19] Tertullian, *De exhortatione castitatis*; *De monogamia* 12.

[20] Über das *ius dandi baptismi* siehe *De exhortatione castitatis* 17; über das *ius docendi* siehe *De baptismo* 1; über das *ius offrendi* siehe *De exhortatione castitatis* 7; über das *ius delicta donandi* siehe *De pudicitia* 21.

[21] Tertullian, *De monogamia* 12.

[22] Tertullian, *De baptismo* 17.

[23] Tertullian, *De exhortatione castitatis* 7.

[24] Tertullian, *De virginibus velandis* 9. Übersetzt von Eva Schulz-Flügel (Göttingen, 1977 [Diss.]).

[25] Die Tugend der Keuschheit wird an drei Faktoren gemessen: Erscheinen auf öffentlichen Plätzen, Kleidung und Schminke und sexuelle Aktivität. Siehe Livius, *Römische Geschichte* XXXXIV.2. Übersetzt von Hans Jürgen Hillen (München und Zürich: Artemis, 1988). Deswegen kann Lehren mit Liederlichkeit in Verbindung gebracht werden.

[26] Tertullian, *De virginibus velandis* 13,1. Übersetzt von Eva Schulz-Flügel (Göttingen, 1977 [Diss.]). Die Trennung von öffentlicher und privater Sphäre und die Beschränkung von Frauen auf die private Sphäre wurde durch die Praxis der Verschleierung von Frauen, die an öffentlichen Orten anwesend sein mußten, aufrechterhalten. Siehe Gerda Lerner, *The Creation of Patriarchy* (New York: Oxford Univ. Press, 1986), S. 123–140; Joachim Jeremias, *Jerusalem in the Time of Jesus* (Philadelphia: Fortress Press, 1969), S. 359 ff.

[27] Tertullian, *De virginibus velandis* 9. Übersetzt von Eva Schulz-Flügel (Göttingen, 1977 [Diss.]).

[28] Tertullian, *De virginibus velandis* 9. Übersetzt von Eva Schulz-Flügel (Göttingen, 1977 [Diss.]).

[29] Cf. Tertullian, *De virginibus velandis* 5. Übersetzt von Eva Schulz-Flügel (Göttingen, 1977 [Diss.]).

[30] Justinian, *Digesten*, 34,2,25,10.

[31] Livius, *Römische Geschichte* XXXIV.1. Übersetzt von Hans Jürgen Hillen (München und Zürich: Artemis, 1978). In einer bewegenden Verteidigungsrede für das Recht der Frauen, dieses Gesetz widerrufen zu sehen, klagt der Gegner Catos: »Weder Staats- noch Priesterämter noch miltärische Auszeichnungen und Belohnungen oder Beute können ihnen zuteil werden. Hübsches Aussehen, Schmuck und Kleidung, das sind die Kennzeichen der Frauen, darüber freuen sie sich und sind sie stolz…« (Livius, *Römische*

Geschichte XXXIV.7. Übersetzt von Hans Jürgen Hillen (München und Zürich: Artemis, 1978.)

[32] Livius, *Römische Geschichte* XXXIV.2. Übersetzt von Hans Jürgen Hillen (München und Zürich: Artemis, 1978).

[33] *De Cultu Feminarum* I.4. Siehe auch Michel Spanneut, *Tertullien et les premiers moralistes africaines* (Paris: Editions J. Cuculot, S. S. Gembloux. P. Lethiellieux, 1969), S. 32–40.

[34] Siehe Jean Claude Fredouille, *Tertullien et la conversion de la culture antique* (Etudes Augustienne 8. Paris, 1972), S. 49–57. Hier wird Tertullian mit den lateinischen Moralisten bezüglich der Tugenden von Frauen verglichen.

[35] *De Cultu Feminarum* II.5.

[36] *De Cultu Feminarum* II.11.

[37] *De Cultu Feminarum* II.12.

[38] *Digesten* 34,2.25,10, und *Postumia* L. 4.44.1f.

[39] Bezug auf das Oppische Gesetz von 195 v. Chr.; *De Cultu Feminarum* II.12.

[40] *De Cultu Feminarum* II.1.

[41] *De Cultu Feminarum* II.4.

[42] *De Cultu Feminarum* II.3.

[43] *De Cultu Feminarum* II.3.

[44] Barnes, *Tertullian: A Historic and Literary Study*, S. 192.

Liegende Männer werden bei einem Symposion von nackten Kurtisanen unterhalten. Rotfigurige attische Schale, dem Maler von Tarquinia zugeschrieben. Antikenmuseum Basel. inv. Kä 415. (Claire Niggli.)

7
Penetrierer und Penetrierte

Die Römer tradierten die alten griechischen Vorstellungen über die richtigen Rollen von Männern und Frauen in der Öffentlichkeit und im privaten Bereich, und die Christenheit übernahm diese Ansichten vom Römischen Reich, in welchem sie ihre kulturellen Wurzeln hat. Als sich das Christentum ausbreitete, vermittelte es das griechisch-römische System der Geschlechterrollen dem Westen und formte somit erfolgreich die kulturelle Einstellung gegenüber Frauen und Sexualität, die auch heute noch gilt.

Auf den ersten Blick mag es so aussehen, als habe sich die westliche Gesellschaft weit von ihrer griechisch-römischen Wiege entfernt. Sklaverei, Konkubinat und arrangierte Ehen wurden abgeschafft. Ehrbare Frauen kommen und gehen an öffentlichen Orten. Viele haben öffentliche Ämter inne. Dutzende von Frauenzeitschriften versichern ihren Leserinnen, daß Schminke, Schmuck und farbenfrohe Kleidung die richtigen Ausdrucksmittel für die weibliche Sexualität »guter« Frauen sind.

Trotzdem hielt sich die alte griechische Theorie vom sexuellen Selbst mit bemerkenswerter Zähigkeit. Immer wenn behauptet wird, Frauen seien das schwächere Geschlecht, ist diese Theorie auch heute noch sichtbar. Sie zeigt sich auch dann, wenn wir hören, daß Frauen zu Emotionalität und Sentimentalität neigen und daß diese Eigenschaften weniger wünschenswert sind als die unbewegte Haltung und die Tränenlosigkeit der Männer. Die Frau, die offen ihre Sexualität lebt, wird immer noch als ungehörig empfunden und als maskulin, wenn sie sexuell aggressiv ist. Wenn Frauen als irrational abgetan werden und von Männern angenommen wird, sie seien von Natur aus logisch, dann können wir sicher sein, daß diese Behauptungen der Gesellschaft immer noch von den längst verstorbenen griechischen Philosophen ins Ohr geflüstert werden.

Wenn wir die alten griechischen Theorien über das männliche und das weibliche Selbst genauer betrachten, dann können wir sehen, wo die Wurzeln dieses jahrhundertealten männlichen Überlegenheitsanspruchs und der Rechtfertigung weiblicher Unterordnung liegen.

Phallus und Macht

Dieser frühen Theorie zufolge hat das Selbst zwei Seiten: ein höheres, männliches Selbst – rational, viril, gebieterisch und edel – und ein niedrigeres, weibliches Selbst, das irrational, sexuell, tierisch und potentiell gefährlich ist. In dieser Theorie des Selbst sind geschlechtsspezifische Werte von männlicher Ehre und weiblicher Scham verpackt. Männlichkeit, mit sexueller und politischer Dominanz gleichgesetzt, wird als »rational« bezeichnet. Durch die Gleichsetzung der sexuellen, triebhaften und »gefährlichen« Anteile des Selbst als irrational spalteten die Philosophen die »unkontrollierbaren« Teile der menschlichen Natur ab und projizierten sie auf ein »niedrigeres, weibliches Selbst«. Durch diese geschlechtsspezifische Betrachtung des Selbst wurde Weiblickeit zum Primärsymbol für das Irrationale und Unkontrollierbare. Frauen konnten daraufhin als irrational, sinnlich und gefährlich bezeichnet werden, weil ihnen eine Dominanz der »niederen«, weiblichen Natur und eine Schwäche der »höheren«, männlichen unterstellt wurden.

Die Vorstellungen von männlicher Ehre und weiblicher Scham hatten den kulturellen Mustern von Sexualität bereits ganz bestimmte Bedeutungen verliehen. Männliche Sexualität sollte aktiv und aggressiv sein, denn sie war ein Zeichen männlicher Ehre. Weibliche Sexualität mußte überwacht werden, weil sie Gefahr bedeutete und eine Bedrohung der öffentlichen Ordnung. Unreglementierte, ungezügelte weibliche Sexualität war unehrenhaft und schamlos. Als griechische Intellektuelle Theorien über Sexualität aufstellten, benutzten sie aggressive, männliche Sexualität als Paradigma jeglicher Sexualität.

Aggressive männliche Sexualität

Ein hervorragender Zeuge für die Bedeutung von Sexualität im Altertum war der reisende Traumdeuter Artemidor von Daldis im 2. Jahrhundert n. Chr. Er war der Ansicht, daß die Traumbilder etwas aus der wachen Welt der Träumenden mitteilten und erotische Träume besonders bedeutsam seien, weil sie einen Wechsel in Reichtum und gesellschaftlichem Status ankündigten.[1]

> Das männliche Glied gleicht den Eltern, weil es zum Samen in Beziehung steht; den Kindern, weil es deren Ursache ist; der Gattin und der Geliebten, weil es für die Freuden der Liebe geschaffen ist; den Brüdern und allen Blutsverwandten, weil vom Geschlechtsglied das verwandtschaftliche Verhältnis der ganzen Familie abhängt. Sodann bedeutet es Körperstärke und Manneskraft, weil es auch deren Urheber ist; deshalb wird es von einigen »Mannheit« genannt. Ferner bezeichnet es die Rede und die Bildung, weil das Geschlechtsglied, ebenso wie das Wort, das Allerzeugungsfähigste ist.[2]

Wenn Artemidor die Traumbilder von Geschlechtsverkehr deutete, achtete er genau darauf, wer wen »gebraucht« (*peraineia*, aktives Verb) und wer »gebraucht« wurde (*perainesthai*, passives Verb). »Günstig ist es für den Träumenden, wenn er seinen Bruder, sei er älter oder jünger, gebraucht; er wird ihn überflügeln und geringschätzig behandeln«.[3] Penetration symbolisiert Dominanz oder Überlegenheit. Stand derjenige, der penetrierte, auf der sozialen Leiter höher als die Person, die penetriert wurde, so sagt der Traum ein gutes Ende voraus: »Gut ist es ferner, seiner eigenen Sklavin oder seinem eigenen Sklaven beizuwohnen; denn die Sklaven machen das Vermögen des Träumenden aus. Deshalb bedeuten sie ihm ganz natürlich Befriedigung in seinem Vermögen, das größer und ansehnlicher wird.«[4] Wird der Träumer jedoch von einem, der auf der sozialen Leiter unter ihm steht, penetriert, so sagt der Traum Schlechtes voraus: »Übel dagegen ist es, von einem Haussklaven gebraucht zu werden, weil man Verachtung und Schaden von ihm zu gewärtigen hat. Dasselbe gilt, wenn einem solches von seinem Bruder widerfährt, gleichgültig, ob er jünger oder älter ist, oder von einem persönlichen Feind.«[5] Das gleiche Interpretationsmuster gilt für Träume von sexuellen Beziehungen mit Tieren: »Wenn jemand davon träumt, daß er das Tier besteigt, wird er etwas von dieser Tierart bekommen, was immer es sei... Wenn er bestiegen wird, dann wird er etwas Gewalttätiges und Schreckliches erleben.«[6]

Artemidors Einteilung der Sexualität in Penetrierer und Penetrierte bezieht sich nur auf *männliche* Sexualität. Ein Sozialprofil derer, die Artemidors Traumdeutungen suchten, würde ergeben, daß es sich um männliche Haushaltsvorstände handelte, Männer, die Handel trieben oder ein politisches Amt in der Stadt bekleideten.[7] Der freie, männliche Bürger steht im Mittelpunkt der griechischen Betrachtungen über Sexualität. Der Symbolgehalt des Phallus und die verschiedenen Bedeutungen von Sexualität sind alle vom Sexualverhalten des freien Mannes abgeleitet.

Auffallend bei all den griechischen Abhandlungen über Sexualität, auch bei denen von Artemidor, ist, daß sie sexuelle Erfahrung analog zur gesellschaftlichen Erfahrung betrachten. Es gibt keine langen Selbstgespräche, die das Innere erforschen, über erotische Erfahrungen oder ehrfürchtige Beschreibungen der Dinge, die sich zwischen zwei Partnern ereignen. Sexuelle Erfahrung ist im Grunde eher eine soziale Erfahrung. Der Altertumsforscher John Winkler bietet durch die Analyse von Artemidors Traumdeutung eine genaue Beschreibung, wie phallische Penetration den Platz und die Funktion des einzelnen in der Gesellschaft symbolisierte: »Bei der Penetration geht es nicht nur um Sex, sondern um den Aspekt der sexuellen Handlung, der geeignet war, gesellschaftliche Beziehungen von Ehre und Scham, Erhöhung und Abstieg, Befehl und Gehorsam auszudrücken, weshalb dieser Aspekt in den frühen Vorstellungen von sexuellem Klassensystem und moralischem Urteil einen besonderen Stellenwert hat.«[8]

Der Phallus war das Symbol männlicher Ehre. Der Drang nach männlicher Ehre, die Furcht vor Beschämung, der Wille zu dominieren – dieses allgegenwärtige System der Antike – war die Brille, durch die sexuelle Erfahrungen gesehen und interpretiert wurden. Im demokratischen Athen, wo die neugeschaffene gesellschaftliche Rolle des Bürgers nur für freie Männer bestimmt war, bildete Männlichkeit das einzig gültige Modell für sexuelle und politische Beziehungen. Männlich zu sein in einer sexuellen Beziehung bedeutete, gesellschaftlich höherstehend zu sein, der Initiator, der aktive Teil, der Penetrierer. Männlich zu sein in politischen Beziehungen bedeutete, unabhängig zu sein, sich durchzusetzen und sich zu behaupten.[9]

Diese Gleichsetzung von männlicher sexueller Kraft und männlicher politischer Macht nahm in der Epoche, als sich der demokratische Stadtstaat herausbildete, buchstäblich monumentale Ausmaße an. Eine neue Art von Denkmal, die Herme, war damals im 6. und 5. Jahrhundert v. Chr. weit verbreitet. Die Herme war ein massiver, rechteckiger Block mit zwei herausgearbeiteten Teilen: der Kopf eines erwachsenen Mannes oben und ein erigierter Phallus unten. Der Kopf stellte den männlichen Bürger dar, womit nach John Winkler die »Gleichheit aller männlichen Bürger« betont wurde, gleich welcher Klasse oder Verdienste.[10] Der Phallus der Herme sollte männliches Bürgertum mit männlicher sexueller Kraft in Verbindung stellen. Als die siegreichen Generäle von Athen im Jahre 476 v. Chr. geehrt werden sollten, wollten sie, daß keiner namentlich genannt würde, deswegen wurde ihnen zu Ehren drei Hermen auf dem Marktplatz errichtet. Eine Herme stand auch am Eingang des Hauses jedes Bürgers von Athen, um anzuzeigen, daß dieser Haushalt durch den männlichen Bürger zur Polis gehörte.

Alle Macht und alle Ehre hing von der Fähigkeit des Mannes ab, den Anschein der Männlichkeit zu wahren. Jeder Hinweis auf Verletzlichkeit oder Passivität – auf Weiblichkeit – hätte bedeutet, daß der Mann seine Männlichkeit und damit seine Bürgerrechte verloren hätte. Nach John Boswell, der die Geschichte der Sexualität erforscht, konnte ein reicher und mächtiger Mann »jede andere Person ohne Statusverlust penetrieren... Wurde dieser Mann jedoch selbst penetriert – egal von wem –, hätte das bei Bekanntwerden Respektverlust bedeutet und könnte ihm gar die bürgerlichen Privilegien gekostet haben.«[11]

Deswegen war eine Anklage wegen Prostitution *(kinaidos)* gegen einen Mann eine üble Sache: er war der Promiskuität angeklagt, Bezahlung entgegenzunehmen und bei der Penetration durch einen anderen Mann passiv gewesen zu sein.[12] Dies war eine verbreitete politische Anschuldigung, weil sie den Anspruch auf politische Macht untergrub, der von der Demonstration sexueller Überlegenheit gestützt werden mußte. Verlor einer die öffentliche Anerkennung seiner sexuellen Dominanz, war dies eine schwere Form von Unehre *(atimia)*, und das bedeutete eine soziale Herabstufung dieser Person auf das Niveau von Sklaven und Frauen. Diese Auffassung ist in der kunstvollen Rede des Rutilius Lupus aus dem 1. Jahrhundert präsent:

> Die Natur hat Mann und Frau unterschiedlich gemacht, damit er/sie die richtige Pflicht und das Amt ausführen kann – und was geschähe, wenn ich zeigte, daß ein Mann seinen Leib in weiblicher Art mißbrauchte? Sicherlich wäre die Natur erschrocken und erstaunt darüber, daß ein Mann es nicht als größten Segen und als das größte Geschenk empfindet, als Mann geboren zu sein, und daß die Freundlichkeit der Natur an ihn verschwendet war und ihn schnell in eine Frau verwandeln würde.[13]

Es war für einen Mann die größte Schande, sexuell wie eine Frau gebraucht zu werden.

Sexualverkehr zwischen Mann und Frau war die beste Metapher für politische und gesellschaftliche Beziehungen. Für die Griechen war die sexuelle Begegnung eine Begegnung zwischen dem aktiven Teil, der penetrierte, und dem passiven Teil, der penetriert wurde. Aktiv zu sein bedeutete, zu dominieren, zu beherrschen und zu beaufsichtigen; passiv zu sein bedeutete, dominiert oder regiert zu werden und zu gehorchen. Die sexuellen Beziehungen galten als Spiegel der sozialen Beziehungen zwischen Männern und Frauen. Ohne den Einfluß männlicher Dominanz in der Gesellschaft wäre der Sexualakt vielleicht in anderen Bildern beschrieben worden: das Weibliche verschlingt das Männliche, oder das Männliche wird vom Weiblichen aufgenommen oder verliert sich dort. Die griechischen Philosophen sprechen in ihren Schriften zwar von einer erotischen Dimension der sexuellen Beziehungen zwischen Mann und Frau, aber der Herrschaftsaspekt der Sexualität überwiegt.

Die beunruhigende Sicht von Sexualität als Beziehung von Macht und Unterwerfung wird verständlicher, wenn wir das Sexualverhalten freier Männer betrachten.[14] Hier sehen wir eine Reihe von sexuellen Beziehungen innerhalb eines Rahmens sozialer Hierarchie und einer Ideologie von Sexualität als soziales Herrschaftsinstrument. Für den griechischen Bürger, von dessen Standpunkt aus über Sexualität geredet wird, fand erotische Sexualität meist im gesellschaftlichen Rahmen eines Symposions statt, einem Trinkgelage nach einem privaten Mahl. Ein großzügiger Gastgeber sorgte für Tänzerinnen und Tänzer, Musik, Sklavenmädchen und Kurtisanen zur Unterhaltung sowie für reichlich Wein. Die Festgäste betraten das Anwesen ihres Gastgebers durch ein Vestibül, das direkt zu einem großen Speisesaal führte. Dieser Teil des Hauses, Männerteil genannt, war die Grenze zwischen öffentlichem und privatem Bereich im klassischen Griechenland. Die Gäste, die von der Straße kamen, hatten keinen Zugang zu der ehrbaren Gattin oder zu den Töchtern der Hausgemeinschaft, noch spielten diese irgendeine Rolle bei den Festlichkeiten des Symposions.[15]

Im Gegensatz zu den männlichen Gästen, die zur höchsten gesellschaftlichen Schicht gehörten, waren die weiblichen Gäste, Sklavinnen, Prostituierte und Kurtisanen (professionelle Sexualparterinnen), aus einer niedrigeren sozialen Schicht, niedriger als die Gattin und die Töchter. In den Frauengemächern abgeschirmt, schützten diese Matronen, im Gegensatz zu den »schamlosen« Prostituierten, ihre Ehre durch Abwesenheit von der männlichen Domäne des Symposions.[16]

Sexuelle Begegnungen während des Symposions fanden offen im geselligen Kreis des Speiseraumes statt, ehelicher Sexualverkehr jedoch im abgeschiedenen Schlafzimmer. In der Ikonographie der Vasenmalerei wurde ehelicher Sexualverkehr durch eine halboffene Tür gesehen dargestellt, die den Eingang zu den Frauengemächern symbolisierte – ein innerer Raum, der von der öffentlichen, männlichen Welt gänzlich abgetrennt und verschlossen werden konnte. Die Ehefrau des Bürgers war nicht nur durch ihr Eingeschlossensein in die Frauengemächer gefangen, sondern auch durch die Beschränkungen, die ihrer Sexualität auferlegt waren. Die Privatheit, die sie umgab, bedeutete, daß sie das sexuelle Eigentum ausschließlich eines einzigen Mannes war. Durch ihre Sitten und Gesetze wachte die griechische Gesellschaft eifersüchtig über die Jungfräulichkeit der Töchter der Bürgerklasse und die sexuelle Treue ihrer Ehefrauen. Durch die Teilung der sexuellen Aufgaben zwischen Kurtisanen und Ehefrauen wurden die erotische und die fruchtbare Dimension der Sexualität voneinander getrennt. Da Sexualität mit dem Ziel der Fortpflanzung auf die Ehefrau beschränkt war, widmeten sich die Männer dem erotischen Aspekt der Sexualität mit verschiedenen anderen PartnerInnen: SklavInnen, Prostituierten und Kurtisanen.

Eine weitere Art von Sexualbeziehung, die innerhalb eines Haushalts stattfand, wird von den alten Schriften selten erwähnt: die zwischen dem Hausherrn und seinen weiblichen und männlichen Sklaven. Diese war jedoch für die griechische Konstruktion der Sexualität bedeutsam. Der Besitz des Körpers eines Sklaven oder einer Sklavin dehnte sich auch auf den sexuellen Besitz aus. Der Gebrauch des griechischen Wortes *soma* (Körper) war so weit verbreitet, daß es sogar in griechischen Papyri erscheint, die in Ägypten gefunden wurden. SklavInnen hatten nicht nur ihrem Besitzer sexuell zu Diensten zu sein, sondern auf seinen Wunsch hin auch anderen, so etwa den Gästen, die der Herr eingeladen hatte. In größeren Haushalten gab es unter den SklavInnen auch ausgebildete MusikerInnen, die sowohl sexuelle als auch musikalische Unterhaltung boten.[17] Das sexuelle Besitzrecht über die SklavInnen war so absolut, daß es den griechischen Schreibern überhaupt nicht in den Sinn kam, sich mit der Perspektive der SklavInnen in bezug auf Sexualität zu befassen. Die Stimmen der SklavInnen – und natürlich auch die der Frauen – sind in den griechischen Beschreibungen von Sexualität und sexuellen Beziehungen nie zu hören.

Unter den Sexualpartnern bei einem Symposion waren auch der bärtige männliche Liebhaber und der Jüngling zu finden. Obwohl in dieser Beziehung zwei Männer der gleichen sozialen Klasse beteiligt waren, wurde sie doch unter den Aspekten von Aktivität und Passivität betrachtet. Die jugendliche Schönheit des Knaben machte ihn zum Objekt der Begierde – das glatte Kinn, die weichen Schultern, die Anmut seines Körpers. Der erotische Reiz lag in der Eroberung, der Herausforderung und der Erweckung von Phantasie und Intellekt des jungen Mannes und der Erwartung von Gunstbezeigungen im Tausch gegen diese Gaben.[18] Im Griechischen bezeichnet *erastes*, das aktive Partizip des Verbs *erao* (lieben), den älteren Liebhaber als den aktiven Teil, der begehrt, initiiert und den Hof macht. Das passive Partizip *eranomos* bezeichnet den Knaben als Objekt der erotischen Begierde, den passiven, reagierenden Teil. Der Jüngling sollte seine edle Haltung durch die Würde und die Zurückhaltung beweisen, mit der er diese Aufmerksamkeit entgegennahm. Michel Foucault untersuchte sorgfältig eine typische Ansprache, die sich an einen jungen Mann richtet, um zu verstehen, wie die »Ehre« eines Knaben bewahrt werden konnte, wenn er das passive Objekt des sexuellen Interesses eines anderen Mannes wurde. Er kommt zu dem Schluß: »Nicht zurückweichen, sich nicht unterwerfen, der Stärkste bleiben; durch seine Widerstandskraft, seine Festigkeit, seine Mäßigung (*sophrosyne*) die Werber und die Freier überragen: so behauptet der junge Mann seinen Wert auf dem Gebiet der Liebe.«[19]

In der immer wieder betonten Polarität von Aktivität und Passivität in allen Sexualbeziehungen des freien Mannes wird derjenige, der penetriert, als der oberste in der sexuellen Hierarchie dargestellt. Die sexuelle Ehre des Jünglings war in gewisser Weise bewahrt, weil dieser edle homosexuelle Verkehr frontal, zwischen den Schenkeln ausgeführt wurde, wie die Vasenmalerei der Epoche zeigt. Analer Sex bedeutete gesellschaftliche Unterlegenheit des Partners und wurde im allgemeinen nur mit Sklaven praktiziert. Vor einigen Jahren wurde die These aufgestellt, daß das Symposion der Rahmen war, in dem ein Jüngling in heterosexuelle Sexualpraktiken eingeführt wurde, indem er eine weibliche Sklavenprostituierte anal penetrierte. Während er in der Beziehung zu einem erwachsenen männlichen Liebhaber passiv war und penetriert wurde, übernahm der Jüngling bei einer Frau von niederer Schicht die Rolle des aktiven Penetrierers.[20]

Gefährliche weibliche Sexualität

Das System der Geschlechterrollen in der griechischen Gesellschaft drückte dieser Auffassung von Sexualität durch die Polarisierung von öffentlichem Mann und privater Frau, männlicher Ehre und weiblicher Scham, ihren eigenen Stempel auf. Der Aufspaltung des sexuellen Selbst in eine männliche und eine weibliche Seite kommt eine zentrale Bedeutung zu: männliches sexuelles Selbst, verbunden mit Ehre und ausgedrückt durch Dominanz; weibliches sexuelles Selbst, verbunden mit Scham und ausgedrückt durch Passivität.

Der Gegensatz von männlicher Ehre und weiblicher Scham war auch die Grundlage der griechischen philosophischen Theorie des Selbst. Obwohl das Symposion einen angenehmen Rahmen für sexuelle Begegnungen darstellte, waren die Philosophen, die es sich auf den Liegen bequem gemacht hatten, wohl ebenso an intelligenter Konversation untereinander interessiert wie am Umgang mit den Kurtisanen. Platons berühmteste Schrift, *Das Symposion*, ist als Gespräch unter Männern angelegt, die sich in unbeschwerter Heiterkeit bei einem Symposion oder Gastmahl treffen. In dieser Umgebung überrascht es nicht, daß sich das Gespräch der Natur des sexuellen Verlangens zuwandte, nicht der konkreten sexuellen Praxis, sondern der Frage nach den universellen Strukturen des Selbst, die dieses Verlangen offenbaren könnte. Aus diesem Grund versuchten die Teilnehmer des Symposions, über sexuelles Verlangen abstrakt zu denken:

> Und deshalb entwickelten die Götter um jene Zeit den Trieb zur Begattung, indem sie so in uns wie in den Frauen ein beseeltes Lebewesen gestalteten, ... jenes Mark aber erweckte, weil es beseelt war und als einen Auslaß das fand, wo es herauskam, in ihm die lebenschaffende Begierde des Ausströmens und brachte so den Zeugungstrieb zur Vollendung. Darum versucht die, gleich einem der Vernunft nicht gehorchenden Tiere, zu einem Unlenksamen und selbstherrisch Gebietenden gewordene Natur der männlichen Geschlechtsteile, ihren wütenden Begierden alles zu unterwerfen. Aus eben demselben Grunde aber empfindet es das, was man bei den Frauen Gebärmutter und Mutterscheide nennt, welches als ein auf Kinderzeugung begieriges Lebendiges in ihnen ist.[21]

Typischerweise sahen die Philosophen das sexuelle Selbst, das sich bei Trinkgelagen zeigte und sich mit Prostituierten umgab, als eine Art animalisches Selbst. Die Tierhaftigkeit des sexuellen Selbst wurde in der Figur des Satyrs symbolisiert, der einen menschlichen Oberkörper hat, aber Ohren und Füße wie ein Tier, einen Schwanz und einen erigierten Penis. Auf den Vasenmalereien wird er meist dargestellt, wie er sich an seine sexuelle Beute, eine Mänade mit lose flatterndem Haar und nackten Brüsten, anpirscht.

In diesen Spekulationen über die Natur des sexuellen Begehrens wurde der Grundstein zu einem philosophischen Konzept des

Selbst gelegt. Was wir heute einfach sexuelle Leidenschaft nennen würden, wurde damals als wildes Tier beschrieben, das in den Sexualorganen haust. Wurde dieses sonst brave und folgsame Tier stimuliert, drohte es seinen Herrn, die Vernunft, zu überwältigen. Die Wahl der Tiermetapher für Sexualität bedeutet, daß die sexuelle Leidenschaft mit dem in Konflikt stand, was für diese Philosophen die wahre menschliche Natur war. In der philosophischen Darstellung des Selbst herrscht ein rationales Element über das irrationale – ein potentiell gefährliches sexuelles Selbst, wenn es unkontrolliert ausgelebt wurde. Die Fähigkeit zur Selbstbestimmung *(archein)* und die Fähigkeit zur Selbstbeherrschung *(enkratein)* stehen auf dem Spiel. Die Verwendung der politischen Begriffe »bestimmen« und »herrschen« deutet auf die griechische Auffassung hin, daß das sexuelle Selbst rebellischer und ungeordneter Natur sei.

Es gibt in der griechischen Literatur auffallende Parallelen zwischen der Darstellung des irrationalen Selbst und der Charakterisierung der weiblichen Natur, was vollends deutlich wird, wenn der irrationale, sexuelle Teil des Selbst als weiblich bezeichnet wird. Von sexueller Leidenschaft beherrscht zu sein, bedeutete, ein Sklave zu sein. Wie Aristoteles in der *Politik* und Xenophon im *Oikonomikos* weist Diogenes im *Leben der Philosophen* auf die Gefahr hin, ein Sklave seiner Leidenschaften zu werden.[22] Selbstbeherrschung war eine Voraussetzung für die Kontrolle über andere. Für Platon war das sexuelle Selbst eine besondere Gefahr für die Stabilität der politischen Ordnung. In der utopischen Gesellschaft, wie er sie in den *Nomoi* beschrieb, sollte es Geschlechtsverkehr nur noch in seiner Fortpflanzungsfunktion geben:

> ... das Gesetz, den Beischlaf der Natur gemäß zum Kinderzeugen zu üben, indem sie sich, um nicht absichtlich der menschlichen Gattung den Todesstreich zu versetzen oder auf Felsen und Steinen, wo niemals der Same Wurzeln treiben und zur natürlichen Beschaffenheit gedeihen wird, die Aussaat zu machen, des männlichen Geschlechts enthalten, sowie jedes weiblichen Saatfeldes,

> wo man nicht wünscht, daß der Samen aufgehe. Indem aber dieses Gesetz Bestand gewinnt und sich geltend macht ... bringt es ... tausendfältiges Gutes.[23]

Das war ein kühner Vorschlag, weit vorausgegriffen, wie Platon selbst wußte. Doch im 4. Jahrhundert des christlichen Zeitalters sollte er von christlichen Intellektuellen wie Augustinus aufgegriffen und eine Art Gesetz werden, das die christlichen Gemeinden ordnete.

Platon unterschied zwei Kräfte, die im Selbst wirken:

> Daß nun die Liebe eine Begierde ist, gesteht jeder... Wir müssen demnach bemerken, daß es in einem jeden von uns zwei herrschende und führende Triebe gibt, welchen wir folgen, wie sie eben führen, eine eingeborene Begierde nach dem Angenehmen und eine erworbene Gesinnung, welche nach dem Besten strebt. Diese beiden nun sind in uns bald übereinstimmend, zuweilen auch wieder verunreinigt, da denn jetzt diese, dann wieder die andere siegt. Wenn nun die Gesinnung uns zum Besseren durch Vernunft führt und regiert, so heißt diese Regierung Besonnenheit [*sophrosyne*]; wenn aber die Begierde vernunftlos hinzieht zur Lust und in uns herrscht, wird diese Herrschaft Frevel genannt.[24]

Platons Gedanken über die Natur des sexuellen Begehrens setzten ein geteiltes Selbst voraus. Wo die beiden Kräfte von Begehren und Urteil im Konflikt stehen, wird der Kampf so stark, so unversöhnlich, daß, wenn immer ein Teil gewinnt, der andere verlieren muß. Eine Verbindung dieser beiden Kräfte kommt nicht in Frage; eine muß die andere beherrschen. Die Dominanz des Urteils über das Begehren schafft die Tugend der *sophrosyne* (Mäßigung), während die Dominanz der Begierde über das Urteil zum Laster der Zügellosigkeit führt *(akolasia)*.

Die Heftigkeit dieses Kampfes zwischen Mäßigung und Begierde ist ganz richtig in Gleichnissen des militärischen Kampfes und des sportlichen Wettbewerbs beschrieben. Platon argumentierte für die Realisierbarkeit seines Gesetzes, das den Sexualverkehr einschränkte, indem er zeigte, daß es möglich war, wenn der Mann »in guter körperlicher Verfassung« war. Er bezog sich auf den berühmten Athleten Ikkos von Tarent: »Wissen wir nicht, daß [dieser] wegen des Wettkampfs zu Olympia und anderer, als einer, dessen Seele durch Siegeslust vermöge seiner Kunst sowie durch Besonnenheit gekräftigt war, während der ganzen Zeit der Einübung, weder, wie man sagt, ein Weib noch einen Knaben berührte?«[25] So wie der Krieger Mut dadurch erlernte, »daß er gegen die ihm innewohnende Zaghaftigkeit ankämpft und sie besiegt«, so konnte ein Mann nicht die volle Selbstbeherrschung erlangen, wenn er nicht »erfolgreich gegen viele Lüste und Begierden, die ihn zu Unverschämtheit und Unrecht antreiben, gekämpft und gesiegt [hat] mit Hilfe von Vernunft und Tat und Kunstfertigkeit in Spiel und Ernst.«[26] Die Meisterung der eigenen Lüste konnte als Sieg gefeiert werden, der so beeindruckend war wie einer, der auf dem Schlachtfeld oder in der Arena errungen worden war, denn jeder Mann war in einen privaten Krieg mit sich selbst verstrickt.[27]

Platons Lehrkonstruktion über das mehrschichtige Selbst ruht auf dem Fundament der griechischen Gesellschaftsstruktur. Die hierarchischen und dominierenden Beziehungen im Stadtstaat wurden das Modell für das Selbst. Platons utopischer Staat hatte drei Ränge – die Herrscher waren das rationale Selbst, die Händler das geistige Selbst und die Bauern das triebhafte Selbst. Die Analogie, die Platon jedoch am meisten interessierte, war die zwischen dem rationalen Selbst in der Seele und der Rolle des Herrschers im Staat. Die Herrschaft der Vernunft über die Leidenschaft und die körperlichen Triebe glich der Herrschaft des Staates über die Gesellschaft. Jedes Individuum war ein Abbild der Gesellschaft en miniature. Im perfekten Menschen herrschte die Vernunft, mit ihren geistigen Anteilen als Hilfe, über die Triebe. Obwohl Platon ein dreiteiliges Modell für die menschliche Person entwirft, organisiert er es doch in Herrscher und Beherrschte.

In Platons Tagen waren Männer Philosophen und Herrscher, während Frauen sich um die Pflege des Körpers und seiner Begierden kümmerten. Einfach gesagt, die herrschende, rationale

Seele wurde mit der männlichen Rolle des Bürgers der Polis identifiziert und das leibliche Selbst (oder die Triebe) mit Elementen der weiblichen Rolle. Genau wie die Beziehung zwischen höherem und niedrigerem Selbst die hierarchischen Beziehungen in der Polis spiegelte, so spiegelte sie auch die Beziehung zwischen weiblichen und männlichen Menschen in der griechischen Gesellschaft.

Diese Philosophen erwarteten nur in der Klasse der Bürger einen Mann zu finden, der seine Triebe beherrschte. Platon benutzte den verächtlichen Begriff »niedriges Handwerk ... und Tagelöhnerei«, um einen Handwerker von einfacherem Status zu bezeichnen, dessen höheres Selbst »von Natur so schwach ist, daß es über die anderen Tiere in ihm nicht herrschen kann, sondern ihnen dienen muß und nur die Dienstleistungen, welche sie fordern, zu erlernen vermag«.[28] Weil ein Händler Mitglied einer niederen Klasse war, betrachtete Platon das rationale Selbst des Händlers als natürlich schwach. Da aber nur ein gut entwickeltes höheres Selbst (das rationale Selbst) imstande war, das niedere Selbst zu lenken und zu beherrschen, mußten Mitglieder der niedereren Klasse unter die Autorität derer gestellt werden, deren rationales Selbst imstande war zu herrschen:

> Sollen wir nun nicht sagen, damit auch ein solcher von demselben beherrscht werde wie der Trefflichste, müsse er der Knecht jenes Trefflichsten, welcher das Göttliche herrschend in sich hat, werden? Keineswegs jedoch in der Meinung, der Knecht solle zu seinem eigenen Schaden beherrscht werden, ... sondern daß es beiden das beste sei, von dem Göttlichen und Verständigen beherrscht zu werden, am liebsten zwar so, daß jeder es als sein eigenes in sich selbst habe, wenn aber nicht, dann, daß es ihm von außen gebiete.[29]

Genau so wie Kinder für die Entwicklung ihrer Tugend unter die Autorität eines Aufpassers gestellt werden, so hängt die Tugend eines Sklaven oder eines Händlers von der leitenden Autorität des Herrschers oder Haushaltsvorstands ab.

Nach Platon war das rationale Selbst für die ganze Person, was der Herrscher für den Staat war. Der rationale Teil der Seele war der intelligente, überlegende, tugendhafte und herrschende Anteil des ganzen Selbst. Gesundheit und Harmonie im Selbst konnte nur erreicht werden, wenn Vernunft die leichtfertigen und triebhaften Anteile des Selbst kontrollierte. In Platons utopischer Vision waren Herrscher die soziale Klasse, der abstraktes Denkvermögen, sorgfältige Überlegung, Tugend und Autorität gründlich gelehrt worden war. Platons utopische Gesellschaft erreichte die Vollendung, wenn der Herrscher die Tugend vollendet besaß und seine Kontrolle über die politische Körperschaft absolut war.

Ein bemerkenswerter Zug in Platons ausgedehntem Gedankenexperiment ist, daß er Frauen ebenso wie Männer für fähig hielt, Herrscher zu werden. Sein Plan rief tatsächlich nach dem Abbau der privaten Sphäre (dem traditionellen Ort weiblicher Macht) und der Zuordnung von Kindererziehung zur Allgemeinheit (Frauen sollten auch zur Allgemeinheit gehören). Frauen mit besonderen Fähigkeiten sollten den gleichen Erziehungsprozeß durchmachen wie Männer, um sich als Herrscher zu qualifizieren.[30] Dessenungeachtet war in der Realität der griechischen Gesellschaft der öffentliche Mann bereits von der privaten Frau getrennt, und eine große Kluft lag zwischen ihnen. Politisches Leben, öffentliche Rede und die Herrschermacht lagen auf der maskulinen Seite der Trennungslinie. Platons Theorie des Selbst schuf ein nach Geschlechtern getrenntes Selbst, weil der rationale, herrschende Anteil des Selbst mit den realen sozialen Rollen der Gesellschaft von Athen übereinstimmte.

Doch das hierarchische Modell des Selbst baute nicht nur auf die männliche Dominanz in der Polis auf. Es war auch für die Rolle des Haushaltsvorstands nützlich. In einem Dialog über Haushaltsführung aus dem 5. Jahrhundert v. Chr. warnt Xenophon durch die Figur des Sokrates vor den Leidenschaften der Faulheit, vor moralischer Feigheit, Nachlässigkeit, Gefräßigkeit und dem Glücksspiel, die schlechte Herrscher sind und die Güter des Haushalts verschleudern: »... alles Dinge, die grausam über die Menschen, deren sie sich bemächtigen, herrschen«, sagt Sokrates, »denn solange sie kräftig und arbeitsfähig sind, zwingen sie sie, ihnen den Ertrag ihrer Arbeit zu bringen und für ihre Leidenschaften aufzuwenden.«[31] Beherrschung der Leidenschaften ist daher eine notwendige Bedingung für die gute Führung eines Hauswesens. Im idealen Staat beginnt ein junger Mann früh damit, seine Leidenschaften zu beherrschen, und wenn er dann heiraten und einen Haushalt gründen soll, wird er ein ausreichendes Maß an Selbstbeherrschung besitzen. In Xenophons Dialog versichert Kritobulos dem Sokrates, daß er nun bereit sei, die Verwaltung des Besitztums zu übernehmen: »Über alle diese Fragen glaube ich, durch das Besprochene sehr genügend von dir belehrt zu sein. Wenn ich mich selbst prüfe, meine ich zu finden, daß ich über solche Gefühle hinreichend Herr bin. [Sage mir also], wodurch ich mein Hauswesen fördern könnte.«[32]

Die Metaphern, die Xenophon benutzt, sind lehrreich. Die Begierden, die der Vernunft und Urteilskraft gehorsame Sklaven sein sollten, wurden zu illegitimen Herren; Xenophon nennt sie Tyrannen und Despoten. Wenn Philosophen die Begierden und die niederen Anteile des Selbst mit Sklaven vergleichen, drücken sie zwei Dinge aus: erstens, daß die Begierden, wie die Sklaven, den Wünschen eines anderen dienen sollten, und zweitens, daß die Begierden, wie Sklaven, von einer höheren Autorität gezwungen werden mußten, anderen als den eigenen Interessen zu dienen.

Xenophons Sokrates fragt: »Glaubst du also, daß der Mann frei ist, der von körperlichen Vergnügen regiert wird?« Die Antwort ist ein lautstarkes: »Auf gar keinen Fall.«[33] Frei zu sein bedeutete, unter niemandes Autorität zu stehen. Freiheit bedeutete, daß jemand Selbstbeherrschung übte, unter keiner Autorität stand und durch Selbstkontrolle in der Lage war, Autorität über andere zu haben. Foucault erklärt: »Wer nämlich unter der Autorität der anderen steht, hat das Prinzip seiner Mäßigung [Selbstbeherrschung] nicht von sich selber zu erwarten; es genügt ihm, den Anordnungen und Vorschriften zu gehorchen, die man ihm gibt.«[34]

Die Herrschaft des Mannes über seine Hausgemeinschaft hatte seine Entsprechung in der Herrschaft der Seele über den Körper und der des Intellekts über die Begierden. So wie der physische Körper und die Leidenschaften vom männlichen Intellekt regiert wurden, so wurde auch der Haushalt als gehorsamer und fühlender Körper betrachtet, der vom männlichen Bürger regiert wurde. So wurden die dominierenden Beziehungen des Haushalts auf das Selbst projiziert und gleichzeitig die hierarchischen Beziehungen innerhalb des Selbst dazu benutzt, die Beziehungen von sozialer Dominanz innerhalb des Haushalts zu legitimieren.
Aristoteles, eine Generation nach Platon, arbeitete ebenfalls mit einer geschlechtspezifischen Definition des Selbst. Sein Modell für den höheren, rationalen Teil des Selbst war das männliche Haupt des Haushalts. Seine Theorie vom Selbst gründete sich, wie die von Platon, auf die Geschlechterrollen in der griechischen Gesellschaft (und stützte sie ideologisch):

> ... wobei es sich denn zeigt, daß das Beherrschtwerden von der Seele für den Leib und von der Vernunft und dem vernünftigen Seelenteil für den affektvollen das Naturgemäße und zu seinem eigenen Nutzen ist, während die Gleichberechtigung oder gar das umgekehrte Verhältnis allen Teilen Schaden bringt. ... Ferner ist das männliche Geschlecht stärker als das weibliche: es herrscht, während dieses gehorcht.[35]

Maryanne Cline Horowitz, eine Wissenschaftshistorikerin, fragt: »Könnte es statt dessen nicht so sein, daß er, eben weil Aristoteles Weiblichkeit mit materieller Aktivität (Sorge für Nahrung und Kleidung) assoziierte und Männlichkeit mit geistiger Aktivität (Lehre und Regierung), eben diese Unterscheidungen in seine Embryonenlehre aufnahm?«[36]
Männliche Autorität in Stadtstaat und Haushalt war mit der männlichen Tugend der Selbstkontrolle *(sophrosyne)* verbunden, von der Aristoteles glaubt daß sie bei Frauen weniger entwickelt war als bei Männern. Deshalb war das Temperament von Frauen mehr von den Leidenschaften beeinflußt. Aristoteles präsentierte eine Liste

tierischer Verhaltensweisen, um zu zeigen, daß unter den Menschen die gleichen Geschlechtsunterschiede zu finden sind wie unter den Tieren. Sein Schluß lautet:

> Denn in dieser Hinsicht ist seine [des Menschen] Natur am weitesten entwickelt, so daß auch die genannten Anlagen bei ihm besonders hervortreten. Daher ist das Weib mitleidiger als der Mann, eher zu Tränen aufgelegt, auch neidischer, nachtragender, schmäh- und streitsüchtiger. Das Weib läßt eher als der Mann Mut und Hoffnung sinken, ist schamloser und falscher, weiß sich besser zu verstellen und trägt länger nach.[37]

Nach Aristoteles sind die Gefühle, Vorlieben, Ängste, der Ärger und die Sprache einer Frau undiszipliniert. Im männlichen Teil der Spezies seien die Gefühle von der Tugend der *sophrosyne* strenger geregelt.

Diese philosophische Theorie des Selbst wurde mit der Zeit ein wertvolles Instrument zum Ausschluß von Frauen, Kindern und Sklaven von politischer Macht, weil deren Vernunftkräfte und Selbstkontrolle für schwächer erachtet wurden. Wichtig im folgenden Zitat ist, wie Aristoteles durch den Gebrauch der philosophischen Theorie des Selbst die Argumente von der Unterordung der Frau unter den Mann (eine gesellschaftliche Tatsache in Athen) mit den Argumenten mischt, daß Frauen untergeordnet sein *sollten*:

> ... denn auf andere Weise herrscht der Freie über den Sklaven und der Mann über das Weib und der Vater über das Kind, und ihnen allen wohnen freilich die nämlichen Teile der Seele inne, aber sie wohnen ihnen inne auf eine verschiedene Weise. Denn dem Sklaven fehlt überhaupt die Kraft zur Überlegung, das Weib besitzt sie, aber ohne Entschiedenheit [*akuron*], der Knabe gleichfalls, aber noch nicht zur Vollendung entwickelt.[38]

Akuron bedeutet Mangel an legitimer Macht oder Autorität. Daß das Männliche über das Weibliche herrscht, ist die Feststellung eines gesellschaftlichen Verhaltensmusters. Die Vorstellung, daß das Männliche über das Weibliche herrschen *sollte*, beruht auf dem

philosophischen Argument, daß die Frau, wenngleich sie die Gabe der Vernunft besitzt, sie diese ohne Autorität hat.
Die gesellschaftliche Hierarchie des Hauswesens wurde schließlich auf festen philosophischen Grund gestellt. Die minderen rationalen Fähigkeiten von Frauen, Kindern und Sklaven machen ihre Unterordung unter eine völlig rationale männliche Autorität notwendig. Der gleiche intellektuelle Mangel, der Frauen, Kinder und Sklaven eines Hauses unterordnet, schließt sie auch von der Beteiligung an der Polis aus. Die Rationalität des männlichen Bürgers stützt in seinem philosophischen Konzept seine beiden Rollen als Haupt des Haushalts und als Bürger. Philosophische Konzepte des rationalen Selbst hatten in der alten Welt politische und soziale Konsequenzen.
Es ist nicht schwer, die Folgen zu erkennen, die das auf den philosophischen und theologischen Diskurs hatte. Die modernen »wissenschaftlichen« Erben der griechischen Philosophie und der christlichen Theologie – Biologie und Psychologie – haben diese früher herrschenden Annahmen über Männlichkeit und Weiblichkeit unkritisch übernommen, wie einige neuere Zitate hinreichend beweisen. So sagt ein französischer Psychologe: »Die Urteilskraft der durchschnittlichen Frau ist nie so gut wie die des durchschnittlichen Mannes – und wenn sie die Vierzig überschreitet, scheint ihre Fähigkeit zu vernünftigem Denken recht rapide abzunehmen«,[39] und ein biologistisch denkender Amerikaner: »Die unzweifelhafte Überlegenheit des männlichen Geschlechts in bezug auf intellektuelle und künstlerische Errungenschaften steht in Zusammenhang mit ihrer größeren Aggressivität. Selbst wenn Frauen Gelegenheit hatten, Künste und Wissenschaft zu pflegen, haben sie bemerkenswert wenige eigenständige Werke von hervorragender Qualität geschaffen.«[40] Auch zeitgenössische religiöse Führer waren nicht fähig, sich von den alten Ansichten zu lösen. Ein anglikanischer Geistlicher protestierte: »Eine Frau, die die Kommunion austeilt, bietet den Anblick der Perversion, läßt ihren Klang ertönen und verströmt ihren Geruch.«[41]

Anmerkungen

[1] John Winkler, *The Constraints of Desire: The Anthropology of Sex and Gender in Ancient Greece* (New York: Routledge, 1990), S. 30.

[2] Artemidor, *Das Traumbuch*, 1.45. Übersetzt von Karl Brackertz (Zürich und München: Artemis, 1979).

[3] Artemidor, *Das Traumbuch*, 1.78. Übersetzt von Karl Brackertz (Zürich und München: Artemis, 1979).

[4] Artemidor, *Das Traumbuch*, 1.78. Übersetzt von Karl Brackertz (Zürich und München: Artemis, 1979).

[5] Artemidor, *Das Traumbuch*, 1.78. Übersetzt von Karl Brackertz (Zürich und München: Artemis, 1979).

[6] Winkler, *Constraints of Desire*, S. 216.

[7] Michel Foucault, *Die Sorge um sich.* (= Michel Foucault, *Sexualität und Wahrheit*, Bd. 3). Übersetzt von Ulrich Raulff und Walter Seitter (Frankfurt am Main: Suhrkamp, 1986), S. 14.

[8] Winkler, *Constraints of Desire*, S. 40.

[9] David Halprin, »The Democratic Body: Prostitution and Citizenship in Classical Athens«, in: *Differences: A Journal of Feminist Studies* 2, 1 (1990), S. 12.

[10] John Winkler, »Phallos Politikos: Representing the Body Politic in Athens«, in: *Differences: A Jounal of Feminist Studies* 2, 1 (1990), S. 35. Der Name Herme kommt von dem griechischen Gott Hermes.

[11] Winkler, »Phallos Politikos«, S. 36.

[12] John Boswell, »Concept, Experience and Sexuality«, in: *Differences: A Journal of Feminist Studies* 2, 1 (1990), S. 72.

[13] Winkler, *Constraints of Desire*, S. 46.

[14] Rutillus *Lupus* 2.6, zitiert in Winkler, *Constraints of Desire*, S. 61.

[15] Die Glorifizierung einer dominierenden Sexualität und ihre Verbindung mit den Bürgerrechten bietet eine Grundlage zum Verständnis der Glorifizierung von sexueller Gewalt in der griechischen Mythologie. Griechische Vasenmalereien stellen die sexuellen Heldentaten der Götter dar mit Szenen ihres Sexuallebens mit den verängstigten Sterblichen. Um die ganze Vase herum wird eine Frau dargestellt, die vor einem Gott flieht, der sie verfolgt und einen Blitz oder Dreizack drohend nach ihr schwingt. Eva Keuls interpretiert die Waffen, die oft auf den Schoß des ausgewählten Opfers zielen, als Symbole des erigierten Phallus. Was hier gefeiert wird, ist die politische und sexuelle Macht der Männer, nicht Gewalt gegen Frauen per se; doch das Mittel für diese Feier ist tatsächlich die sexuelle Gewalt gegen Frauen. Siehe Eva Keuls, *The Reign of the Phallus: Sexual Politics in Ancient Athens* (New York: Harper & Row, 1985), S. 33–64.

[16] Zu einer Diskussion zu Frauen bei Festmählern siehe Kathleen Corley, *Jesus, Woman and Meals in the Synoptic Gospels*, Claremont Ph. D. 1992.

[17] Sarah Pomeroy, *Women in Hellenistic Egypt* (New York: Schocken Books, 1984), S. 142–143.

[18] Michel Foucault, *Der Gebrauch der Lüste*. (= Michel Foucault, *Sexualität und Wahrheit*, Bd. 2). Übersetzt von Ulrich Raulff und Walter Seitter (Frankfurt am Main: Suhrkamp, 1986), S. 235–286.

[19] Michel Foucault, *Der Gebrauch der Lüste*. (= Michel Foucault, *Sexualität und Wahrheit*, Bd. 2). Übersetzt von Ulrich Raulff und Walter Seitter (Frankfurt am Main: Suhrkamp, 1986), S. 267.

[20] Keuls, *Reign of the Phallus*, S. 174.

[21] Platon, *Timaios* 91 a–c. Nach der Übersetzung von Friedrich Schleiermacher und Hieronymus Müller (Reinbek bei Hamburg: Rowohlt, 1959).

[22] Diogenes, *Leben und Meinungen berühmter Philosophen*, VI.2.66, Aristoteles, *Politik*, 1.5 und 13, Xenophon, *Oikonomikos* 1.1 und 22.

[23] Platon, *Nomoi* 839 a. Nach der Übersetzung von Friedrich Schleiermacher und Hieronymus Müller (Reinbek bei Hamburg: Rowohlt, 1959).

[24] Platon, *Phaidros* 237 d–238 a. Nach der Übersetzung von Friedrich Schleiermacher und Hieronymus Müller (Reinbek bei Hamburg: Rowohlt, 1959).

[25] Platon, *Nomoi* 840 a. Nach der Übersetzung von Friedrich Schleiermacher und Hieronymus Müller (Reinbek bei Hamburg: Rowohlt, 1959).

[26] Platon, *Nomoi* 647 d. Nach der Übersetzung von Friedrich Schleiermacher und Hieronymus Müller (Reinbek bei Hamburg: Rowohlt, 1959).

[27] Platon, *Nomoi* 626 d–e, 840 c. Nach der Übersetzung von Friedrich Schleiermacher und Hieronymus Müller (Reinbek bei Hamburg: Rowohlt, 1959). Siehe auch Michel Foucault, *Der Gebrauch der Lüste*. (= Michel Foucault, *Sexualität und Wahrheit*, Bd. 2). Übersetzt von Ulrich Raulff und Walter Seitter (Frankfurt am Main: Suhrkamp, 1986), S. 91–92.

[28] Platon, *Politeia* 590 c. Nach der Übersetzung von Friedrich Schleiermacher und Hieronymus Müller (Reinbek bei Hamburg: Rowohlt, 1959).

[29] Platon, *Politeia* 590 c–d. Nach der Übersetzung von Friedrich Schleiermacher und Hieronymus Müller (Reinbek bei Hamburg: Rowohlt, 1959).

[30] Platon, *Politeia* 5. Buch. Siehe auch Jean Bethke Elshtain, *Public Man, Private Woman, Women in Social and Political Thought* (Princeton: Univ. Press, 1981), S. 19–54.

[31] Xenophon, *Oikonomikos (Die Hauswirtschaftslehre)* 1.19–20 und 22. In: Xenophon, *Die sokratischen Schriften*. Übers. von Ernst Bux (Stuttgart: Kröner, 1956).

[32] Xenophon, *Oikonomikos (Die Hauswirtschaftslehre)* 2.1. In: Xenophon, *Die sokratischen Schriften*. Übers. von Ernst Bux (Stuttgart: Kröner, 1956).

[33] Xenophon, *Memorabilia* 4.5, 2–3.

[34] Michel Foucault, *Der Gebrauch der Lüste*. (= Michel Foucault, *Sexualität und Wahrheit*, Bd. 2). Übersetzt von Ulrich Raulff und Walter Seitter (Frankfurt am Main: Suhrkamp, 1986), S. 106.

[35] Aristoteles, *Politik*, 1254b. Griechisch und deutsch, herausgegeben von Franz Susemihl (Leipzig 1879).

[36] Maryanne Cline Horowitz, »Aristotle and Women«, in: *Journal of the History of Biology* 9, 2 (Herbst 1976) S. 207.

[37] Aristoteles, *Tierkunde*, 608b. Herausgegeben und übersetzt von Paul Gohlke (Paderborn: Schöningh, 1957).

[38] Aristoteles, *Politik*, 1260a. Griechisch und deutsch, herausgegeben von Franz Susemihl (Leipzig 1879).

[39] Tma Starr, *The Natural Inferiority of Women. Outrageous Pronouncements by Misguided Males* (New York: Poseidon Press, 1991), S. 217.

[40] Starr, *Natural Inferiority*, S. 221.

[41] Das wurde in den siebziger Jahren beim Streit um die Ordination von Frauen in der Episkopalkirche gesagt.

Der Incubus. Merlins Zeugung. *Im Laufe der Geschichte wurden Tausende von Frauen der Sünde und Häresie in Form der Hexerei beschuldigt. Diese Frauen hatten angeblich sexuellen Verkehr mit dem Teufel und wurden dadurch zu Instrumenten unkontrollierbarer sexueller Begierde. Französisches Manuskript des 14. Jahrhunderts. Mit freundlicher Genehmigung der Bibliothèque Nationale, Paris.*

8
Sünde als sexuell übertragbare Krankheit

Das Christentum erbte von der kulturellen Umgebung, in der es sich entwickelte, eine gestörte Beziehung zur Sexualität. Die Werte von männlicher Ehre und weiblicher Scham und der Gegensatz zwischen öffentlichem Mann und privater Frau hatten einen tiefen Einfluß auf die Art, wie christliche Theologen das sexuelle Ich betrachteten. Diese Sichtweise formte die Einstellung des Westens zu Frauen und Sexualität für fast zwei Jahrtausende durch die Assimilation des griechisch-römischen Geschlechterrollensystems in christlichen Institutionen wie Asketentum, Mönchtum und klerikalem Zölibat und in der christlichen Lehre über Sexualität, Sünde und menschliche Natur.

Als das Christentum erstmals unter den Ladenbesitzern, Händlern, Frauen und Sklavinnen und Sklaven auftauchte, waren die Aristokraten des Reiches nicht sonderlich beeindruckt. Sie wußten, daß von diesen Leuten kaum etwas anderes als Aberglauben zu erwarten war, und es lag für sie nahe, daß christliche Riten unmoralische Praktiken enthielten. Wie über andere religiöse Sekten, die am Rande der römischen Religion existierten, gab es auch über die Christen Gerüchte von Inzest und Kannibalismus bei ihren Ritualen. Während der ersten zwei Jahrhunderte beunruhigten diese Gerüchte die Massen und führten zum Ausbruch von Verfolgungen. Die Verfolgung durch Nero, 67 n. Chr., brannte sich in die Erinnerung der römischen Christen ein. Als Kaiser Nero beschuldigt wurde, ein Feuer in Rom verursacht zu haben, weil es im gleichen

Viertel ausbrach, in dem er Gebäude hatte abreißen wollen, um seinen neuen Goldenen Palast zu bauen, machte er die Christen zum Sündenbock. Er klagte sie an, das Feuer aus allgemeinem Menschenhaß gelegt zu haben, da sie sich weigerten, an den öffentlichen Festen teilzunehmen, die das Wohlwollen der Götter sichern sollten. Seine Anschuldigungen waren nicht ohne eine gewisse Glaubwürdigkeit, denn Gerüchten zufolge hielten die Christen heimlich nächtliche Treffen ab, um inzestuöse und kannibalische Orgien zu feiern. Er machte aus der Bestrafung der Christen ein grausiges öffentliches Schauspiel und verbrannte sie als lebende Fackeln bei einem abendlichen Gartenfest.

Die Macht der christlichen Vernunft

In den nächsten zwei Jahrhunderten verfaßten christliche Intellektuelle aus Furcht, daß gefährliche Gerüchte über Kannibalismus und Inzest wieder zu Verfolgungen führen könnten, offene Briefe an die Kaiser, die sogenannten Apologien, in denen sie die christliche Moral und die religiösen Riten verteidigten. Christen seien alles andere als unmoralisch und gesetzlos, sie seien vielmehr die wahren Philosophen. Urteilt selbst, sagten sie, schaut euch das Sexualleben der Christen an: »Viele Männer und Frauen, die nun sechzig bis siebzig Jahre alt sind und seit ihrer Kindheit Jünger Christi, haben ihre Reinheit [sexuelle Abstinenz] bewahrt; und ich bin stolz, daß ich solche Menschen in jeder Nation [ethnischen Gruppe] benennen könnte.«[1] Der Märtyrer Justinus, ein christlicher Apologet des 2. Jahrhunderts, erinnerte den Kaiser Marc Aurel:

> Und damit ihr überzeugt werdet, daß jene zügellosen Ausschweifungen kein geheimer Bestandteil unserer Religion seien, hat bereits einer der Unsrigen an Felix, den Statthalter von Alexandris, die Bitte gerichtet mit dem Ersuchen, seinem Arzt die Erlaubnis zu geben, ihm selbst die Hoden abzuschneiden; die Ärzte jener Stadt sagten, ohne die Erlaubnis des Statthalters sei ihnen dies zu tun

> untersagt. Aber als sich Felix in keiner Weise zur Genehmigung verstehen wollte, so gab sich der Jüngling, der ledig geblieben war, mit seinem eigenen Bewußtsein und dem seiner Gesinnungsgenossen zufrieden.[2]

Der römische Staat sollte sehen, daß die Christen eigentlich die idealen Bürger seien, behaupteten die Apologeten, denn sie waren in der Weise tugendhaft, wie der römische Staat Tugend verstand: Im moralischen Leben der Christen regierte die Vernunft über die Leidenschaften.

Nach den Lehren der griechischen Philosophie waren nur Philosophen in der Lage, das irrationale Selbst zu bezwingen, denn nur sie hatten die Muße, die Rationalität durch das Studium von Geometrie, Musik, Astronomie, Rhetorik und Logik zu pflegen. Diese Disziplinen übten den Verstand, führten ihn vom körperlichen Leben fort und stärkten seine Macht über die Leidenschaften. Trotzdem erklärten Apologeten, wie Justinus im 2. Jahrhundert, einer skeptischen Öffentlichkeit, daß das Christentum da erfolgreich war, wo die Philosophen versagt hatten. Was Platon nur bei den besten Philosophen für möglich hielt – eine moralische und intellektuelle Disziplin, bei der die Vernunft über die Leidenschaften herrschte –, war nun auch möglich für Frauen, Kaufleute und Sklaven. Durch die Konversion zum Christentum wurden aus diesen irrationalen Massen, die einst unfähig waren, ihre Leidenschaften zu beherrschen, durch die Vernunft vorbildliche Bürgerinnen und Bürger. Im 3. Jahrhundert verteidigte Origenes das Christentum und protestierte: »Warum ist es denn schändlich, wenn Jesus der Menschheit zeigen will, wie er Seelen heilen kann, und unbedeutende, sehr schlechte Männer auswählt und sie so weit bringt, daß sie ein Beispiel von reinstem moralischem Charakter werden?«[3]

Während christliche Apologeten die Christen gegen üble Gerüchte verteidigten und christliche Moral anpriesen, schufen sie eine neue Christologie. Christus sei eigentlich, so erklärten sie, die Inkarnation der universellen Vernunft, das rationale Prinzip, das den Kosmos regiert. Christus als universale Vernunft war ferner in der rationalen Seele eines jeden Menschen gegenwärtig. Christen konnten deswegen durch ihre Anpassung an Christus als die universale Vernunft, die in ihrem Bewußtsein bereits vorhanden war, den langen Prozeß abkürzen, mit dem Tugend erworben wurde und der von Bildung und sozialer Klasse abhing. »Wir wurden gelehrt«, schrieb der Märtyrer Justinus,

> daß Christus der Erstgeborene Gottes ist, und haben vorher bezeugt, daß er die Vernunft ist, an der jedes menschliche Geschlecht teilhat. Diejenigen, die in Übereinstimmung mit der Vernunft lebten, sind Christen, obwohl sie gottlos genannt wurden, so wie unter den Griechen Sokrates und Heraklit und andere wie sie. So waren auch die anderen, die ohne Vernunft lebten, ohne Gnade und Feinde Christi und Mörder derer, die in der Vernunft lebten. Doch diejenigen, die in der Vernunft lebten, und die, die jetzt so leben, sind Christen, furchtlos und unerschütterlich.[4]

Im großen Rundumschlag seiner neuen Christologie verwandelte Justinus alle Christen in Philosophen und alle tugendhaften Menschen (wie Sokrates), die vernunftgemäß lebten, in Christen.

Wenn die kühlen Überlegungen der Apologeten nicht ausreichten, um den gefährlichen Verdacht der Unmoral der Christen zu zerstreuen, dann waren die Märtyrer ein noch stärkeres Argument dafür, daß bei den Christen die göttliche Vernunft irrationale Leidenschaften besiegt hatte. In den oft zitierten Geschichten über christliche Märtyrer waren die Herrschenden und das Volk angesichts der erstaunlichen Selbstkontrolle, die die Christen Angst, Schmerz, Erniedrigung, ja selbst dem Tod gegenüber zeigten, von Bewunderung überwältigt. Die Geschichte des Martyriums des Polykarp (Smyrna, 155 n. Chr.), die in den Gemeinden Kleinasiens im Umlauf war, beginnt so:

> Wahrlich gesegnet und edel sind die Martyrien, die gemäß dem Willen Gottes stattgefunden haben ... Denn wer würde den Edelmut und die geduldige Ausdauer und die Liebe zu ihrem Meister nicht bewundern? Manche von ihnen, von der Marter so zerrissen, daß ihr innerstes Fleisch sichtbar war bis zu den Venen und Arte-

rien, ertrugen dieses mit solcher Geduld, daß sogar die Umstehenden Mitleid bekamen und weinten; andere waren so heldenmütig, daß keiner einen Schrei oder Seufzer tat.[5]

Als Polykarp in die Arena geführt wurde, wo er auf einem großen Scheiterhaufen verbrannt werden sollte, sagte er zu dem Soldaten, der ihn an einen Pfahl nageln wollte: »Laß mich so, wie ich bin. Denn der, welcher mich befähigt, das Feuer zu erdulden, wird mich auch befähigen, ruhig auf dem Scheiterhaufen zu bleiben, ohne die Sicherheit, die du von den Nägeln erwartest.«[6] So groß war die Macht des christlichen Geistes über die Leidenschaften des Körpers, daß Polykarp mit ruhiger Aufmerksamkeit dastand, als die Flammen seinen Körper verschlangen. Zwei Jahrzehnte später wurde eine Gruppe von Märtyrern in Lyon gelobt für »die große Freiheit des Wortes gegen den Adel und den Edelmut ihrer Seelen, die sie durch ihren geduldigen Mut und ihre Furchtlosigkeit zeigten«.[7] Allein die Möglichkeit, diesen Grad von Kontrolle über die Leidenschaften erreichen zu können, war Beweis für die Gegenwart des Göttlichen.

Das asketische Ideal

Mit der Bekehrung des Kaisers Konstantin zum Christentum im 4. Jahrhundert endeten die Verfolgungen und mit ihnen die Erfahrung des Martyriums. In den nun folgenden Jahrzehnten waren ägyptische und syrische Asketen die Vorbilder des Glaubens. Sie entsagten dem Eigentum, den Familienbanden und den Haushaltsverpflichtungen, um in der Einsamkeit der Wüste christliche Vollkommenheit zu suchen. Zentraler Punkt ihres Rückzugs aus der Welt war der Verzicht auf Sexualität. Die römischen Christen im westlichen Reich waren von den Erzählungen über diese Asketen im Osten tief beeindruckt, und viele nahmen einen asketischen Lebensstil an, während sie zu Hause lebten, was Fastenübungen und Nachtwachen sowie den Verzicht auf Sexualität bedeutete. Die griechischen Philosophen hatten die Macht der Vernunft über die Leidenschaften als das Kennzeichen der Aristokratie gefeiert, der herrschenden Klasse, deren Tugend ihre politische Macht legitimierte. Im 4. Jahrhundert feierten Christen dann den Sieg der Vernunft über die Leidenschaft im Leben der Asketen. Sie wurden für die Kirchen des Westens zu Vorbildern des höchsten Ausdrucks von Christentum.[8]

Die asketische Bewegung wurde durch die Veröffentlichung einer populären Erzählung, *Das Leben des Antonius* von Athanasius, dem Bischof von Alexandrien, allgemein bekannt. Athanasius schildert die Geschichte eines unruhigen jungen Mannes, der im Alter von zwanzig Jahren seine Eltern durch Tod verlor und dadurch plötzlich zum Oberhaupt eines reichen Haushalts wurde. Seine Bekehrung zu einem Leben der Entsagung fand in einer Dorfkirche statt, als er die Worte des Evangeliums hörte: »Wenn du vollkommen sein willst, geh, verkauf deinen Besitz und gib das Geld den Armen.« Er verkaufte die Äcker der Familie, entledigte sich der beweglichen Güter und verteilte seinen Besitz an die Armen. Dann führte er das Leben eines Asketen am Rande des Dorfes. Als Teil seiner Übungen »bezwang er seinen Körper und machte ihn untertänig«, indem er nur Brot, Wasser und Salz zu sich nahm – und das nur jeden vierten Tag. Wenn er schlief, dann auf der bloßen Erde, und oft verbrachte er die Nacht betend. Denn »die Spannkraft der Seele [ist] dann groß, wenn die Begierden des Körpers ohnmächtig [sind]«, wie Athanasius erklärt.[9] Die Beherrschung des Leibes öffnete den Weg zur Kontrolle über den Geist. Zur Fortsetzung seiner Übungen zog sich Antonius tief in die feindliche Wüste zurück und schloß sich in ein verlassenes Kastell ein, wo er seine asketischen Übungen zwanzig Jahre lang weiterführte. Als er wieder herauskam, war »die Verfassung seines Innern aber ... rein; denn weder war er durch den Mißmut grämlich geworden noch in seiner Freude ausgelassen, auch hatte er nicht zu kämpfen mit Lachen oder Schüchternheit ... Er war vielmehr ganz ... geleitet von seiner Überlegenheit«, berichtet Athanasius.[10]

Der asketische Impuls war in der christlichen Bewegung von Anfang an vorhanden. Paulus hatte an die Christen von Korinth geschrieben: »Den Unverheirateten und den Witwen sage ich: Es ist gut, wenn sie so bleiben wie ich. Wenn sie aber nicht enthaltsam leben können, sollen sie heiraten« (1 Kor 7, 8–9). Frauen waren vom asketischen Ideal ganz besonders angezogen. Da Keuschheit die vornehmste Tugend der Frauen war, erschien sexuelle Abstinenz mit dem Wesen des Frauseins vereinbar. Andererseits wurde jedoch ein fundamentales Privileg der Männer in Frage gestellt, wenn Töchter und Ehefrauen das Recht für sich in Anspruch nehmen wollten, über ihre Sexualität (also den Verzicht darauf) selbst entscheiden zu können.

Für viele Frauen verkörperte die heroische Figur der Thekla das asketische Ideal. Sie wurde in den weitverbreiteten *Paulus- und Thekla-Akten*, einer Sammlung aus dem 2. Jahrhundert mit Erzählungen über Paulus, gepriesen. Für eine aristokratische Frau wie Thekla war eine einzige Tat nötig, um der Welt zu entsagen, nämlich die, sich einer arrangierten Heirat zu widersetzen. Dadurch behauptete sie ihre eigene Autonomie – ihr Recht, über ihren Körper und ihre Sexualität zu verfügen. Im Zusammenhang mit der neuen asketischen Bewegung wurden Frauen nicht mehr um ihrer reproduktiven Sexualität willen geschätzt, und ein neues Frauenideal entstand – das der geweihten Jungfrau. Obwohl das Jungfrauenideal die früheren Werte, die mit dem Frausein verbunden waren, einschloß, verlieh es einer Frau doch eine gewisse Unhabhängigkeit. Indem sie »der Welt« entsagte, gewann sie die Kontrolle über ihre eigene Sexualität.

Durch ihren Verzicht transzendierte eine Frau, die das asketische Ideal übernahm, die Welt des Leibes und der Sexualität. Die Autoren des 4. Jahrhunderts, die über das Asketentum schrieben, betrachteten den Lebenswandel einer Jungfrau als eine Rückkehr zum ursprünglich menschlichen Zustand vor dem Sündenfall, vor dem sexuellen Verkehr. Johannes Chrysostomos beschreibt das paradiesische Ideal so:

> Adam und Eva enthielten sich der Ehe und führten im Paradies ein Leben, so wie sie es im Himmel geführt hätten, indem sie in der Verbindung mit Gott schwelgten. Sexuelles Begehren, Empfängnis, Geburtswehen, Geburt und jede Art von Verderbnis war von ihren Seelen genommen. So wie ein klarer Bach von einer reinen Quelle fließt, so waren sie geschmückt mit Jungfräulichkeit.[11]

Die Geringschätzung von Frauen und ihre Unterordnung unter Männer stand in direktem Zusammenhang mit ihrer Fortpflanzungsfähigkeit und ihrer gesellschaftlichen Aufgabe der Sorge um das leibliche Wohl.[12] Im Verzicht auf Leib und Sexualität und in der Nachfolge der asketischen Ideale transzendierten Frauen tatsächlich ihre Weiblichkeit. Die Beherrschung der Leidenschaften und des Leibes war lange ein männliches Terrain. Nun konnten asketische Frauen, die den physischen Anforderungen des Fastens gewachsen waren, dafür gepriesen werden, daß sie Männlichkeit zeigten. Asketische Frauen, die ihre Fortpflanzungsfähigkeit und ihre soziallen Rollen ablehnten, wurden sozusagen zu Männern »ehrenhalber«.

Weil der Mann das menschliche Ideal verkörperte und männliche Tugenden des Mutes und der Selbstbeherrschung den Gipfel moralischer Vollkommenheit darstellten, konnten diese Autoren den Wert asketischer Frauen nur in der Sprache männlicher Vollkommenheit ausdrücken. Johannes Chrysostomos lobte die asketische Olympias so: »Sage nicht ›Frau‹, sondern ›was für ein Mann!‹ Denn sie ist ein Mann, trotz ihrer physischen Erscheinung.«[13] Hervorragende weibliche Leistung konnte nur durch den Gebrauch männlicher Attribute gepriesen werden. Die Tatsache, daß Männlichkeit zum Symbol der hervorragenden Leistung geworden war, untergrub die Größe der weiblichen Errungenschaften. Christliche Theologen versäumten es, die asketischen Leistungen von Frauen in weibliche Symbole zu übersetzen. (Sogar heute noch weckt der Ausruf »Was für eine Frau!« eher das Bild weiblicher Sexualität als das weiblicher Leistung.) Anstatt Weiblichkeit als eigenen Weg zu Gott anzuerkennen oder Weiblichkeit als tiefen Ausdruck des

Göttlichen zu sehen, ließ das Christentum die traditionelle kulturelle Bedeutung von Weiblichkeit und weiblicher Sexualität unverändert. Rationalität und Selbstkontrolle behielten ihre männliche Ausformung, während Leidenschaft, Sexualität und Körperlichkeit speziell weiblich besetzt blieben.

Nach zwei Jahrhunderten sexueller Entsagung im Streben nach Gotteserkenntnis formulierte Augustinus eine Theologie, die Sünde mit Sexualität gleichsetzte. Frauen, die der Sexualität nicht entsagten, verfingen sich in dem Netz von neuen Verbindungen, die zwischen Sünde und Sexualität hergestellt wurden. Da Weiblichkeit so innig mit Sexualität verbunden war, war es die erotische und verführerische Sexualität der Frauen, die sowohl Frauen als auch Männer von Gott entfernte. Weil der Körper der Frauen die Sexualität deutlich ausdrückte, war er kein Abbild Gottes; er stellte eher die Kraft jener Mächte dar, die die Menschheit von Gott wegzog.

Sexueller Verzicht und die Sündenlehre des Augustinus

Eine theologische Lehre ähnelt einem lebenden Organismus. Sie beginnt mit einem Keim, reift in einer günstigen Umgebung heran und stirbt aus natürlichen Gründen. Der Keim für eine theologische Lehre liegt oft in der tiefen spirituellen Erfahrung eines Individuums. Die theologische Lehre von der Erbsünde, die der menschlichen Natur eigen ist und über die Generationen hinweg vererbt wird, wurde von dem afrikanischen Intellektuellen Augustinus (354–430) formuliert, dessen großer Einfluß ihm den Titel Kirchenvater eintrug. Die Bekehrung Augustinus' wurde von der Popularität des asketischen Ideals unter den Christen des 4. Jahrhunderts und von den gesellschaftlichen Institutionen seiner Zeit – darunter Konkubinat und arrangierte Ehen – beeinflußt und durch lebhaftes intellektuelles und spirituelles Streben angespornt. Als hochgebildeter Wissenschaftler und Rhetoriker reflektierte Augustinus seine Erfahrungen und analysierte sie, um die allgemein gültigen Muster in ihnen festzustellen. Er brachte in diesen Prozeß seine intellektuelle Bildung, namentlich die Konzepte der griechischen Philosophie vom Selbst und vom Göttlichen mit ein.

Die *Bekenntnisse* des Augustinus sind eine Chronik seines langen und qualvollen Weges in den Dienst Gottes. Große Teile seiner geistlichen Autobiographie sind ausdrücklich dem Thema Sexualität und sexuelle Beziehungen vorbehalten. Nach Augustinus' Auffassung war seine Bekehrung zum Christentum sogar untrennbar mit seinem Verzicht auf Sexualität verbunden. Er verfolgte die Geschichte seines Verzichts auf Sexualität bis in die Zeit seines sexuellen Erwachens zurück. Augustinus berichtet, wie ihn sein Vater im Bad sah, Augustinus war zu dem Zeitpunkt sechzehn Jahre alt, und feststellte, daß er ein Mann wurde. Der Vater erzählte »voll Vergnügen der Mutter davon, als trüge er bereits auf Enkel an«. Seine Mutter jedoch, die eine eifrige Christin war, warnte ihn heimlich, er »sollte keine Unzucht treiben, gar die Ehe brechen mit der Frau eines anderen«. Die Ermahnungen seiner Mutter hielt der junge Augustinus, so erinnert er sich, »für weibisch, und ich hätte mich geschämt, sie zu befolgen«.[14] Als junger Mann vertrat Augustinus die Ansicht der heidnischen Gesellschaft, wonach Männlichkeit nur durch sexuelle Ausbeutung erreicht werden konnte.

Wirkliche sexuelle Erfahrungen machte er erst, als er zum Studium nach Karthago ging, denn dort »brodelte [es] um mich her von schändlichem Liebestreiben – wie das Wallen in einem kochenden Kessel. Noch liebte ich nicht und liebte doch die Liebe... Lieben und geliebt werden war mir erhöhte Lust, wenn ich auch des Liebenden Leib genoß.«[15] Ein Jahr sexueller Entdeckungen war vorüber, als sich Augustinus mit achtzehn Jahren eine Konkubine nahm, mit der er fünfzehn Jahre zusammenlebte. Wie andere junge Männer seiner gesellschaftlichen Klasse nahm er eine Frau von niedererem Stand als Konkubine, die er aus gesellschaftlichen Gründen nicht heiraten konnte. Solche Beziehungen verschafften jungen Männern der oberen Klassen eine Gefährtin, eine Sexualpartnerin und eine Haushälterin. Augustinus war dieser ungenannten Frau tief verbunden, und zusammen zogen sie einen Sohn, Adeodatus, auf.

Im Jahr 384 wurde Augustinus überraschend der angesehene Lehrstuhl für Rhetorik in Mailand angeboten, wo Mitglieder des kaiserliches Hofes wohnten. Diese neue Position war ein Meilenstein in Augustinus' Laufbahn, und er war bereit zu heiraten. Seine Mutter arrangierte sofort eine Ehe für ihn mit der Tochter einer gesellschaftlich passenden Familie. Das Mädchen war noch zwei Jahre unter dem gesetzlichen Heiratsalter nach römischem Gesetz (wohl zehn Jahre alt), und Augustinus mußte noch zwei Jahre warten, bevor er sie zur Frau nehmen konnte. Teil des Vertrags mit der Familie war, daß Augustinus seine Konkubine wegschicken mußte, die als mögliche Rivalin für die zukünftige Frau gesehen wurde. Augustinus erinnerte sich:

> Man hatte mir die Genossin meines Lagers als Hindernis für die Ehe von der Seite gerissen, sie, die mir ans Herz gewachsen war, und von Schnitt und Wunde vergoß dies Herz von seinem Lebensblut. Sie war heimgekehrt nach Afrika, nicht ohne Dir [Gott] gelobt zu haben, sie wolle keinem anderen Manne mehr gehören, und hatte meinen natürlichen Sohn, dessen Mutter sie war, bei mir zurückgelassen.
> Ich aber, ich Unseliger, nicht einmal imstande, es einem Weibe gleichzutun, fand den Aufschub, daß ich erst nach zwei Jahren die erhalten sollte, um die ich warb, unerträglich und verschaffte mir, weil ich ja nicht Freund der Ehe war, sondern Sklave der Lust, eine andere Genossin ...[16]

Die Ehe kam nie zustande, denn innerhalb dieser zwei Jahre bekehrte sich Augustinus zum Christentum und entsagte den sexuellen Beziehungen.

In seiner Jugend hatte Augustinus den christlichen Glauben seiner Mutter zurückgewiesen. Für ihn lasen sich die heiligen Schriften der Christen wie von ungebildeten und unbelesenen Leuten geschriebene Bücher, die christliche Lehre erschien ihm entweder verwirrend oder unverständlich, sie konnte die wirklich wichtigen Fragen über das menschliche Leben nicht beantworten. Augustinus' Weg zurück zum Glauben seiner Mutter hatte über Umwege zu Manichäismus und Platonismus geführt. Als er dann Lehrer für Rhetorik in Mailand war, waren seine intellektuellen Fragen angemessen gelöst, und in der Person von Bischof Ambrosius von Mailand fand er einen christlichen Intellektuellen, der von der aristokratischen Elite Roms respektiert wurde. Endlich war er bereit für Konversion und Taufe.

An diesem Punkt seines Lebens begegnete ihm zufällig *Das Leben des Antonius*. In seinen Bekenntnissen erinnert sich Augustinus an den Besuch eines Landsmannes aus Afrika namens Ponticianus, der ihm die folgende Geschichte erzählte: Ponticianus und drei Gefährten im Dienste des Kaisers waren auf der Suche nach Unterhaltung müßig durch die Straßen von Trier geschlendert. Zwei von ihnen kamen an ein kleines Haus und hatten dort Gelegenheit, *Das Leben des Antonius* zu lesen. Das Feuer der Begeisterung entzündete sich in einem der jungen Männer, als er von den leidenschaftlichen Entsagungen um des Königreichs Gottes willen las. »Sag, ich bitte dich«, rief er seinem Freund zu, »worauf trachten wir denn hinaus mit all unseren Plackerein? Was suchen wir? Wessentwegen machen wir denn unseren Dienst? Haben wir bei Hofe jemals Größeres zu erwarten, als daß wir ›Freunde des Kaisers‹ seien? ... Freund Gottes aber, wenn ich nur will, – ich bin's in diesem Augenblick«, sagte er glühend. Er entschied sich auf der Stelle »in Gottes Dienste zu treten«, und sein Freund, der das Band der Freundschaft nicht durchtrennen wollte, entschied sich, ihm in diesem Verzicht zu folgen. Die Geschichte endet: »Und beide hatten sie doch Bräute. Als die erfuhren, was geschehen war, gelobten auch sie die Jungfräulichkeit.«[17] Verzicht auf Sexualität war die Pforte zum Dienst für Gott. Als Ponticianus seine Geschichte beendet hatte, fühlte Augustinus »einen Schauer von Scham«. Er wandte sich an seinen Freund Alypius, der die Geschichte ebenfalls gehört hatte, und sagte: »Was geschieht uns? Was ist das? Hast du's gehört? Ungelehrte raffen sich

auf und reißen den Himmel an sich, und wir mit unserer Schulweisheit ohne Herz, wir wälzen uns in Fleisch und Blut!«[18]
So begann der heftige Kampf in seiner Seele zu toben, der »heiße Streit, den ich mit mir begonnen hatte«. Er zog sich in den Garten des Hauses, in welchem er sich aufhielt, zurück. Er kämpfte mit sich selbst; er riß sich das Haar aus und schlug sich mit den Fäusten an die Stirn, als er sich dem Verzicht näherte, nach dem er sich sehnte. »So war ich krank und marterte mich in Vorwürfen gegen mich selbst, bitterer noch als sonst, und wand und wälzte mich in meiner Fessel, daß sie nun endlich, dem Gebundenen schon so dünn geworden, ganz zerrisse.«[19] Augustinus braucht zehn Seiten, um die ganze Macht dieses inneren Aufruhrs zu beschreiben. Der Konflikt, in dem Augustinus gefangen war, war der Konflikt mit seiner eigenen Sexualität – Vernunft gegen Leidenschaft. Denn für Augustinus bedeutete die Bekehrung zum Christentum den Verzicht auf sexuelles Begehren, doch sein Wille war nicht stark genug, einen Entschluß zu fassen, und er fiel immer wieder zurück. Dann endlich ließ er seiner Verzweiflung freien Lauf »in einem schweren Regen von Tränen«.
Plötzlich, wie durch ein Wunder, bemerkte er, daß die Willensstärke da war. Worte erklangen über die Gartenmauer: »Nimm es, lies es, nimm es, lies es!« Als er das Buch mit den Paulusbriefen von der Bank aufnahm und öffnete, fielen seine Augen auf die Stelle »ohne maßloses Essen und Trinken, ohne Unzucht und Ausschweifung, ohne Streit und Eifersucht. Legt (als neues Gewand) den Herrn Jesus Christus an, und sorgt nicht so für euren Leib, daß die Begierden erwachen« (Röm 13, 13–14). »Weiter wollte ich nicht lesen«, schrieb Augustinus, »und weiter war es auch nicht nötig. Denn kaum war dieser Satz zu Ende, strömte mir Gewißheit als ein Licht ins kummervolle Herz, daß alle Nacht des Zweifelns hin und her verschwand.«[20] Durch göttliche Fügung war er fähig, den Verzicht zu leisten.
Diese Erfahrung im Garten wurde zum Paradigma in Augustinus' Sündenlehre. Er entwickelte diese Lehre durch den Blick auf Er-

eignisse, die in einem anderen Garten – dem Garten Eden – stattfanden, gebrochen von den Sichtweisen der platonischen Philosophie. In Anlehnung an die Griechen sah Augustinus innere Konflikte im geteilten Selbst angesiedelt – dem höheren, rationalen Teil des Selbst, das den irrationalen Teil, d. h. die Lüste und Leidenschaften, beherrscht. Das höhere Selbst war imstande, die abstrakte, ewig gleichbleibende, unsichtbare Welt des Göttlichen zu erkennen. Das niedrigere Selbst war nur für die unstabile, wechselnde Welt der Sinne mit ihrer Vielfalt und Vielschichtigkeit geeignet.

Augustinus vertrat die Meinung, daß die Menschen in ihrem ursprünglichen Stand der Vollkommenheit in Harmonie mit sich selbst und mit Gott lebten. Das war möglich, weil der rationale, beherrschende Teil des Selbst vollkommen mit der Betrachtung Gottes beschäftigt war und deswegen imstande, die irrationalen Anteile des Selbst zu ordnen und zu regieren. Als Adam und Eva sich für Autonomie und Selbstbestimmung entschieden, fort von der totalen Betrachtung Gottes und fort von den Geboten Gottes, wurden sie durch Verkrüppelung des rationalen Teils der Seele bestraft, der somit die irrationalen Leidenschaften nicht mehr regieren konnte. Wo die Erzählung der Genesis sagt: »Da gingen beiden die Augen auf«, fragte Augustinus: »Auf, wofür?« Und seine Antwort war: für das Begehren zueinander als Strafe für die Sünde.[21]

Die erste Sünde von Adam und Eva war die Sünde des Stolzes, die darin bestand, daß sie gegen Gott rebellierten und sich für Selbstbestimmung und Autonomie entschieden. Die Strafe für die Sünde des Stolzes war die Schwächung des rationalen Geistes. Augustinus nannte diese Strafe Lüsternheit (ungezügeltes Begehren). Die Rebellion gegen Gott führte zu einem Aufstand der Leidenschaften; die Strafe paßt zum Verbrechen. Adams Weigerung, von Gottes Willen kontrolliert und beherrscht zu werden, führte zu der Weigerung seiner niedereren Natur – den Leidenschaften –, der höheren, rationalen Natur zu gehorchen. Es war kein Zufall, daß Adam und Eva sich versteckten, nachdem sie von der verbotenen Frucht gegessen hatten, denn nach dem Südenfall »fühlten sie eine Bewegung in ihren Gliedern, derer sie sich schämten«, sexuelle Regungen, ungebeten vom rationalen Geist, die peinlich waren, weil sie den Kontrollverlust offen zeigten.[22] Die strategische Plazierung des Feigenblattes deutet auf den Ort der Strafe hin, den Ort, von dem die Lüsternheit ausgeht.

Das Musterbeispiel für den Kontrollverlust des rationalen Verstandes war Sexualität. Augustinus' Erfahrung seiner eigenen Unfähigkeit, seine sexuellen Triebe zu bändigen, war für ihn der Ausdruck von Verkrüppelung der menschlichen Natur, die vom Sündenfall herrührte. Wenn Augustinus über die Natur der Sexualität im Paradies vor dem Sündenfall nachdenkt, dann beschreibt er sie als eine leidenschaftslose, rationale sexuelle Erfahrung:

> Wir bewegen ja bekanntlich nach Belieben nicht nur die aus festen Knochen zusammengesetzten Glieder, wie Füße, Hände und Finger, sondern wir bewegen, wenn wir wollen, auch die weichen, sehnigen Teile hin und her, dehnen sie aus, verzerren sie, biegen sie, härten sie und ziehen sie zusammen; auf solche Weise bewegt der Wille, so gut er kann, unsern Mund, unser Gesicht. ... So konnte auch der Mensch die Gewalt über seine niedrigeren Glieder besitzen, wenn er auch später durch seinen eigenen Ungehorsam diese Gewalt eingebüßt hat. ... Was hindert uns zu glauben, daß vor der Sünde des Ungehorsams und vor der Strafe der Verderbtheit die menschlichen Zeugungsglieder ohne geschlechtliche Begierde dem Willen der Menschen dienen konnten? ... Seitdem [der Mensch] aber Gott nicht mehr gehorcht, kann er nicht einmal mehr sich selbst gehorchen.[23]

Augustinus glaubte, daß diese Verkrüppelung der Herrschermacht des rationalen Geistes mittels der Sexualität von einer Generation zur anderen übertragen wurde und so auf die ganze Menschheit. Durch sündige, irrationale Leidenschaft wurde die ganze Menschheit angesteckt, und es war diese sündige Leidenschaft, die jede neue Generation mit dieser Schwäche des rationalen, beherrschenden Anteils des Selbst infizierte. Sünde war eine sexuell übertragbare Krankheit. Augustinus' Theorie zufolge war die Sündenfreiheit

Jesu direkt auf seine Geburt von einer Jungfrau zurückzuführen. Wenn Maria vom Heiligen Geist empfangen hatte, dann war damit keine irrationale sexuelle Leidenschaft verbunden, und die Erbsünde war nicht auf ihn übertragen. Augustinus folgte damit der Fortpflanzungstheorie des Aristoteles, daß der männliche Teil der Spezies die »Form« des Embryos bestimmte, die vom männlichen Samen ausging. Das Weibliche bringt nur die Materie ein, weil es keinen lebenspendenden Samen produzieren kann.[24] Nach Augustinus übertrug also der Same die Erbsünde; weil Frauen keinen Samen produzierten, waren sie nicht imstande, Sünde zu übertragen.

Der leidenschaftliche und irrationale Aspekt von Sexualität – das, was sie sündig machte – konnte in der Ehe durch den Wert der Fortpflanzung und durch Begrenzung der Sündhaftigkeit der Sexualität auf einen Partner erlöst werden. Weil es die lustvolle, leidenschaftliche Dimension von Sexualität war, die sie sündig machte, war jede Form von Sexualität, die nicht auf Fortpflanzung zielte, sündig. Deswegen behauptete Augustinus, daß »wahre eheliche Keuschheit den Verkehr mit einer menstruierenden oder schwangeren Frau meidet; ja sie nimmt sogar Abstand von der ehelichen Begegnung, wenn keine Aussicht auf Befruchtung mehr besteht, zum Beispiel bei älteren Menschen.«[25] In diesem Zusammenhang, so glaubte Augustinus, war die einzige Bedeutung, die Sexualität haben konnte, die Dominanz der Leidenschaften über die Vernunft, was die Kontrolle der Vernunft über die Leidenschaft umkehrte und so in die Kategorie von sündiger Sexualität fiel. Diese augustinische Auffassung von Sexualität herrscht in der römisch-katholischen Theologie immer noch vor. Die ablehnende Haltung der Kirche gegenüber der Geburtenregelung baut auf dem Grundsatz auf, daß sexueller Verkehr, der nicht auf Befruchtung zielt, sündhafte Lust ist. Obwohl das II. Vatikanische Konzil diese 1500 Jahre alte Tradition revidiert und erklärt hat, daß das Ziel von Sexualität sei, gefühlsmäßige Bande zu schaffen, so ging es doch nicht so weit, Geburtenregelung zu erlauben.

Ein Denksystem, das sich auf den problematischen Charakter der Sexualität gründete, war natürlich nicht neu. Jahrhunderte vor Augustinus hatten die Griechen weibliche Sexualität als Kraft bezeichnet, die kontrolliert und dominiert werden mußte, eine Sicht von weiblicher Sexualität, die mit den untergeordneten Rollen von Frauen als Sklavinnen, Geliebten und Ehefrauen in Einklang stand. Das »niedere« Selbst – körperlich, leidenschaftlich, immer in Gefahr, außer Kontrolle zu geraten – war eine Quelle der Scham. Ehre konnte nur erlangen, wer öffentlich zeigte, daß er dieses begierige Selbst beherrschte. Der Körper und seine Bedürfnisse waren, wie die Frau, ein Symbol für Scham.

In Augustinus' System wurde das sexuelle Selbst jedoch von einem Symbol der Scham in ein Symbol der moralischen Schuld umgeformt. Die körperlichen Bedürfnisse waren Ausdruck einer sündigen Natur und verdienten ewige Strafe. Augustinus war der Meinung, daß Gottes universelles Gericht über die Menschheit durch die universelle Schuld gerechtfertigt war, die sich in der sündigen sexuellen Natur des Menschen ausdrückte. Nur das Sakrament der Taufe konnte die Schuld tilgen, die in der sündigen Natur eines jeden Neugeborenen vorhanden war. Das alte Vertrauen der Philosophen in das beherrschte rationale Selbst wurde durch Augustinus' Lehre von der Erbsünde erschüttert. Nur mit Hilfe göttlicher Gnade würde das verkrüppelte rationale Selbst fähig sein, die widerspenstigen Begierden des niederen Selbst zu beherrschen.

Es mag auf den ersten Blick so erscheinen, als habe Augustinus in bezug auf die Sünde Geschlechtergleichheit hergestellt – nicht nur Frauen, auch Männer haben eine sündige sexuelle Natur. Doch die Rolle der Frau hatte sich zu Augustinus' Zeiten noch nicht verändert. Er bezog sich, genau wie die griechischen Philosophen, auf Frauen hauptsächlich in ihren Rollen als Konkubinen, Ehefrauen und Sklavinnen. Wenn Augustinus in seinem Kommentar zur Genesis über den Zweck der Frau nachdachte, konnte er über ihre Rolle bei der Fortpflanzung nicht hinaussehen.

> Nun, wenn die Frau nicht für den Mann gemacht ist, um seine Helferin zu sein bei der Erzeugung von Kindern, worin sonst sollte sie ihm helfen? Sie sollte nicht mit ihm die Erde bearbeiten, denn es gab keine Arbeit, die ihre Hilfe nötig machte. Sollte sie eine Hilfe in Nöten sein, so wäre ein männlicher Helfer besser, und das gleiche kann gesagt werden vom Trost der Gesellschaft eines anderen, wenn Adam vielleicht der Einsamkeit überdrüssig war. Um wie viel angenehmer könnten zwei männliche Freunde, eher als ein Mann und eine Frau, ihre gegenseitige Gesellschaft und die Gespräche genießen in einem gemeinsamen Leben. Und wenn sie Anordnungen treffen müßten für ihr gemeinsames Leben und einer befehlen sollte und einer gehorchen, um zu gewährleisten, daß gegensätzliche Meinungen den Frieden des Haushalts nicht stören, dann wäre da eine richtige Rangordnung, die das gewährleistet, denn der eine wäre früher geschaffen als der zweite.[26]

Auf ihre sexuellen Funktionen reduziert, lastete die Schuld der sündigen Sexualität auf der Frau schwerer als auf dem Mann. Denn obwohl auch Männer eine sündige Sexualität hatten, so war Männlichkeit immer noch mit Rationalität gleichgesetzt. Frauen waren von diesem Standpunkt aus nichts anderes als sexuelle Wesen, auf eine Dimension beschränkt, die die christliche Theologie verabscheute.

Hier war Augustinus wieder der unkritsche Erbe der griechischen philosophischen Tradition. Im griechischen Denken wurde das sexuelle Selbst als Ansammlung von Energien und Trieben beschrieben, die im Körper ihren Ursprung hatten. Das rationale Selbst, das manchmal Seele genannt wurde, war der immaterielle Anteil des Selbst, von dem die Philosophen glaubten, daß es mit dem göttlichen Reich und den unwandelbaren Wirklichkeiten eine gewisse Verwandtschaft habe. Sokrates, das philosophische Vorbild von Platon, erklärt es so: »Sondern es ist uns wirklich ganz klar, daß, wenn wir je etwas rein erkennen wollen, wir uns von ihm [dem Körper] losmachen und mit der Seele selbst die Dinge selbst schauen müssen.«[27] Platon war der Ansicht, daß der Wunsch nach Befreiung der Seele hauptsächlich, wenn nicht ausschließlich, bei den Philosophen gefunden würde. Lag doch die Hauptaufgabe des Philosophen darin, die Seele vom Körper zu befreien und zu trennen.[28] Weil die Seele zum Reich der Unsterblichkeit gehörte, besaß die Seele in sich selbst das Wissen von dem, was wahr, ewig und unwandelbar ist. Die Seele erkennt Gerechtigkeit, ihr wahres Selbst und ebenso Mäßigung und Weisheit.[29] Tugend wohnte in der Seele, nicht im Leib. Die Trennung der Seele vom Leib wurde durch lange Übungen erreicht, in andauerndem Kampf gegen diese Begierden, die im Leib verwurzelt waren. Wenn dann endlich die Seele den Leib und seine Leidenschaften richtig kontrollierte und beherrschte, wurden gleichzeitig ein tugendhaftes Leben und Harmonie erreicht.

Die Gleichsetzung von Frau, Sexualität und Körper (der die irrationale und ständig sich verändernde materielle Welt darstellt) und der Ausschluß von Sexualität und Leidenschaft vom Göttlichen schufen eine Kluft zwischen Frau und Gott. Nur durch Verleugnung ihrer sexuellen Identität und durch Entsagung der Weiblichkeit konnte diese Kluft überbrückt werden. Die Gleichsetzung von Frau und Sexualität bedeutete, daß die Frau dem Mann untergeordnet und Gott entfremdet war.

In Augustinus' kluger Lösung des exegetischen Dilemmas von zwei sich widersprechenden Bibelstellen gab er der griechischen Theorie des Selbst ein christliches Gewand. Die Stelle »Gott schuf also den Menschen nach seinem Abbild; als Abbild Gottes schuf er ihn. Als Mann und Frau schuf er sie« (Gen 1, 27) bedeutet, daß beide, Mann und Frau, Abbilder Gottes sind. Paulus' Behauptung, »der Mann darf sein Haupt nicht verhüllen, weil er Abbild und Abglanz Gottes ist; die Frau aber ist der Abglanz des Mannes« (1 Kor 11, 7) zeigt, daß der Mann im Bilde Gottes enthalten ist, die Frau aber nicht. Augustinus versöhnte diesen offensichtlichen Widerspruch, indem er vorsichtig argumentierte, daß Mann und Frau in der Tat Abbilder Gottes seien, insofern sie beide eine rationale Seele besitzen, die imstande ist, Gott zu betrachten und die Leidenschaften zu beherrschen. Doch diese rationale Seele hatte zwei Elemente, das männliche Element, fähig, Gott zu betrachten, und das weibliche Element, das den Leib belebte und zum körperlichen Leben hin orientiert war.[30]

Obwohl männlich und weiblich auf seelischem Gebiet nicht unterschieden wurden, so wurden sie es doch auf körperlichem Gebiet. Der männliche Körper spiegelte die Überlegenheit des männlichen Elements der Seele wider; der weibliche Körper drückte jedoch das weibliche Element in der Seele aus. In den Verrenkungen der augustinischen Beweisführung drückte der weibliche Körper, weil er für die sexuellen Dienste erschaffen war, den sexuellen Aspekt des menschlichen Wesens aus, während der männliche Körper den rationalen Aspekt des menschlichen Wesens darstellte. Der männliche Körper spiegelte so das Abbild Gottes in einer Art wider, wie es der weibliche Körper nicht tat, weil der weibliche Körper nur die sexuelle Funktion widerspiegelte. Diese Argumentation liegt der vatikanischen Erklärung über die Ordination von Frauen zugrunde, die besagt, daß nur der männliche Körper Christus repräsentieren kann, denn Christus repräsentiert Gott durch die Männlichkeit seines Körpers. Frauen können nicht zur Priesterin geweiht werden, weil ihre Körper nur ihre Sexualität repräsentieren können, nicht Gott.[31] »Der Priester ist ein Zeichen«, behauptet der Vatikan, und »es gäbe da nicht die ›natürliche Ähnlichkeit‹, die zwischen Christus und seinen Stellvertretern bestehen muß, wenn diese Rolle Christi nicht von einem Mann übernommen würde... Die Fleischwerdung des Wortes fand im männlichen Geschlecht statt.«[32]

Mit der Gleichsetzung von Sünde und Sexualität zog Augustinus nur die theologische Schlußfolgerung aus einer langen christlichen Praxis. Generationen christlicher zölibatärer Asketen hielten den Verzicht auf Sexualität für die allerwichtigste geistliche Übung im Streben nach Gotteserkenntnis. Das bedeutete, daß Sexualität nicht zur Gotteserkenntnis führen konnte und daß Sexualität tatsächlich den Prozeß der spirituellen Transformation behinderte. Augustinus' Lehre von der Lüsternheit als Erbsünde konnte in der westlichen Kirche Fuß fassen, weil viele Menschen diese theologische Einsicht bei der Formulierung ihrer eigenen Erfahrung als hilfreich empfanden – die Kleriker, die den Zölibat lebten, und sogar die Bischöfe, die versuchten, schwierige Gemeinden zu führen. Irrationale und unbotmäßige Begierden, tief im menschlichen Herzen begraben, waren für die Schwierigkeiten verantwortlich, die diejenigen hatten, die über sich oder andere Autorität ausüben wollten.

Klerikaler Zölibat und die Dämonisierung weiblicher Sexualität

Von der Synode von Elvira in Spanien im 4. Jahrhundert bis zu den päpstlichen Dekreten des 12. Jahrhunderts kämpften Synoden und Konzile darum, den Klerus dem Zölibat zu verpflichten. Als das Christentum eine Staatsreligion wurde und Ansichten über Geschlechterrollen aus der griechisch-römischen Gesellschaft übernahm, wurden es immer weniger Frauen, die kirchliche Ämter innehatten. Diejenigen, die auf dem Zölibat für männliche Kleriker und Mönche bestanden, sahen in weiblicher Sexualität eine bedrohliche und unkontrollierbare Kraft. Im Mittelalter führte der Kampf des Papstes um die Festigung seiner Autorität über den Klerus zu einer ganz besonders perversen und destruktiven Konstruktion von weiblicher Sexualität. Durch den Mechanismus der Inquisition wurde eine Theorie der Sexualität geschaffen, die Sexualität dämonisierte, indem sie die sexuellen Kräfte den Dämonen zuschrieb. Die Schöpfer dieser Ideologie bezogen sich hauptsächlich auf die augustinische Lehre von den sexuellen Trieben als Symbole des moralischen Übels. Die Dämonisierung von Sexualität während der Zeit der Hexenverfolgung traf Frauen viel härter als Männer. Als Sexualität als dämonisch definiert wurde, kam ein neuer Begriff von Frau auf: der der Hexe.

Im Mittelalter war aus der Asketenbewegung eine starke und lebendige soziale Institution geworden, die monastische Christenheit. Weil Klöster abgeschlossene ökonomische und soziale Einheiten waren, bewährten sie sich nach dem Zusammenbruch der städtischen Zivilisation im Westen und dem Untergang des Römischen Imperiums bei der Organisation von Christengemeinden in der Wildnis Nordeuropas. Diese Klöster waren die Träger der literarischen Kultur der Christenheit des Römischen Reiches, sie bewahrten den literarischen Reichtum der römischen Zeit. Dort wurden Manuskripte kopiert, Handbücher verfaßt und Anthologien kompiliert. Die spirituelle Autorität der klösterlichen Gemeinschaften hatte ihre Grundlage in der ununterbrochenen Abfolge der liturgischen Gebete zur Ehre Gottes und in der Selbstverleugnung, die dem mönchischen Leben eigen war. Das Gelöbnis zu lebenslangem Zölibat war die wichtigste Voraussetzung für die Aufnahme in die Gemeinschaft, womit erneut die gelebte Sexualität vom Streben nach Gott getrennt wurde.

Im Christentum des Westens wurden die Priester vom Adel, der die Kirchen besaß, die auf seinem Grund errichtet waren, und der den Zehnten einzog, der der Kirche zustand, in ihre Ämter berufen. Diese Pfründe wurden als Löhne an den Klerus ausbezahlt, der den Dienst in den Dorfkirchen versah. Bei der Berufung der Kleriker waren oft andere Motive als das geistliche Wohl der Landbevölkerung im Spiel. Häufig wurden Freunde oder Verwandte auf die lukrativeren Kirchenposten gesetzt. Ein Kleriker, der zu einer verschlafenen Dorfkirche geschickt wurde, zog es vielleicht vor, in der unterhaltsameren Stadt zu leben, bezog jedoch immer noch die Pfründe und ließ seinen Posten vakant. War er gewissenhaft, dann stellte er einen Hilfspfarrer an, der ihn vertrat. Manchmal wurden Kirchenämter auch einfach um des Profits willen verkauft.

Über Jahrhunderte gingen die Bemühungen, die Autorität des Klerus an die Praxis des Zölibats zu knüpfen. Obwohl der Zölibat des Klerus als Ideal seit dem 4. Jahrhundert bestand, war er doch nie zur allgemeinen Praxis geworden. Das Papsttum, das sich ganz in der Hand des italienischen Adels befand, hatte kein Interesse gezeigt, den Zölibat durchzusetzen. Im 13. Jahrhundert war es dem Papsttum jedoch gelungen, sich der Kontrolle der mächtigen Familien zu entziehen. Es folgte eine Periode interner Reformen des Papsttums, die dem Papst allmählich enorme politische Macht gaben und das Papsttum mit den Monarchien Europas wetteifern ließen. Zentraler Punkt dieser inneren Reformen waren die Zölibatsgesetze für den Klerus. Dies war ein Weg, um die spirituelle Autorität des Papsttums wieder herzustellen und den Klerus der Kontrolle des Adels zu entziehen. Durch die Androhung der Exkommunikation im Falle der Heirat eines Priesters wurde das Papsttum eine größere Macht als der Adel, der nur die materielle Macht besaß.

Im 11. Jahrhundert hielt Papst Gregor VII. eine Reihe von Synoden im ganzen christlichen Europa ab und lud zahlreiche reformfreundliche Bischöfe dazu ein. Er verdammte die Priesterehe und verordnete den Zölibat als Pflicht für die Priester auf allen Stufen der Hierarchie. Dann erklärte er, daß verheiratete Priester sich des Verbrechens der Unzucht schuldig machten, und wies die Gemeindemitglieder an, deren Messen zu boykottieren. Er bedrohte die Gläubigen mit Exkommunikation, sollten sie die Kommunion von einem verheirateten Priester nehmen. Im Jahre 1139 schuf Papst Innozenz III. mit einem Dekret, das alle nach der Ordination geschlossenen Ehen für ungültig erklärte, die rechtlichen Voraussetzungen zur Verfolgung der Priesterfrauen. Über Nacht wurden aus legalen Ehefrauen Konkubinen, Huren oder Ehebrecherinnen.

Der Versuch, die Zölibatsgesetze einzuführen, führte jedoch zu großen sozialen Umwälzungen. Päpstliche Gesandte reisten von Dorf zu Dorf und schilderten in furchterregenden Predigten die Übel und Gefahren weiblicher Sexualität, sie riefen die Priester zum Zölibat auf und stellten sie vor die Wahl, entweder ihre Posten und Pfründe zu verlieren oder auf ihre Geliebten und Ehefrauen zu verzichten. Die Rhetorik, die nötig war, um diese soziale Revolution zu erreichen, bereitete den Boden für die Verteufelung der weiblichen Sexualität. Ein Abt, der sich weigerte, die juristische Verantwortung für ein Nonnenkloster zu übernehmen, schrieb:

> Wir und alle Mitglieder der klösterlichen Gemeinschaft erkennen, daß die Verderbtheit der Frauen größer ist als alle Verderbtheit der Welt und daß kein Ärger dem einer Frau gleicht und daß das Gift von Schlangen und Drachen eher zu heilen und weniger gefährlich ist als der Umgang mit Frauen. Wir haben einstimmig beschlossen, um unseres Seelenheiles willen, wie ebenso um unseres Leibes und Gutes willen, daß wir in keinem Fall mehr Schwestern empfangen werden, die unser Unheil vergrößern, sondern daß wir sie meiden werden wie giftige Tiere.[33]

Der brave Abt Konrad von Marchtal war der Meinung, daß weibliche Sexualität die größte Gefahr sei für den männlichen Zölibat. Aber die Frauen, auf die er sich bezog, waren zölibatäre Nonnen! Der Kampf, den Klerus dem Zölibat zu verpflichten, dauerte mehr als sechs Jahrhunderte. Während päpstliche Gesandte gegen die sexuellen Leidenschaften wüteten, hielt der verheiratete Klerus an den Annehmlichkeiten des häuslichen Lebens fest. In Pointoise verkündete der Abt im Jahre 1074 den Priestern, er werde in seinem Wirkungsbereich den klerikalen Zölibat einführen. Daraufhin bespuckten sie ihn, schlugen ihn und warfen ihn hinaus. In der Stadt Rouen wurde im gleichen Jahr eine solche Ankündigung mit einem Hagel von Steinen beantwortet.[34] Ein anderer Versuch, den priesterlichen Zölibat durchzusetzen, wurde in Rouen mit Prügeleien in der Kirche begrüßt.

Eine weitverbreitete Taktik, den Widerstand des verheirateten Klerus zu brechen, war es, die Ehefrauen anzugreifen. Papst Urban II. erlaubte im Jahr 1089, daß eine Ehefrau versklavt werden konnte, wenn ein Subdiakon sich nicht von ihr trennen wollte. Der Erzbischof Manasse V. von Reims erlaubte es, Ehefrauen von Klerikern ins Gefängnis zu stecken. Eine Synode in Valladolid im Jahre 1322 verbot den Ehefrauen von Priestern ein kirchliches Begräbnis. Noch bis ins Jahr 1651 lebte der Klerus mit seinen Ehefrauen (die nun als Konkubinen bezeichnet wurden), und eine Synode in Osnabrück erklärte: »Wir werden ... die Häuser der Verdächtigen bei Tag und Nacht visitieren und die schändlichen Personen öffentlich durch den Henker brandmarken lassen, und sollten die Obrigkeiten lässig oder nachlässig sein, so sollen sie von uns bestraft werden.«[35] Im gleichen Jahrhundert wandte sich der Bischof von Bamberg an die weltliche Gewalt, »damit sie in die Pfarrhöfe eindringe, die Konkubinen heraushole, öffentlich auspeitsche und in Haft setze«.[36]

Von der Auffassung, daß weibliche Sexualität gefährlich sei und ein Instrument des Teufels, zu der Vorstellung, daß weibliche Sexualität selbst eine dämonische Macht sei, war ein kleiner Schritt. In der Volksreligion hatte sich der Glaube an die magischen Kräfte von Zauberern und Hexen unter der Landbevölkerung über die Jahrhunderte hinweg erhalten. Synoden und Konzile hatten längst erklärt, daß dieser Glaube Aberglaube sei, und die Annahme verworfen, jemand könne magische Kräfte besitzen. Die Macht des sexuellen Begehrens, die sich dieser neuen Richtlinie der Kirche entgegenstellte, erschien jedoch so groß, daß es leicht war, das Wirken des Teufels darin zu sehen. Bonaventura, ein Theologe des 13. Jahrhunderts, sagte verzweifelt: »Weil der Geschlechtsakt (durch die Erbsünde) verdorben und gewissermaßen stinkend geworden ist und weil die Menschen meistens zu wollüstig sind, deshalb hat der Teufel über ihn so viel Macht und Erlaubnis.«[37] Thomas von Aquin machte diese Überzeugung zu einem Teil seiner systematischen Theologie: »Der katholische Glaube lehrt uns, daß die Dämonen etwas zu bedeuten haben, daß sie den Menschen schaden und auch den Geschlechtsverkehr hindern können.«[38] Im 13. und 14. Jahrhundert verdammte die Kirche, unter anderem auf den Synoden von Salisbury, Mainz, Valencia und Ferrara, die Zauberinnen, »die die Eheleute verzaubern, so daß sie den ehelichen Verkehr nicht ausüben können«.[39]

Doch für zölibatäre Männer waren nicht Anfälle von Impotenz die Gefahr, sondern, wie die kirchliche Obrigkeit meinte, die Verlockungen der weiblichen Sexualität. Im Jahre 1484 wurde aus dem Feuereifer, mit dem der Papst die sexuellen Begierden unterdrücken wollte, der Beginn eines furchterregenden Flächenbrandes. In diesem Jahr bevollmächtigte eine päpstliche Bulle von Innozenz VIII., die »Hexenbulle«, die Inquistion als rechtmäßiges Instrument zur Verfolgung von Hexen, die sich angeblich sexuell dem Teufel hingegeben hatten und so zu seinem Werkzeug wurden, um sexuelle Begierde zu entflammen, zu kontrollieren und zu verhindern. Das Feuer, das dieser Papst entfachte, verschlang Hunderttausende von Frauen, die als Hexen verurteilt wurden. Vermutlich wurden mehr als eine Million Frauen auf den Scheiterhaufen wegen Hexerei verbrannt, als die Inquisition über Europa hinwegfegte.

Die Inquisition funktionierte auf vielfältige Art: aus dem Volk kamen Denunziationen; päpstliche Inquisitoren hatten den Vorsitz bei den gerichtlichen Schritten; die Fragen der Ankläger und die Antworten der Angeklagten wurden von einem Sekretär sorgfältig aufgeschrieben. Wenn der juristische Teil beendet war, bestimmten die zivilen Institutionen über die Hinrichtungen, bei denen die Hexen auf dem Scheiterhaufen verbrannt wurden. Während die Maschinerie der Inquisition in den Händen des Papsttums lag, so war diese von der Bereitschaft der Bevölkerung zu denunzieren abhängig und der Bereitschaft des Adels, die Hinrichtung auszuführen.

Die deutschen Inquisitoren Jakob Sprenger und Heinrich Institoris, ernannt von Papst Innozenz VIII., schufen eine systematische Theologie, die die Bedrohung durch weibliche Sexualität mit dem Volksglauben verband, der den Hexen magische Kräfte zur Beeinflussung der Sexualität zuschrieb. Ihre akademische Diskussion über Hexen im *Malleus Maleficarum (Der Hexenhammer)*, der für die Inquisition geschrieben wurde, arbeitet die Details dieser Theorie der Hexerei heraus:

> Bezüglich der dritten, hierher gehörenden Schwierigkeit bezüglich der Hexen selbst, die sich den Dämonen unterwerfen, lassen

sich mehrere schwierige Fragen aufstellen über die Art, an solche Unflätereien heranzugehen: erstens bezüglich des Dämon und des von ihm angenommenen Körpers, aus welchen Elementen er gebildet sei; zweitens bezüglich des Aktus, ob immer mit Ergießung des von einem anderen empfangenen Samens; drittens bezüglich der Zeit und des Ortes, ob er es lieber tue zu der einen Zeit als zu der anderen; viertens ob er sich dabei für die Umstehenden sichtbar verhält; mit Bezug auf die Weiber, ob nur die von den Dämonen besucht werden, welche aus solchen Unflätereien hervorgehen; (oder) zweitens, ob diejenigen, welche von den Hebammen zur Zeit der Geburt den Dämonen preisgegeben werden; drittens ob bei solchen der Liebesgenuß nur gering sei.[40]

Der mittelalterliche Glaube hatte einige Antworten auf diese Fragen bereit. Der Teufel nahm angeblich die Gestalt einer Frau an, hatte Verkehr mit einem Mann und bekam so seinen Samen. Dann nahm er die Gestalt eines Mannes an, hatte Verkehr mit einer Frau und deponierte den Samen, den er bei der vorhergehenden Gelegenheit bekommen hatte, dort. Der Dämon, der eine Frau darstellte, wurde *succubus* (lat. *succubare*, »unter etwas liegen«) genannt, weil er unter dem Mann lag; der Dämon, der die Form eines Mannes annahm, war ein *incubus* (*incubare*, »in oder auf etwas liegen«), weil er auf der Frau lag.[41] Wenngleich diese Spekulationen über menschlich-dämonische Verbindungen lächerlich erscheinen mögen, so enthalten sie doch einige gefährliche Glaubenssätze. Zum Beispiel diesen, daß weibliche Sexualität gefährlich sei und deswegen anfällig für den Einfluß des Dämons. Ein anderer besagt, daß die sexuelle Kraft der Frauen vom Teufel kommt.

Die »Hexenbulle« zählt die sieben Wege auf, mit denen die Hexen ihren unheilvollen Einfluß auf Geschlechtsverkehr und Empfängnis ausüben, und der *Malleus Maleficarum* erläutert sie. Heftige sexuelle Begierde und männliche Impotenz konnten beide auf Hexerei zurückgeführt werden. Ferner konnten Hexen den Samenfluß verhindern, entweder durch interne Beeinflussung der »motivierenden Kräfte«, was einen »Mangel an vitalen Essenzen« verursachte, oder durch äußere Handlungen unter Benutzung von Kräutern oder den

Hoden eines Hahnes. Von Hexen war bekannt, daß sie das männliche Organ gänzlich entfernen konnten. Eine Hexe hielt sich zwanzig oder dreißig solcher Organe und fütterte sie mit Hafer und Korn. Als ein Mann seines wiederhaben wollte, ließ sie ihm großzügig die Wahl. Als er allerdings ein großes wählte, versagte es ihm die Hexe, weil es, wie sie sagte, einem Weltgeistlichen gehörte.[42]

Von Hexen wurde auch behauptet, sie könnten Menschen in Tiere verwandeln. Sie beeinträchtigten die Fortpflanzungsfähigkeit von Frauen, indem sie Fehlgeburten verursachten und Kinder dem Teufel opferten. Der *Malleus Maleficarum* brachte Beweise wie den folgenden vor: Eine adelige Frau war von ihrer Hebamme vor jeglichem Kontakt mit einer »berüchtigten Hexe« während ihrer Schwangerschaft gewarnt worden. Die Frau vergaß diese Warnung, verließ ihre Burg und traf zufällig die Hexe, die sie grüßte und ihre Hand auf ihren Bauch legte. »Plötzlich fühlte sie, wie sich das Kind in schmerzhafter Weise bewegte. Als sie erschreckt darüber nach Hause zurückkehrte und die Sache der Hebamme erzählte, rief diese: ›Wehe, nun hast du dein Kind verloren!‹ Und wie sie es vorausgesagt hatte, so zeigte es sich bei der Geburt. Denn sie tat keine eigentliche Frühgeburt, sondern gebar allmählich, bald Stücke des Kopfes, bald der Hände und Füße.« Der Inquisitor beendet die Geschichte so: »Gewiß eine harte Züchtigung nach Gottes Zulassung, zu seiner Strafe, nämlich des Gatten, der solche Hexen strafen und die dem Schöpfer angetane Schmach rächen sollte.«[43]

Der Feldzug des Inquisitors gegen Hexerei war eine Kampagne gegen die »Schlechtigkeit der Frauen«. Die Autoren des *Malleus Maleficarum* meinen, daß eine Welt ohne Frauen und ihre Schlechtigkeit von »unzähligen Gefahren« befreit wäre. Zu diesem Schluß kommen die Inquisitoren, weil »alle Hexerei von fleischlicher Lust herkommt, die bei Frauen unersättlich ist«. Mit diesem Argument bezogen sie sich auf das Buch der Sprichwörter (30, 15–16): »Drei sind es, die nie satt werden, vier sagen nie: Genug: Die Unterwelt und der unfruchtbare Mutterschoß, die Erde, die nicht satt wird an Wasser, und das Feuer, das nie sagt: Genug!« Die Verfolgung einer einzelnen Frau als Hexe beruht auf der verbreiteten kulturellen Mißachtung von Frauen generell. Hier hören wir die bekannten Argumente über die überbordende Sexualität von Frauen, ihren geringen Verstand und ihre allgemeine Falschheit.

»Der Grund ist ein der Natur entnommener«, warum eine Frau »fleischlicher gesinnt ist als ein Mann«, und »diese Mängel werden auch gekennzeichnet bei der Schaffung des ersten Weibes, indem sie aus einer krummen Rippe geformt wurde, d. h. aus einer Brustrippe, die gekrümmt und gleichsam dem Mann entgegen geneigt ist. Aus diesem Mangel geht auch hervor, daß, da das Weib nur ein unvollkommenes Tier ist, es immer täuscht.«[44] Natürlich wird die Argumentation nicht von dieser ungewöhnlichen Ansicht über die Physiologie der Frauen getragen, sondern von dem Appell an die Frauenfeindlichkeit der Zeit, die hier mit wissenschaftlich verbrämten Phantasien ausgeschmückt ist.

Eva, die Mutter der Frauen, zeigte »wenig Glauben« in das Wort Gottes, als sie sich dem göttlichen Gebot widersetzte, vom Baum der Erkenntnis von Gut und Böse zu essen. »Was alles auch die Etymologie des Wortes sagt; das Wort *femina* [lat. Frau] nämlich kommt von *fe* (Glaube) und *minus* (weniger), weil sie immer geringeren Glauben hat und bewahrt, und zwar aus ihrer natürlichen Anlage zur Leichtgläubigkeit.«[45] Diese groteske Mißachtung leitet sich klar von dem jahrhundertealten Glauben von der intellektuellen Unterlegenheit von Frauen ab. Der Inquisitor wiederholt: »Aber weil noch in den jetzigen Zeiten jene Ruchlosigkeit mehr unter den Weibern als unter den Männern sich findet, wie die Erfahrung selbst lehrt, können wir bei genauerer Prüfung der Ursache über das Vorausgeschickte hinaus sagen, daß, da sie in allen Kräften, der Seele wie des Leibes, mangelhaft sind, es kein Wunder ist, wenn sie gegen die, mit denen sie wetteifern, mehr Schandtaten geschehen lassen. Denn was den Verstand betrifft oder das Verstehen des Geistigen, scheinen sie von anderer Art zu sein als die Männer.«[46] Die Inquisitoren beenden diesen Teil ihrer Ausführungen mit einem frommen Dank für ihr eigenes Geschlecht: »Daher ist auch folgerichtig die Ketzerei nicht zu nennen die der Hexer, sondern der Hexen, damit sie den Namen bekomme a potiori; und gepriesen sei der Höchste, der das männliche Geschlecht vor solcher Schändlichkeit bis heute so wohl bewahrte: da er in demselben für uns geboren werden und leiden wollte, hat er es deshalb auch so bevorzugt.«[47]

Die Ansichten des Inquisitors über die gefährliche Sexualität von Frauen sollte nicht überraschen. Weibliche Sexualität erschien gefährlich, weil Männer der Meinung waren, sie müßten die Frauen beherrschen, was ihnen aber dann doch nicht gelang. Neu war die Verbindung mit der augustinischen Theologie der Sexualität. Sexuelle Leidenschaft war in sich eine Rebellion gegen die höhere Macht der rationalen Seele, und eine Rebellion gegen die rationale Seele war wie eine Rebellion gegen Gott. Mönche und Kleriker entsagten der Sexualität, um Gott näher zu sein. Den Männern, die eigentlich den sexuellen Leidenschaften entsagen sollten, erschien die weibliche Sexualität erschreckend groß und bedrohlich. Die Inquisition verwob diese Angst vor weiblicher Sexualität mit dem im Volk verbreiteten Glauben über den Einfluß von Hexen bei Empfängnis und Geburt und machte daraus eine kunstvolle Theologie der Hexen, die mit den Dämonen Verkehr hatten. Diese Theologie war die Basis für eine Verfolgung von Frauen, die in Zusammenarbeit von kirchlicher und weltlicher Macht durchgeführt wurde und mehr als vier Jahrhunderte andauerte.

Die Heiligsprechung der Familie und die Rückkehr der Sexualität

Im 16. Jahrhundert gab es einen breiten Konsens darüber, daß das monastische System, das tragende Element der mittelalterlichen Gesellschaft, korrupt geworden war. Der Reichtum der großen Klöster und der elegante Lebensstil der Äbte zogen scharfe Kritik auf sich. Die weltliche Macht der Fürstbischöfe und die Lasterhaftigkeit der Bettelmönche schienen die echte Spiritualität, die der Ursprung dieses Systems war, zu überschatten. Die ersten Schriften, die nach einer Reform der Kirche riefen, kritisierten Klerus und Mönchtum deutlich. Wo immer Reformer die Regierungsmacht hatten, wurden Klöster offiziell aufgelöst. In Genf begann die calvinistische Reform mit der Auflösung der Klöster durch den Stadtrat. Unter Kardinal Wolsey setzte Thomas Cromwell im Jahr 1525 die englische Reformation mit der Auflösung von 29 Klöstern in Gang.

Aus dieser weitverbreiteten Desillusionierung über das monastische Leben entstand eine neue Theologie der Sexualität. Ihr farbigster Vertreter war der Mönch Martin Luther, der Anfang des 16. Jahrhunderts die deutsche Reformation mit einer Reihe von Schriften begann, die in deutsch verfaßt waren und sich an das gemeine Volk richteten. Luther formulierte diese neue Theologie der Sexualität, als er an der Theologenschule von Wittenberg über das Buch Genesis lehrte. Als Luther über Genesis 1, 27 nachdachte und las, daß Männer und Frauen beide nach dem Ebenbild Gottes geschaffen wurden, verstand er den Begriff »männlich und weiblich« als männliche und weibliche Körper, denn es ist nur der Körper, worin sich Männer und Frauen unterscheiden. Wenn Mann und Frau das Ebenbild Gottes sind, dann sind weibliche und männliche Körper Ebenbilder Gottes, und daher ist der Leib gut, weil auch er ein Ebenbild Gottes ist. Und wenn der Leib gut ist, dann ist auch Sexualität gut.[48]

Und als Luther über Genesis 1, 28 nachdachte, das Gebot Gottes an die als Mann und Frau neu erschaffenen Geschöpfe, »fruchtbar zu sein und sich zu mehren«, schloß er daraus, daß Sexualität nicht nur gut war, sondern darüber hinaus auch eine göttliche Weisung war. In Luthers nominalistischer Theologie zählte eine göttliche Weisung als fundamentaler Ausdruck von Gottes Willen und als göttliche Basis für die menschliche Natur selbst. Gott will, daß die menschliche Natur, gut erschaffen in ihrer leiblichen Art, der göttlichen Weisung und dem von Gott eingepflanzten Impuls zur Fortpflanzung gehorsam sei.

Deswegen, so Luther, war eigentlich nicht die Sexualität, sondern das Zölibatsgelübde sündig, denn der Zölibat widerspricht der menschlichen Natur, wie sie von Gott geschaffen wurde, und stand im Widerspruch zum Willen Gottes. Den geplagten verheirateten Priestern verkündete Luther, daß menschliche Gesetze göttliche Weisungen nicht aufheben konnten. Da die Ehe eine Einrichtung sei, die von Gott gesegnet war, konnte die Ehe eines Priesters mit seiner Frau nicht annulliert werden. (Es war allgemein üblich, daß verheiratete Priester ihre Ehefrauen den päpstlichen Kontrolleuren als Putzfrau oder Dienstmädchen vorstellten.)[49]

Luthers Theologie gab den sexuellen Trieben von Männern und Frauen eine theologische Legitimation und bestätigte die sexuellen Rechte von Männern und Frauen in der Ehe. Nirgends wird das deutlicher ausgedrückt als in dem pastoralen Rat an Philipp von Hessen. Der energische junge Philipp hatte sich bereits als wertvoller Verbündeter für den deutschen Reformator erwiesen. Er hatte ein Verteidigungsbündnis protestantischer Fürsten organisiert für den Fall, daß der katholische Kaiser versuchen sollte, den Katholizismus mit Gewalt in ganz Deutschland durchzusetzen. Philipps Ehe, die er aus Staatsraison geschlossen hatte, brachte ihm keine sexuelle Befriedigung. Außerhalb der ehelichen Bindung hatte Philipp vorher ohne Schwierigkeiten Befriedigung gefunden; der frisch konvertierte Philipp hatte wegen der anderen Beziehungen ein schlechtes Gewissen und wollte sich nicht am Tisch des Herrn zeigen.

Da Luther gegen Scheidung war, außer im Fall von Ehebruch, war eine Auflösung der Ehe in der protestantischen Sexualethik nicht möglich. Trotzdem erkannte Luther Philipps sexuelle Bedürfnisse als legitim an und schlug vor (indem er sich auf das Alte Testament bezog), daß Philipp eine zweite Ehe eingehen sollte, in der seine berechtigten sexuellen Bedürfnisse innerhalb der Ehebande erfüllt werden konnten. Luther riet auch dazu, diese zweite Ehe geheimzuhalten. Das erwies sich dann aber als unmöglich. Als die Geschichte aufflog, war Philipps Leben in Gefahr, weil er sich des

Kapitalverbrechens der Bigamie schuldig gemacht hatte. Er mußte beim katholischen Kaiser Vergebung erwirken und sich dafür aus dem militärischen Bündnis lösen.[50] Obwohl sich Luthers pastoraler Rat als schlecht erwies, zeigt er doch sehr klar, wie ernst er das fundamentale Menschenrecht auf sexuelle Partnerschaft nahm.

Als Luther die mittelalterliche Theologie der Sexualität gründlich aufarbeitete, schuf er eine neue Ehetheologie. Er bezog sich auf seine Auslegung der Genesis, daß Männer und Frauen für die Ehe geschaffen sind. Eine Ehefrau, sagte er in seiner Predigt »Über den Ehestand«, ist ein Geschenk Gottes, und deswegen sollte jeder um eine Gattin beten. Eheliche Liebe und Familienliebe sind die höchsten Formen der Liebe. Eheliche Liebe sucht das Heil des anderen, sagte er, im Gegensatz zum monastischen Leben, das nur das Heil für sich selbst sucht.

Luther verwandelte die Ehe von einem Krankenhaus für diejenigen, die an unheilbarer Lust litten, in *die* Institution, die am besten dazu geeignet war, die Seele zu retten. Luther zufolge war die Ehe die neue Form monastischen Lebens. Das mittelalterliche Mönchtum kreiste um die Vorstellung, daß individuelle Sühneakte notwendig waren, um individuelle Sünden zu tilgen. Der Tagesablauf im klösterlichen Leben basierte auf den Sühneakten von Fasten, Entsagung der Welt und dem täglichen Beten der Sühnepsalmen. Manche Mönche vollbrachten noch größere Sühnewerke, zum Beispiel anstrengende und gefährliche Pilgerfahrten zu einem heiligen Ort.

In Luthers Theologie waren Ehe und Kinderaufzucht der direkteste Weg zu himmlischem Lohn. Alles, was Männer und Frauen innerhalb der Ehe taten, zählte als Sühneakt. Die Ehe war ein noch größeres Opfer als eine Pilgerfahrt. Weil das Kind ein Geschöpf Gottes war, hatte Gott Gefallen an ihm, und deswegen war sogar die Pflicht des Windelwaschens ein gottgefälliges Werk und dem Rezitieren der Sühnepsalmen sicher überlegen. Ein Kind zu gebären war eine edle Tat, ein Dienst für Gott und den Diensten des Klerus in keiner Weise unterlegen. Eltern waren eigentlich selbst

Geistliche; sie waren Apostel und Bischöfe ihrer Kinder, denn sie arbeiteten für die Rettung der Seelen.[51]

Diese neuen Ideen über Sexualität und Ehe wurden schriftlich und mündlich rasch über ganz Europa verbreitet. Der Zusammenstoß von zwei Theologien – die eine predigte den Zölibat, die andere die Ehe – verursachte einen heftigen und oft traumatischen sozialen Konflikt. Der Genfer Reformator Guillaume Farrell und sein Gefährte Pierre Viret gingen, unterstützt von weltlichen Beamten, in ein Kloster der Franziskanerinnen, um die frohe Botschaft der Ehe zu verkünden. Die widerstrebende Priorin wurde gewaltsam aus dem Raum entfernt, um diesen wichtigen Männern der Stadt es zu ermöglichen, zu den Nonnen zu sprechen. Als die Prediger zum Thema »Fleischeslust« (so die Bezeichnung der Nonnen für die Ehe) kamen, kreischten und schrien diese zölibatären Frauen, um die beleidigende Predigt zu übertönen. Nur eine Nonne bekehrte sich zu der neuen Lehre über die Ehe. Sie verließ das Kloster.

Als diese Schwester in das Kloster zurückkam, um ihre Mitgift zu fordern, kam sie in Begleitung einer anderen Frau, die selbst einst Äbtissin gewesen war, dann aber zur neuen Ehetheologie konvertiert war. Diesmal predigte eine Frau den Nonnen die frohe Botschaft der Ehe. Ein älteres Mitglied des Konvents erinnerte sich an das Ereignis:

> In ihrer Gesellschaft befand sich eine falsche Äbtissin, verrunzelt und von teuflischer Sprache, die einen Gatten hatte und ein Kind…, die sich in Predigten verstrickte und darin, die Leute von der Verehrung abzubringen. Sie setzte sich unter die Schwestern… Doch weil sie irgend jemand verführen wollte, merkte sie nichts von [ihren] Vorwürfen und sagte: »Oh weh, ihr armen Kreaturen, wenn ihr nur wüßtet, wie schön es ist, bei einem hübschen Gatten zu sein und wie gerne das Gott hat. Lange Zeit lebte ich in diesen Schatten der Scheinheiligkeit, in denen ihr euch befindet, doch Gott allein zeigte mir den Mißbrauch meines erbärmlichen Lebens, und ich wurde zum Licht der Wahrheit gebracht. Ich überdachte mit Bedauern mein Leben, denn in diesen Orden ist nichts als

> Frömmelei, geistige Verderbtheit und Faulheit ... dann nahm ich ungefähr 500 Dukaten [vielleicht als Mitgift] aus dem Schatz des Klosters, und ich verließ dieses Unglück. Gott sei Dank habe ich fünf hübsche Kinder und lebe auskömmlich.« Die Schwestern zuckten vor diesen Worten voller Fehler und Verrat zurück und bespuckten sie haßerfüllt.[52]

Die Lehren der Reformatoren über Sexualität waren radikal und für Frauen befreiend. Das Übel ihrer Sexualität, das vom Standpunkt des klerikalen Zölibats und des Mönchtums aus gesehen gefährlich war, wurde in ein gottgegebenes Heil verwandelt. Doch das Gut der weiblichen Sexualität war sicher in den stillen Wassern der reformatorischen Ehelehre verankert.

Obwohl die Reformatoren den geistlichen Wert der Ehe und die Richtigkeit der weiblichen Sexualität betonten, ließen sie die hierarchische Struktur der Institution der patriarchalen Ehe unangetastet. Die Ehe wurde vom männlichen Standpunkt aus als eine Einrichtung betrachtet, in der der Mann von der Hilfe und Unterstützung einer Frau viel profitierte. Die Dienste, die eine Frau für ihren Gatten erbrachte, wurden von der sexuellen Partnerschaft auf eine emotionale Unterstützung ausgedehnt, in der ein Mann Erquickung und Trost finden konnte. Calvin erklärt in seinem Kommentar zur Genesis:

> Da aber in der Person des Mannes das ganze Menschengeschlecht geschaffen ward, so bezeichnet das erhabene Wort: »Lasset uns Menschen machen« – bereits die gemeinsame Würde alles menschlichen Wesens, ohne daß bei der Schöpfung des Weibes, die ja nichts anderes als ein Anhang zu der des Mannes ist, eine Wiederholung [diese Wortes] nötig gewesen wäre. Indem nun Gott das Weib als Gehilfin des Mannes bezeichnet, schreibt er auf der einen Seite den Eheweibern die Regel ihres Berufs vor und erinnert sie an ihre Pflicht, andererseits prägt er aber auch ein, daß für die Männer der Ehestand die beste Hilfe im Leben ist. So ist es eine Naturordnung, daß das Weib des Mannes Gehilfin ist. Ein häßliches Sprichwort redet von einem notwendigen Übel, aber Gott selbst redet von einer Gesellin, Gefährtin und Gehilfin fürs Leben.[53]

In der Ehetheologie der Reformation stand der Spruch Gottes aus Genesis 2, 18 im Mittelpunkt: »Es ist nicht gut, daß der Mensch allein sei. Ich will ihm eine Hilfe machen.« Die Rolle der Frau als Gehilfin des Mannes in der Ehe bedeutet eine klare Unterordnung. Diese Unterordnung der Frau unter den Mann bekam durch das reformatorische Verständnis vom Ebenbild Gottes in den Menschen eine theologische Legitimation. Die Theologen der christlichen Kirche – von den Männern, die in der griechischen philosophischen Tradition geschult waren, bis zu den Theologen des Mittelalters – sahen das Ebenbild Gottes in den Menschen durch den Besitz von Verstand und Rationalität ausgedrückt. Die Reformatoren standen in der Geschichte der Theologie und Philosophie auf der anderen Seite einer Revolution. Als Erben der nominalistischen Tradition sahen sie den Willen Gottes eher im Willen als im Verstand, und ganz besonders in der Fähigkeit, zu herrschen und zu beherrschen. Die Schlüsselstelle, die das Ebenbild Gottes mit Herrschaft verbindet, ist Genesis 1, 28, wo Gott nach der Erschaffung des Menschen nach seinem Ebenbild sagt: »... und herrscht über die Fische des Meeres, über die Vögel des Himmels und über alle Tiere, die sich auf dem Land regen.«
Es ist interessant, daß die Erzählung von Genesis 1 sowohl Männern als auch Frauen eine Herrschaftsfunktion zuschreibt, die Reformatoren jedoch eisern daran festhielten, daß der Mann in erster Linie nach dem Ebenbild Gottes geschaffen sei und die Frau nur in zweiter Linie. Denn dem Mann war es gegeben, zu herrschen und zu regieren. Frauen hatten nur mittelbar durch den Mann Anteil am Ebenbild Gottes und der Herrschaft. Calvin hatte ebenso wie Augustinus mit dem Widerspruch zwischen Genesis 1, 27 (Mann und Frau sind ein Abbild Gottes) und 1. Korinther 11, 7 (nur der Mann ist das Abbild Gottes) Schwierigkeiten. In seinem Kommentar zur Genesis fragte er:

> Endlich gilt es, die Schwierigkeit zu beheben, daß Paulus (1. Kor 11,7) den Weibern die Gottebenbildlichkeit abzusprechen scheint, deren Ehrentitel Mose doch beiden Geschlechtern zubilligt. Die

> Lösung ist einfach die, daß Paulus an der betreffenden Stelle lediglich an die wirtschaftliche Stellung denkt und darum das Ebenbild Gottes auf die Herrschaft einschränkt, welche der Ehemann über sein Weib ausübt. Hier dagegen [Gen 1, 27] handelt es sich um die menschliche Natur, in welcher Gottes Erhabenheit widerstrahlt, indem Verstand, Wille und alle Sinne eine göttliche Ordnung zeigen.[54]

In der Reformation wurde also die Natur der Frau erlöst, weil Sexualität und Ehe aufgewertet wurden. Doch die Erlösung blieb Stückwerk, weil die Frau immer noch als von Natur aus niedriger als der Mann angesehen wurde. Luther sagt in seinem Kommentar zu Genesis 1, 27:

> Moses schließt beide Geschlechter ein, denn die Frau scheint von etwas anderer Natur zu sein als der Mann, denn sie hat andere Glieder und eine viel schwächere Natur. Obwohl Eva eine besondere Kreatur war – ebenso wie Adam in bezug auf das Abbild Gottes, das heißt in Gerechtigkeit, Weisheit und Glück –, war sie doch eine Frau. Denn so wie die Sonne besser ist als der Mond (obwohl auch der Mond ein besonderer Körper ist), so ist die Frau, obwohl sie ein sehr schönes Werk Gottes ist, trotzdem dem Mann nicht gleich an Ehre und Ansehen.[55]

Als die protestantischen Reformatoren die Klöster schlossen und mit ihnen die alten augustinischen Ansichten über Sexualität hinter sich ließen, da hoben sie an diese Stelle die Heiligkeit der ehelichen Sexualität. Sexuelles Begehren war ein Geschenk Gottes, sexuelle Triebe, »sich zu mehren und die Erde zu erfüllen«, waren Gottes Befehle. Das neue Frauenideal wurde die häusliche Frau. Autorität und Autonomie der Nonne, die einer religiösen Berufung folgte, wurden untergraben. Die einzige echte religiöse Rolle, die den Frauen durch die Reformation eröffnet wurde, war die als Helferin des Mannes.

Die Rehabilitierung der Sexualität durch die Reformatoren brachte Frauen nicht in eine gleichberechtigte Position. Obwohl sexuelle Triebe nun als nützliche Gaben eines guten Gottes angesehen wurden, blieb Gott der Sexualität entfremdet. Die Sexualität stand nicht im Zentrum der Schöpfung, sie war kein Ausdruck der göttlichen Natur, des Lebens oder der Schöpfungskraft. Die Frauen blieben Gott fern, fast waren sie ein Abbild Gottes, aber eben doch nicht ganz. Gott hatte mit dem Mann mehr gemeinsam als mit der Frau.

Anmerkungen

[1] Justinus, *Apologie für die Christen an Antonius Pius* 15.

[2] Justinus, *Apologie für die Christen an Antonius Pius* 29. In: Die Apologeten. Ausgewählt und übersetzt von Helmut Ristow (Berlin: Evangelische Verlagsanstalt, 1963).

[3] Origenes, *Contra Celsum* I.63, übers. von Henry Chadwick (Cambridge: Cambridge Univ. Press, 1953).

[4] Justinus, *Apologie für die Christen an Antonius Pius* 46.

[5] *The Martyrdom of Saint Polycarp* 2, übers. von Richardson, S. 149.

[6] *The Martyrdom of Saint Polycarp* 13, übers. von Richardson, S. 154.

[7] *The Martyrs of Lyon*, Eusebius, *Kirchengeschichte*, Bd. 1–3.

[8] Peter Brown, *The Body and Society: Men, Women and Spiritual Renunciation* (New York: Columbia Univ. Press, 1988).

[9] Athanasius, *Leben des heiligen Antonius* Kap. 7. Aus dem Griechischen übersetzt von Anton Stegmann (Kempten und München: Kösel, 1917 [= Bibliothek der Kirchenväter Bd. 31]).

[10] Athanasius, *Leben des heiligen Antonius* Kap. 14.

[11] Chrysostomos, *On Virginity* 14. 3. übers. von Elizabeth Clarke, *Women in Early Church*, hrsg. von Clark (Wilmington, DE: Michael Glazier, 1983), S. 122–123.

[12] Rosemary Radford Ruether, »Misogynism and Virginal Feminism in the Fathers of the Church«, in: *Religion and Sexism*, hrsg. von Rosemary Radford Ruether (New York: Simon & Schuster, 1974), S. 150–183.

[13] *Life of Olympias*, 3; siehe auch Elizabeth Castelli, »Virginity and Its Meaning for Women's Sexuality in Early Christianity«, in: *Jounal of Feminist Studies in Religion* (Spr. 1986), S. 75.

[14] Augustinus, *Confessiones – Bekenntnisse* II,3. Übersetzt von Joseph Bernhart (München: Kösel, ^{4}1980).

[15] Augustinus, *Confessiones – Bekenntnisse* III,1. Übersetzt von Joseph Bernhart (München: Kösel, ^{4}1980).

[16] Augustinus, *Confessiones – Bekenntnisse* VI,15. Übersetzt von Joseph Bernhart (München: Kösel, ^{4}1980).

[17] Augustinus, *Confessiones – Bekenntnisse* VIII,6. Übersetzt von Joseph Bernhart (München: Kösel, ^{4}1980).
[18] Augustinus, *Confessiones – Bekenntnisse* VIII,8. Übersetzt von Joseph Bernhart (München: Kösel, ^{4}1980).
[19] Augustinus, *Confessiones – Bekenntnisse* VIII,11. Übersetzt von Joseph Bernhart (München: Kösel, ^{4}1980).
[20] Augustinus, *Confessiones – Bekenntnisse* VIII,12. Übersetzt von Joseph Bernhart (München: Kösel, ^{4}1980).
[21] Augustinus, *On the Literal Meaning of Genesis, Ancient Christian Writers*, Bd. 42, übers. von John Hummond Taylor (Neuman Press, 1982).
[22] Augustinus, *On the Literal Meaning of Genesis* XI,34.
[23] Augustinus, *Der Gottesstaat (De civitate dei)* XIV,24. Übersetzt von Carl Johann Perl (Paderborn: Schöningh, 1979). Siehe auch Uta Ranke-Heinemann: *Eunuchen für das Himmelreich*. Katholische Kirche und Sexualität (Hamburg: Hoffmann und Campe, 1988), S. 95.
[24] Augustinus, *On the Literal Meaning of Genesis* X,20; Siehe auch Kari Børresen, *Subordination and Equivalence* (Washington, DC: Univ. Press of America, 1981), S. 66–68.
[25] Augustinus, *Against Julian* III,21. Fathers of the Church, Bd. 35, übers. von Matthew Schumacher (New York: Fathers of the Church, Inc. 1987).
[26] Augustinus, *On the Literal Meaning of Genesis* IX,56.
[27] Platon, *Phaidon* 66 d–e. Nach der Übersetzung von Friedrich Schleiermacher und Hieronymus Müller (Reinbek bei Hamburg: Rowohlt, 1959).
[28] Platon, *Phaidon* 67 d. Nach der Übersetzung von Friedrich Schleiermacher und Hieronymus Müller (Reinbek bei Hamburg: Rowohlt, 1959).
[29] Platon, *Phaidros* 247 d.
[30] Børresen, *Subordination*, S. 21–31.
[31] Augustinus, *On the Literal Meaning of Genesis* III,22; VII,7; X,2.
[32] Kongregation für die Glaubenslehre, »Declaration on the Question of the Admission of Women to the Ministerial Priesthood«, in: *Women Priests: A Catholic Commentary on the Vatican Declaration*, hrsg. Leonard Swidler und Arlene Swidler (New York: Paulist Press, 1977).
[33] A. Erens, »Les Sœurs dans l'ordre Prémontre, analecta Praemontratensia«, 1929, Verse 6–26, übers. von R.W. Southern, *Western Society and the Church in the Middle Ages* (New York: Penguin, 1970) S. 314.
[34] Uta Ranke-Heinemann: *Eunuchen für das Himmelreich*. Katholische Kirche und Sexualität (Hamburg: Hoffmann und Campe, 1988), S. 115.
[35] Uta Ranke-Heinemann: *Eunuchen für das Himmelreich*. Katholische Kirche und Sexualität (Hamburg: Hoffmann und Campe, 1988), S. 121.
[36] Uta Ranke-Heinemann: *Eunuchen für das Himmelreich*. Katholische Kirche und Sexualität (Hamburg: Hoffmann und Campe, 1988), S. 121.
[37] Bonaventura, *Sentenzenkommentar*, IVd.34 a.2q.2. Zitiert nach: Uta Ranke-

Heinemann: *Eunuchen für das Himmelreich*. Katholische Kirche und Sexualität (Hamburg: Hoffmann und Campe, 1988), S. 235.

[38] Thomas von Aquin, *Quaestiones de Quodlibet* X.q.9 a.10. Zitiert nach: Uta Ranke-Heinemann: *Eunuchen für das Himmelreich*. Katholische Kirche und Sexualität (Hamburg: Hoffmann und Campe, 1988), S. 234.

[39] Uta Ranke-Heinemann: *Eunuchen für das Himmelreich*. Katholische Kirche und Sexualität (Hamburg: Hoffmann und Campe, 1988), S. 236.

[40] *Malleus Maleficarum*, 1. Teil, Frage 6, übers. von Rev. Montague Summers (New York: Benjamin Blom, Repr. 1970) (dt.: Jakob Sprenger, Heinrich Institoris, *Der Hexenhammer*, übers. von J. W. R. Schmidt, Berlin: Barsdorf, 1906).

[41] Siehe Thomas von Aquin, *Summa Theologicae* I.q.51 a.3 ad 6. Zitiert nach Uta Ranke-Heinemann: *Eunuchen für das Himmelreich*. Katholische Kirche und Sexualität (Hamburg: Hoffmann und Campe, 1988), S. 243.

[42] *Malleus Maleficarum*, 2.Teil, Frage 1.6–7.

[43] *Malleus Maleficarum*, 2.Teil, Frage 1.6.

[44] *Malleus Maleficarum*, 1.Teil, Frage 1.6.

[45] *Malleus Maleficarum*, 1.Teil, Frage 1.6.

[46] *Malleus Maleficarum*, 1.Teil, Frage 6.

[47] *Malleus Maleficarum*, 1.Teil, Frage 6.

[48] Luther, *Lectures on Genesis*, I,26–28, übers. von G. V. Schick, und »The Estate of Marriage«, in: *Luther's Works*, Bde. 1 und 45 (St. Lous, MO: Concordia Publishing, 1958).

[49] Uta Ranke-Heinemann: *Eunuchen für das Himmelreich*. Katholische Kirche und Sexualität (Hamburg: Hoffmann und Campe, 1988), S. 120 f.

[50] Roland Bainton, *Here I Stand: A Life of Martin Luther* (New York: Abingdon Cokesbury, 1950), S. 373–375.

[51] Luther, »The Estate of Marriage«, in: *Luther's Works*, Bd. 45.

[52] Jean de Jussie, *Le levain du Calvinisme ou commencement de l'hérésie de Genève*, zitiert in Tom Head, »The Religion of the Femmelettes: Ideals and Experience Among Women in Sixteenth-Century France« (unveröffentlichtes Manuskript).

[53] Calvin, *Auslegung der Genesis* 1.2.18. Übersetzt von D. Wilhelm Goeters und D. Matthias Simon (Moers: Verlag der Buchhandlung des Erziehungsvereins Neukirchen Kreis Moers, neue, durchgearbeitete Ausgabe 1956).

[54] Calvin, *Auslegung der Genesis*, 1.2.18.

[55] Luther, *Lectures on Genesis*, 1.27.

Die Venus von Laussel. *Eine Göttin Alteuropas, die durch die Metapher der weiblichen Fortpflanzungsfähigkeit die Kraft des Lebens versinnbildlicht. Sie wurde im Laufe der Entwicklung der griechischen Religion allmählich den männlichen Göttern untergeordnet. Paläolithikum. Musée des Antiquités Nationales, St. Germain en Laye. (Giraudon/Art Resource, New York.)*

9
Und wenn Gott Brüste hätte?

Die geschlechtspezifischen Begriffe von Ehre und Scham und die Vorstellung von der Unterordnung der Frau und der Passivität weiblicher Sexualität übten einen alles durchdringenden Einfluß nicht nur auf die griechische Gesellschaft aus, sondern auch auf die griechischen Theorien von Fortpflanzung, Kosmologie und dem Göttlichen aus. Bei genauerer Betrachtung enthüllen die griechischen Theorien über das Universum und die menschliche Biologie mehr als einfach wissenschaftliche Spekulationen. Sie enthalten auch eine verschlüsselte Botschaft über die angenommene Überlegenheit des Männlichen über das Weibliche.

Biologie

Die alten Beschreibungen von natürlichen, biologischen Prozessen überliefern die kulturellen Ansichten über männliche Ehre und weibliche Scham, über männliche Rationalität und weibliche Passivität.

Aristoteles zum Beispiel versuchte, die kulturellen Ansichten über die Potenz männlicher Sexualität und die Passivität weiblicher Sexualität in seinen Schriften *Von der Zeugung und Entwicklung der Tiere* und *Über die Teile der Tiere* auf ein wissenschaftliches Fundament zu stellen: »Das Männliche und das Weibliche aber sind durch den Besitz und den Mangel eines gewissen Vermögens unterschieden. Dasjenige nämlich, welches vermag, den Samen, der das Prinzip der Gestalt in sich erhält, gar zu kochen, zusammenzubringen und abzuscheiden, ist das Männliche … dasjenige dagegen, welches zwar aufnimmt, aber den Samen zu bilden und auszusondern nicht vermag, ist das Weibliche.«[1] Es war die herrschende medizinische Theorie, daß das Männliche fähig war, Sperma durch das »Kochen« von gewöhnlichem Blut bis zur Koagulation zu produzieren, weil sein Körper heißer war. Da die kälteren Körper der Frauen nicht imstande waren, ihr Menstrualblut auf die notwendige Temperatur zu bringen, meinten die griechischen Intellektuellen, daß nur der männliche Samen die Lebenskraft in sich trage. Die Feststellung Aristoteles', daß der Same das »Prinzip der Gestalt« besitze, bezieht sich auf seine Fähigkeit, nicht nur Leben zu erschaffen, sondern auch diesen neuen Organismus zu ordnen und zu formen (eine Rolle analog zu der des männlichen Bürgers in der griechischen Polis). Der Same enthält das Prinzip der Aktivität und der richtigen Organisation für den sich entwickelnden Embryo in sich:

> … bei denjenigen [Tieren] aber, welche diese Vermögen getrennt haben, muß auch der Körper und das natürliche Wesen des Wirkenden und des Empfangenden getrennt und verschieden sein. Wenn nun das Männliche die Bedeutung des Bewegenden und Wirkenden hat, das Weibliche aber, insofern es weiblich ist, die des Empfangenden, so wird das Weibchen zu der Samenflüssigkeit des Männchens nicht Samenflüssigkeit beitragen, sondern einen Stoff, wie es denn auch wirklich der Fall ist.[2]

Da der männliche Samen die Fortpflanzungsmacht in sich trägt, kann das weibliche Ei nicht dieselbe Macht haben.[3] Die griechische Unterteilung der Sexualität in aktiv und passiv schlug in der Biologie Wurzeln.[4] Obwohl Aristoteles seine Theorien über das männliche und das weibliche Prinzip durch das Studium der Fortpflanzung von Tieren entwickelte, entnahm er seine Begrifflichkeit der Landwirtschaft. Der männliche Samen war wie ein Saatkorn, das in die Erde gepflanzt wurde, der Leib der Frau war wie fruchtbarer Boden, der die Nahrungsstoffe bereit hält. Männer machten die Saat; Frauen waren das gepflügte Feld, in das die Saat gelegt wurde.

Weder Philosophen noch Wissenschaftler spekulieren in einem Vakuum. Die Geschlechterhierarchie der griechischen Gesellschaft war der Filter, durch den die Philosophen die menschliche Fortpflanzungsfähigkeit betrachteten. Und ihre Theorien über Fortpflanzung dienten wiederum dazu, die Gleichsetzung von Männlichkeit mit Ehre und von Weiblichkeit mit Scham zu legitimieren. Weil dem Samen ehrfurchtgebietende Macht zugeschrieben und gleichzeitig die Rolle der Frau bei der Fortpflanzung herabgemindert wurde, wurde die Ehre des Mannseins gepriesen und der angenommenen Unzulänglichkeit des Frauseins eine wissenschaftliche Erklärung gegeben.

Kosmologie

Die Auffassungen von Männlichkeit und Weiblichkeit, von sexueller Kraft und Kreativität und der geheimnisvolle Prozeß der Fortpflanzung waren das Rohmaterial, aus dem die meisten Kosmologien konstruiert wurden. Obwohl die poetische Kosmologie Hesiods, die »Theogonie«, im 8. Jahrhundert v. Chr. geschaffen wurde und Platons philosophische Kosmologie im 4. Jahrhundert v. Chr., haben sie den Gebrauch von Gleichnissen aus den Geschlechterbeziehungen der Gesellschaft und aus der sozialen Konstruktion der Sexualität gemeinsam. Im Schöpfungsmythos Hesiods ist die Erde eine üppige Schöpferin, die ihren eigenen Gatten gebiert und dann mit ihm die bewohnte Welt und das Pantheon der Götter und Göttinnen hervorbringt:

> Zuallererst wahrlich entstand das Chaos, aber dann die breitbrüstige Gaia, der niemals wankende Sitz von allen Unsterblichen, die das Haupt des schneebedeckten Olymp bewohnen, und der dämmrige Tartaros im Innern der breitstraßigen Erde und der

> Eros, der schönste unter den unsterblichen Göttern, der gliederlösende. Von allen Göttern und allen Menschen bezwingt er in der Brust den Sinn und den klugen Ratschluß. Aus dem Chaos entstanden der Erebos und die dunkle Nacht, aus der Nacht aber entstanden wiederum der Äther und die Tageshelle, die sie gebar, nachdem sie empfangen und sich mit Erebos in Liebe verbunden hatte. Gaia aber erzeugte als erstes, ihr selbst gleich, den sternenreichen Uranos, damit er sie ganz umhülle (und) damit er den seligen Göttern für immer der nicht wankende Sitz sei. Sie erzeugte (auch) die hohen Berge, die lieblichen Aufenthaltsorte der Göttinnen, der Nymphen, die in den schluchtenreichen Bergen wohnen. Sie gebar auch das unermüdlich wogende Meer, schäumend im Wogenschwall, den Pontos, ohne ersehnte Liebe. Aber dann gebar sie, nachdem sie von Uranos umarmt worden war, den tief aufwirbelnden Okeanos.[5]

Obwohl Platon die traditionelle Geschlechterhierarchie der Gesellschaft in seiner utopischen Vision der *Republik* hinter sich ließ, führte er sie in seiner philosophischen Kosmologie wieder ein. In Platons Schöpfungsmythos bekommt weibliche Passivität kosmische Dimensionen. Er begriff die Schöpfung des Kosmos als Interaktion von männlichem und weiblichem Prinzip: »Demnach wollen wir die Mutter und Aufnehmerin alles gewordenen Sichtbaren und durchaus sinnlich Wahrnehmbaren weder Erde, noch Luft, noch Feuer, noch Wasser nennen, noch mit dem Namen dessen, was aus diesen und woraus diese entstanden sind; sondern wenn wir behaupten, es sei ein unsichtbares, gestaltloses, allempfängliches Wesen, auf irgendeine höchst unzugängliche Weise am Denkbaren teilnehmend und äußerst schwierig zu erfassen, so werden wir keine irrige Behauptung aussprechen.«[6] Die Aufnehmerin ist vollkommen passiv: »... ihrer Natur nach ist sie für alles der Ausprägungsstoff, der durch das Eintretende in Bewegung gesetzt und umgestaltet wird und durch dieses bald so, bald anders erscheint.« Der kosmische Vater ist der Ursprung aller Dinge, besonders der Formen, »das Ein- und Austretende aber sind die Nachbilder des ständig Seienden«.[7] Das männliche Prinzip bringt die ewigen, unwandelbaren Muster aller Dinge im Kosmos hervor; diese Formen haben ihrerseits die Macht, die ungeformte Materie zu ordnen und zu formen. Platons Formen sind imstande, in der Aufnehmerin das zu bewirken, was der männliche Same im passiven, weiblichen Leib tun kann. Da Platon die Fortpflanzung als hauptsächliche Metapher für kosmologische Prozesse benutzte, wurden die Begriffe von männlicher Ehre, ausgedrückt in männlichem Tun, und von weiblicher Scham, als einer Entsprechung weiblicher Passivität, ein Teil der inneren Struktur des Kosmos.

Die Sprache der philosophischen Abstraktionen und religiösen Mythen ist eine geliehene Sprache. Die Welt, von der die Philosophen sprechen wollen, kann nicht empirisch beobachtet und daher nur metaphorisch beschrieben werden. Was Metaphern und Symbole befähigt, solche unsichtbaren Bereiche zu beschreiben, ist ihre Verankerung in konkreten und genauen Einzelheiten des sozialen Lebens. Die mächtigsten Metaphern sind jene, die sich auf die wichtigsten Dinge der sozialen Erfahrung stützen, wie Geburt, Geschlechtsverkehr, Männlichkeit und Weiblichkeit. Als die Griechen anfingen, das Göttliche zu beschreiben, blickten sie auf diese Metaphern, so wie sie es getan hatten, als sie über die menschliche Fortpflanzung und den Kosmos theoretisierten. Die griechische Ideologie der Sexualität war also der Rahmen. Daraus resultiert, daß die griechische Auffassung vom Göttlichen auf den Gegensatz von männlicher Ehre, Rationalität, Tatkraft und Herrschaft und von weiblicher Scham, Irrationalität, Passivität und Gehorsam baut. Das Göttliche hat folglich einen deutlich männlichen Zug.

Das stellt für die kritische Auswertung der Konzepte vom Göttlichen in der westlichen Philosophie und Theologie ein Dilemma dar. Die heutigen westlichen Gesellschaften haben ihre Ansichten über sich auf politischen und philosophischen Traditionen gegründet, die auf das klassische Griechenland zurückgehen. Die Autorität vieler politischer Institutionen, bürgerlicher Werte, philosophischer Konzepte und theologischer Lehren beruht auf der historischen Verbindung zur antiken griechischen Kultur.

Die Kulturanthropologin und Archäologin Marija Gimbutas stellte eine Frage, die heute viele Frauen bewegt: sind diese Traditionen angemessen? Weil die Historiker hierarchische politische Organisationen, soziale Schichtungen und militärische Ränge zu den wichtigsten Charakteristiken der Zivilisation erklären, beginnt für sie die Geschichte der europäischen Zivilisation mit dem klassischen Griechenland. Gimbutas zufolge muß der Begriff »Zivilisation« hinterfragt werden. Sie möchte erreichen, daß die moderne Gesellschaft noch vor der griechischen Kultur die europäische Kultur des Neolithikums sieht, die sie zusammenfassend »Altes Europa« nennt (6500–3500 v. Chr.), um dort nützlichere politische, soziale und religiöse Traditionen zu finden.
Archäologische Grabungen von Gimbutas und James Mellaart haben in dem Gebiet, das vom Norden der Türkei durch die Länder des heutigen Europa reicht, entwickelte Ackerbaukulturen entdeckt, in denen überraschenderweise eine militärische Schicht und Klassenhierarchie fehlen. Archäologinnen und Archäologen finden in Begräbnisstätten sprechende Beweise für die Muster gesellschaftlicher Organisation. Die gesellschaftliche Bedeutung eines keltischen Kriegsherrn wurde zum Beispiel durch die Begräbnisstätte deutlich, die kunstvolle Grabhügel, lange Durchgänge und goldene Ornamente aufweist, die symbolisch von der Wichtigkeit des Kriegers künden. Der Schild, der Bogen, der reichverzierte Dolch zeigen an, daß der Anführer ein Meister des Todes war. Die Begräbnisstätten im Alten Europa fallen im Gegensatz dazu durch das Fehlen von Kriegswaffen auf. Sie bieten auch keinerlei Beweise für eine Klassenhierarchie. Die Archäologie fand kaum Unterschiede in der Größe der Begräbnisstätten oder in der Art der Gegenstände, die den Toten beigegeben wurden. In der Anlage der Stadt Çatal Hüyük, Türkei, waren wenige Hinweise auf soziale Unterschiede zu finden. Fast alle Häuser hatten einen Grundriß von etwa fünfundzwanzig Quadratmetern.
James Mellaarts Ausgrabungen in Çatal Hüyük zeigen, daß diese Gesellschaften um eine Religion herum organisiert waren, in deren

Zentrum kein Tempel stand, sondern die durch viele Schreine über die ganze Siedlung hinweg dargestellt wurde. Die Schreine machten anscheinend über ein Drittel der Gesamtzahl der Wohnungen aus. Häuser und Schreine hatten den gleichen Grundriß, doch die Schreine waren reicher ausgeschmückt. In den Ecken des Hauptraumes waren erhöhte Schlafstellen, deren Sockel als Begräbnisstätten dienten. Die größte und zentrale Schlafstelle, an der Ostseite der Häuser und Schreine gelegen, gehörte den Frauen der Hausgemeinschaft.[8] Die anderen Schlafstellen, die etwas kleiner waren, wurden vom Ehemann und den Kindern benutzt. Begräbnisstätten und Schreine liefern die Beweise für die Symbole der Priesterschaft – Frauen wurden mit Obsidian-Spiegeln begraben; Männer mit Gürtelschnallen aus poliertem Bein.

Die zentrale Figur der religiösen Riten war die Göttin, die durch ihre weibliche sexuelle Fortpflanzungskraft die Lebensenergie darstellte. Die Darstellungen der Göttin zeigen sie in stilisierter Form mit großen Brüsten, manchmal schwanger, manchmal gebärend. Die Fortpflanzungskraft der Göttin bedeutete alle Lebenskraft der Natur, die die Menschen nährte und erhielt.[9] Obwohl die Göttin oft von Tieren begleitet war, zum Beispiel Leoparden, und ihre Schreine reich mit Stierhörnern geschmückt waren, wurden ihr keine Tiere geopfert. Ihr zu Ehren wurden Opfergaben von Getreide verbrannt. Häuser und Schreine hatten Tonöfen mit runden Öffnungen. Manche dieser Tonöfen trugen die Züge der Göttin – der offene Mund des Ofens stellte den offenen Mund der Göttin dar – und beweisen damit, daß die Arbeit des Brotbackens und das Brot selbst der Göttin heilig waren.[10]

Die Lebenskraft der Göttin wurde in einer Unzahl von Figuren ausgedrückt, die ihre Verehrerinnen und Verehrer formten. Die Göttinenfiguren haben stark stilisierte Brüste, Hüften oder Vulven. Die Lebenskraft der Natur wurde auch in menschlicher Form dargestellt. Bei anderen Figuren werden diese Körperteile der weiblichen Anatomie dem Kopf oder Hals eines Vogels angefügt, um die Vogelgöttin darzustellen, welche die lebenspendende Kraft bedeutet. Die Schlangengöttin war mit dem Ur-Quell verbunden, und ihre schöpferische Kraft wurde durch Schlangenlinien oder durch abstrakte Spiralen dargestellt. Die Todesmacht wurde als Teil des Lebenszyklus auch als Macht der Göttin begriffen. Die Fortpflanzungskräfte, die in der Natur so deutlich sichtbar waren, wurden durch die Verbindung einer weiblichen Form mit der eines Frosches, eines Igels oder eines Fisches dargestellt.[11]

Die Macht, Leben hervorzubringen, die der weiblichen Sexualität eigen ist, lieferte die stärksten Symbole für das Göttliche in den Gesellschaften Alteuropas. In den Ackerbaugesellschaften ohne Geschlechterhierarchie und Kriegerklasse war Sexualität das Symbol für Lebenskraft und Kreativität, nicht für Dominanzbeziehungen.

Der Übergang von der Kultur der Göttin Alteuropas zu der antiken griechischen Kultur bleibt dunkel. Es scheint, daß die Griechen Abkömmlinge einer Gruppe nomadisierender Krieger, der Kurganvölker waren, die in Wellen aus den Steppen Asiens kamen und die friedlichen Zivilisationen von Alteuropa überrannten und sie zum Teil zerstörten, zum Teil assimilierten. Die Kurganvölker, Hirten, die das Pferd domestiziert hatten, entdeckten und übernahmen die Metallherstellung der alteuropäischen Kultur und nutzten sie geschickt zur Waffenproduktion: für Dolche, Spieße, Keulenspitzen und Streitäxte, die oft mit Halbedelsteinen besetzt waren. In den Begräbnisstätten der Kurganvölker fanden die Archäologen deutliche Klassenunterschiede. Die Grabstätte des Kriegsherrn war viel größer und mit einer Sammlung von Grabbeigaben reich ausgestattet. Der grausigste Beweis für gesellschaftliche Hierarchien waren Skelettfunde von Frauen und Kindern in den Kriegergräbern, die beim Tod des Kriegers geopfert und mit ihm begraben worden waren. Sie waren möglicherweise Eigentum des Kriegers gewesen. Es gibt Hinweise darauf, daß die Kurganvölker die Männer Alteuropas töteten und Frauen und Kinder als Konkubinen und Sklavinnen und Sklaven hielten.

Die Kurganvölker brachten kriegerische Götter mit sich, mächtig und schrecklich, die über den Tod herrschten. Diese Götter wurden oft in Form einer Waffe oder einer männlichen Gestalt, die mit einer Waffe verbunden war, dargestellt – zum Beispiel als ein Gott, dessen Arme durch Axtköpfe ersetzt waren. Marija Gimbutas vergleicht die Symbole der beiden Kulturen:

> Die Ideologie der Kurganvölker, wie sie uns durch die vergleichende indoeuropäische Mythologie bekannt ist, verehrte männliche, heroische Kriegsgötter des strahlenden, donnernden Himmels. Waffen gibt es in der Bilderwelt Alteuropas nicht, während Dolch und Streitaxt die vorherrschenden Symbole der Kurganvölker sind, die wie alle uns bekannten Indoeuropäer die tödliche Macht des Schwertes verehrten.[12]

Der Hauptgott der Kurganvölker war der Donnergott, der mit Axt, Keule und Bogen dargestellt wurde. Ein Sonnengott oder Gott des strahlendes Himmels, der mit seinen Tieren erschien, dem Hirsch und dem Pferd, und oft mit einem Gefährt, wurde auch mit Dolch und Schwert dargestellt. Die Waffen selbst sollten Macht verleihen. Der Hieb mit der Axt gab der Erde die Fruchtbarkeit des Donnergottes. Die Vorstellung der Kurganvölker vom Göttlichen war eine Projektion der Kriegerkaste – ein starker, männlicher Gott, dessen Macht in seinen Waffen lag, wie bei ihnen selbst.[13]

Im 3. Jahrtausend v. Chr. hatte sich die Kurgankultur auf der griechischen Halbinsel fest etabliert. Die traditionellen Grabstätten der Kurganvölker wurden in ganz Griechenland gefunden. Kriegsherr und Krieger waren mit Frauen, Waffen und Tierknochen begraben.[14] Es gibt keine Belege für den Übergang von der alteuropäischen Religion der Göttin zur griechischen Religion. Andererseits fanden einige Gelehrte in der *Orestie* (458 v. Chr.), der berühmten Trilogie des Aischylos, einen schwachen Reflex der Zeit, als weibliche Sexualität noch verehrt wurde. Orest stand vor Gericht, weil er des Muttermordes angeklagt war. Apollo und die anderen griechischen Götter verteidigten ihn. Gegen ihn richteten sich die Erinnyen oder Furien, alte weibliche Gottheiten der Erde. Orest hatte seine Mutter getötet, um den Tod seines Vaters zu rächen. Denn Orests Mutter hatte ihren Gatten Agamemnon, den Vater von

Orest, aus Vergeltung getötet, weil Agamemnon ihre Tochter geopfert hatte, um den Sieg in einer Schlacht zu sichern. Die Furien sprechen im Chor gegen Apollon: »Sieh zu, wie du für ihn auf Freispruch dringen kannst: Der Mutter Blut – sein eigenes! – hat er vergossen – und soll in Argos wohnen dann, im Vaterhaus? An welchen heimischen Altären soll er opfern? Welch Weihwasser der Sippe ihm zugute kommen?«[15]

Im Gerichtsverfahren bringt Apollon neue Beweise vor, daß nämlich die Mutter nicht wirklich ein Elternteil des Kindes sei. Denn, so behauptet er, es ist der Same des Vaters, der die Fortpflanzungskraft in sich trägt und neues Leben hervorbringt, wenn er in den Leib einer Frau eingepflanzt wird. Apollon wendet sich an das Gericht:

> Auch das will ich erklären, du hör zu, wie wahr
> ich spreche! Nicht die Frau, die Mutter heißt, erzeugt
> das Kind: den frischgesäten Keim ernährt sie nur.
> Erzeuger ist, wer sie befruchtet; sie, fremd für
> den Fremden, birgt den Sproß, soweit kein Gott es hindert.
> Für die Behauptung will ich den Beweis dir nennen:
> Auch ohne Mutter kann man Vater werden. Das
> bezeugt die Tochter des Olympiers Zeus; hier ist sie,
> und wurde doch in keines Schoßes Nacht genährt,
> nein, ist ein Sproß, wie keine Göttin ihn gebiert![16]

Es ist männliche Sexualität, nicht weibliche Sexualität, die laut Apollon fortpflanzungsfähig ist. Muttermord ist deswegen ein weniger schweres Verbrechen als Vatermord. Orest wird freigesprochen. Die Fortpflanzungskraft, die einst in den Gesellschaften Alteuropas durch die fruchtbare Sexualität der Frauen dargestellt wurde, war in der patriarchalen griechischen Gesellschaft auf den Mann übergegangen.

In der Entwicklung der griechischen Religion wurde die Göttin nach und nach dem männlichen Gott untergeordnet. Sie wurde als eine Gefährtin, eine Tochter, eine Gattin dargestellt.[17] Gimbutas merkt an, daß in der Religion der Kurganvölker die weibliche

Göttin als Gattin des männlichen Gottes erscheint, und nicht als die unabhängige Schöpferin, die sie in Alteuropa gewesen war.[18] Gerda Lerner führt die Unterwerfung der Frauen und das Verschwinden der Göttin auf politische Veränderungen im dritten Jahrtausend zurück, als eine Gesellschaft, die auf verwandtschaftlichen Beziehungen beruhte, sich in den archaischen Staat verwandelte. In der Anfängen dieser soziopolitischen Veränderung wurde die Figur der Göttin durch ein Pantheon von Göttern und Göttinnen ersetzt.[19] Als der Monotheismus entstand, dominierten dann schon die männlichen Götter.[20] Das Prinzip der männlichen Fortpflanzungsmacht wurde beibehalten, als die monotheistischen Religionen aus den polytheistischen Religionen entstanden, doch die sexuellen Vergleiche, die sich auf die natürlichen Vorgänge bezogen, wurden durch Metaphern von Regierung und Ordnung ersetzt, die dem Prozeß einer sich ordnenden Gesellschaft entnommen waren. Lerner beobachtet vom 3. zum 2. Jahrtausend v. Chr. eine Verschiebung der Symbole. Die Symbole für die universelle Fortpflanzungskraft wechseln von »der Vulva der Göttin zum Samen des Mannes«. Mehr noch: der Baum des Lebens – als naturalistisches Symbol für die Schöpferkraft der Natur – wurde durch den Baum des Wissens ersetzt. Ferner wurde der zentrale Platz, den die Rituale der heiligen Hochzeit zur Sicherung der Fruchtbarkeit von Land und Menschen eingenommen hatten, durch ein symbolisches Bündnis ersetzt, einen mündlichen Vertrag.[21] Die sexuelle Fortpflanzungskraft, in Alteuropa und in den griechischen Religionen mit den lebenspendenden Mächten verbunden, wurde in den monotheistischen Religionen in eine männliche, verbale und rationale Kreativität umgewandelt. In der Schöpfungsgeschichte der Hebräer (die frühe Monotheisten waren) erschafft ein männlicher Gott das Leben allein durch sein Wort und seinen Befehl. »Dann sprach Gott: Das Land bringe alle Arten von lebenden Wesen hervor.« Und Gott sagte: »Das Wasser wimmle von lebendigen Wesen.« Gott schuf diese von Leben wimmelnde Welt und gab ihr eine Ordnung: »Gott schied das Licht von der Finsternis«, das

Wasser vom Land, und »Gott machte die beiden großen Lichter, das größere, das über den Tag herrscht, das kleinere, das über die Nacht herrscht«. Das Erschaffen und Ordnen geschah durch Gottes *Wort*. Gottes Macht und seine Fähigkeit, Leben zu schaffen und es zu erhalten, ist in seinem Wort und seinem Befehl ausgedrückt. Die Macht des erschaffenden Wortes ist dem königlichen Befehl gleich. Die neue Metapher für kreative Macht, das Wort, ist eher eine Metapher für politische Autorität als für Lebenskraft, wie es die Metapher der sexuellen Fortpflanzung ist.

Viele weibliche Symbole haben jedoch überlebt, wenngleich von zahlreichen männlichen Symbolen verdeckt, die geschaffen wurden, als die patriarchalen Gesellschaften dominierten. Der christliche Ritus der Taufe zum Beispiel bezieht seine Bedeutung aus dem weiblichen Akt des Gebärens. Bei einigen der frühesten Taufriten gingen die Konvertiten nackt ins Wasser, wie ein Kind im Mutterleib. Nachdem sie untergetaucht worden waren, kamen sie aus dem Wasser als wiedergeborene Menschen heraus. Die erste Nahrung, die diese »Neugeborenen« bekamen, bestand tatsächlich aus Milch und Honig – eine Imitation der Muttermilch –, was bedeutete, daß sie die christliche Gemeinschaft als Neugeborene betraten. Symbole, die sich auf den natürlichen Schöpfungsprozeß beziehen, insbesondere auf den mütterlichen, haben eine gewisse Macht, sich den andauernden Versuchen, sie zu unterdrücken, zu widersetzen, wie eine genaue Untersuchung der jüdischen Schriften zeigt.

Das weibliche Gesicht Gottes

Es gibt ein weibliches Gesicht Gottes in den jüdischen Schriften – Bilder und Gleichnisse von Gott und seinen Taten, die der Welt weiblicher Erfahrung entnommen sind.[22] Das hebräische Wort für eine der wichtigsten göttlichen Eigenschaften ist *rahum*, was meist mit »Erbarmen« übersetzt wird. Die eigentliche Bedeutung ist jedoch »Schoß/Liebe«. *Rahum* bedeutet die Sehnsucht eines Frauenleibes nach neuem Leben. Der gleiche hebräische Begriff steckt in dem Wort *rahamim*, meist als »Mitleid« übersetzt. Jahwe sagt zu seinem Volk: »Kann denn eine Frau ihr Kindlein vergessen, eine Mutter ihren leiblichen Sohn? Und selbst wenn sie ihn vergessen würde: ich vergesse dich nicht.« (Jes 49, 15)

In Deuteronomium 32, 11 sagt Jahwe zu seinem Volk: »... wie der Adler, der sein Nest beschützt und über seinen Jungen schwebt, der seine Schwingen ausbreitet, ein Junges ergreift und es flügelschlagend davonträgt.« Dieses schöne Bild stellt Gott als Adlermutter dar, die ihre Jungen nicht nur nährt und beschützt, sondern sie auf ihre großen Flügel lädt, sie in die Luft trägt und sie dann entläßt, damit sie fliegen lernen. Im 22. Psalm trauert der Psalmist über seine Heimsuchung und versucht sich durch das Wissen, daß Gott ihn liebt, mit seinem Leiden zu versöhnen. Dieser Gott ist wie eine Hebamme: »Du bist es, der mich aus dem Schoß meiner Mutter zog, mich barg an der Brust der Mutter. Von Geburt an bin ich geworfen auf dich, vom Mutterleib an bist du mein Gott« (Verse 10–11).

Ein anderes starkes Bild vergleicht Jahwes Zorn mit dem einer Mutter, die ihrer Jungen beraubt wird: »Ich falle sie an wie eine Bärin, der man die Jungen geraubt hat, und zerreiße ihnen die Brust und das Herz« (Hos 13, 8). Wenn Gottes Zorn weibliche Form annehmen kann, dann muß der Zorn der Frauen vielleicht nicht unterdrückt werden.

Es gibt viele Bilder von Gott als Glucke: »So spricht der allmächtige Herr, habe ich dich nicht behandelt wie ein Vater seine Söhne, oder wie eine Mutter ihre Töchter und eine Amme ihre Kinder, daß du mein Volk seiest und ich dein Gott, daß ihr meine Kinder seid und ich euer Vater? Ich hüte euch, wie eine Henne ihre Küken unter ihren Flügeln.« Der Psalmist spricht oft von Gott, der uns unter dem Schatten seiner Flügel beschützt (Ps. 17, 8; 36, 8; 91,4). Jesus entlieh sich dieses Bild Gottes für sich selbst, als er auf dem Hügel über der Stadt Jerusalem betete: »Jerusalem, Jerusalem, du tötest die Propheten und steinigst die Boten, die zu dir gesandt sind. Wie oft wollte ich deine Kinder um mich sammeln, so wie eine Henne ihre Küken unter ihre Flügel nimmt, aber ihr habt nicht gewollt« (Lk 13, 34).

Sophia – die göttliche Weisheit

Ein hochinteressanter Ausdruck der weiblichen Gestalt Gottes ist in der Figur der Sophia (Weisheit) zu finden, deren vielfältige Erscheinungsformen von der jüdischen Theologie bis in die christliche Theologie verfolgt werden können.[23] Sie richtet sich an die Menschen auf den Straßen und will sie belehren: »Bei mir ist Rat und Hilfe; ich bin die Einsicht, bei mir ist Macht. Durch mich regieren die Könige und entscheiden die Machthaber, wie es Recht ist ... Ich liebe alle, die mich lieben« (Spr 8, 14–17). Sie fährt mit ihren Belehrungen fort und verspricht denen das Leben, die ihre Lehren befolgen. »Wer mich findet, findet Leben« (Spr 8, 35).

Sophia erscheint im Buch der Weisheit auch als Schöpferin-Erlöserin. Sie ist die Mutter, deren schützende Gegenwart die ganze Heilsgeschichte begleitet. Sie war im Paradies und beschützte Adam. Sophia geleitete Noach aus seiner Arche, rettete Lot und brachte die Kinder Israels durch ihren Diener Moses aus Ägypten heraus. »Sie führte sie durch das Rote Meer und geleitete sie durch gewaltige Wasser. Ihre Feinde aber ließ sie in der Flut ertrinken und spülte sie aus der Tiefe des Abgrunds ans Land« (Weish 10, 18–19).

Sophia erscheint auch vor der Erschaffung des Kosmos an der Seite Gottes. Als es noch keine tiefen Wasser gab und noch bevor die Berge erschaffen waren, arbeitete Sophia an der Seite Gottes »wie eine gute Handwerkerin«. Gott hatte seine Freude an ihr, sie selbst war eine Frau, die das Spiel liebte und die sich der Welt und der neu erschaffenen menschlichen Wesen erfreute (Spr 8, 22–31). Im 4. Jahrhundert gab es einen Streit über die vollständigen Gotteseigenschaften Christi, und die Theologen bezogen sich auf diese

Textstelle als Beweis, daß Christus der Erstgeborene der Schöpfung sei. Christus wurde lange Zeit mit Sophia in Verbindung gebracht. Sophia nahm eine bedeutende Rolle ein, als die Jesusbewegung zu erklären versuchte, wer Jesus war und warum er so wichtig war. Jesus wurde anfangs wie Johannes als Botschafter verstanden und dann als Inkarnation der Sophia (dem weiblichen Gesicht Gottes). Es ist Sophia, die die Ausgestoßenen um sich versammelt und sich dann für sie verantwortlich fühlt. Manchmal wird Jesus so dargestellt, als spräche Sophia selbst und als verrichtete er das Werk der Sophia, den Armen zu predigen und die Leidenden zu heilen.[24] Matthäus vertritt die stärkste Sophia-Christologie; für ihn ist Jesus die Inkarnation der Sophia. Im ersten Kapitel seines Evangeliums nahm Johannes eine Hymne der Sophia und übertrug die Namen der Sophia auf Jesus. »Am Anfang war das Wort, und das Wort war bei Gott, und das Wort war Gott« (Joh 1, 1). Johannes versuchte auszudrücken, daß Jesus ganz Mensch sei, gleichzeitig aber auch göttlich und ewig, und stellte ihn deshalb als göttliche Sophia dar. Auch Paulus bezog auf Jesus, was von der Sophia gesagt wurde, um zu erklären, daß er mehr als ein menschliches Wesen sei. Wie Sophia, so ist Jesus derjenige, durch den alle Dinge sind, durch den alles erschaffen ist, im Himmel wie auf Erden, und durch den alles lebendig bleibt. Paulus' Hymne auf Christus in Kol 1, 15 drückt es prägnant aus: »Er ist das Ebenbild des unsichtbaren Gottes, der Erstgeborene der ganzen Schöpfung.«

Wenn Gott weiblich wird

Es gibt eine lange Tradition göttlicher Gestalten, die in weiblicher Sprache sprechen. Doch wir sind heute nicht darauf eingestellt, Gott anders als mit männlicher Stimme sprechen zu hören und ihn anders als männlich darzustellen. Was passiert heute, wenn von Gott als »sie« gesprochen wird? Um zu erfahren, welche Möglichkeiten das bietet, nehmen wir einmal an, das Gleichnis vom verlorenen Sohn handele von der verlorenen Tochter und der verzeihenden Mutter:

> Es war eine Frau, die hatte zwei Töchter, und die jüngere von beiden sagte zu ihrer Mutter: »Mutter, gib mir mein Erbteil.« Und sie teilte ihre Habe unter sie auf. Wenige Tage später nahm die jüngere Tochter alles, was sie hatte, und reiste in ein fernes Land. Dort verschwendete sie ihr Gut mit Feiern und einem losem Lebenswandel. Und als sie alles ausgegeben hatte, gab es in diesem Land eine große Hungersnot und sie litt Not. So ging sie hin zu einem Landbesitzer dieses Landes, der sie auf seine Felder schickte, um die Schweine zu füttern. Sie hätte gerne von den Schoten gegessen, die die Schweine fraßen; aber niemand gab ihr etwas. Doch dann ging sie in sich, und sie sagte: »Wie viele der Dienerinnen meiner Mutter haben genug Brot und übergenug davon, doch ich vergehe vor Hunger? Ich will aufstehen, zu meiner Mutter gehen und sagen, Mutter, ich habe gesündigt gegen den Himmel und gegen dich; ich bin es nicht länger wert, deine Tochter genannt zu werden; behandle mich wie eine deiner bezahlten Dienerinnen.«
>
> Und sie stand auf und ging zu ihrer Mutter. Doch schon als sie noch weit entfernt war, sah sie ihre Mutter und rannte auf sie zu, umarmte und küßte sie. Und die Tochter sagte zu ihr, »Mutter, ich habe gesündigt gegen den Himmel und gegen dich; ich bin nicht wert, deine Tochter genannt zu werden.« Doch die Mutter sagte zu ihren Dienerinnen: »Bringt schnell das schönste Kleid, zieht es ihr an und steckt einen Ring an ihren Finger, zieht ihr Schuhe an, bringt das gemästete Kalb, schlachtet es und laßt uns essen und fröhlich sein; denn diese meine Tochter war tot, und nun lebt sie wieder; sie war verloren und ist wiedergefunden.« Und sie begannen zu feiern.
>
> Die ältere Tochter jedoch war auf dem Feld. Als sie zurückkam und sich dem Haus näherte, hörte sie die Musik und den Tanz. Sie rief eine der Dienerinnen und fragte, was das bedeuten solle. Und diese sagte zu ihr: »Deine Schwester ist gekommen, und deine Mutter hat das gemästete Kalb geschlachtet, weil sie gut und gesund zurückgekommen ist.« Doch sie war zornig und wollte nicht hineingehen. Ihre Mutter kam heraus und sprach freundlich zu

> ihr, doch sie antwortete ihrer Mutter: »Oh, all diese Jahre habe ich dir gedient und nie deinen Befehlen widersprochen, und doch hast du mir nie ein Zicklein gegeben, um mit meinen Freundinnen zu feiern. Doch wenn diese Tochter kommt, die dein Erbe auf Festen verschwendet hat, dann schlachtest du das gemästete Kalb!« Und sie sagte: »Tochter, du bist immer bei mir und alles, was mein ist, ist dein. Es ist richtig zu feieren und fröhlich zu sein, denn diese deine Schwester war tot und ist nun am Leben, sie war verloren und ist nun wiedergefunden.«

Bei dieser Geschichte fällt uns manches auf, was anders ist als in der, die uns so bekannt ist, und es gibt sicher sehr unterschiedliche Reaktionen auf diese »verbesserte Auflage«. Wo sind die Unterschiede? Zuerst ist da die verlorene Tochter. In dieser Geschichte steht eine junge Frau vor uns als ein Modell für die ganze Menschheit. Sie ist beides: Sünderin und eine, der vergeben wird. Auf diese Weise repräsentiert sie die gesamte Menschheit. Unser Blick auf Weiblichkeit ändert sich, wenn wir sehen, wie sie diese beispielhafte Rolle für uns ausfüllt. Sie ist mitten auf der Bühne, die Hauptdarstellerin. Sie ist die Handelnde, die die Dinge in Bewegung setzt, die schöpferisch ist, diejenige, die etwas verändert und die Macht hat. Eine Frau in dieser Rolle zu akzeptieren, verändert unser Bild von der Frau als passivem Wesen, als Opfer, als Reagierende.

Und dann Gott als die vergebende Mutter: Die Botschaft der Vergebung bleibt die gleiche, aber der Ton, die Nuancen und die Schattierungen sind verändert, wenn auch subtil. Wenn wir uns Gott als verzeihende Mutter vorstellen, dann nehmen wir in dieses Bild unsere Gefühle, Erfahrungen und Sehnsüchte mit hinein, die wir mit dem Bild der Mutter verbinden. Die Geschichte stellt eine Mutter-Tochter-Beziehung vor, in all ihrer Vielschichtigkeit und Zwiespältigkeit, den Spannungen und Stärken. Für manche macht das die Botschaft der Vergebung bewegender und bewundernswerter. Für manche bestätigt es, daß es gut ist, weiblich zu sein. Wenn die Vorstellung von Gott in der Metapher der Mutter ausgedrückt werden kann, dann sind Frauen ein Abbild Gottes. Die

Befindlichkeit der Frauen in der Welt spiegelt die Befindlichkeit Gottes in der Welt wider. Die Erfahrungen der Frauen von Mutterschaft, Stillen, Fürsorge, Trauer, Schmerz und Liebe können dazu benutzt werden, das Innerste Gottes zu beschreiben.

Wenn die Geschichte in dieser Weise in der Heiligen Schrift stände, dann könnte von den Erfahrungen von Frauen aus Theologie betrieben werden. Anhand der Erfahrungen von Frauen könnte über die Natur Gottes und Gottes Beziehung zu uns nachgedacht werden. Wenn das Evangelium so lautete, dann wären die Erfahrungen von Frauen auch beispielhaft für die Verkündigung. Eine Predigt über so eine Geschichte würde die emotionalen Tiefen weiblicher Beziehungen berühren.

Die Vorstellung von Gott als Mutter hat in der christlichen Spiritualität eine reiche und lange Tradition. Im 14. Jahrhundert beschreibt die Theologin Juliana von Norwich in ihren *Offenbarungen der göttlichen Liebe* ihre Vision von Gott:

> In der gleichen Offenbarung füllte die Dreifaltigkeit plötzlich mein Herz mit größter Freude. Denn die Dreifaltigkeit ist Gott und Gott ist die Dreifaltigkeit. Die Dreifaltigkeit ist unsere Schöpferin. Die Dreifaltigkeit ist unsere Erhalterin. Die Dreifaltigkeit ist unsere ewige Liebhaberin. Und da sah ich, daß Gott jubelt, unser Vater zu sein, und Gott jubelt, unsere Mutter zu sein, und Gott jubelt, unser wahrer Bräutigam zu sein und weil unsere Seele seine geliebte Gattin ist. Und Christus jubelt, daß er unser Bruder ist, und Jesus jubelt, daß er unser Retter ist. Das sind die fünf größten Freuden.[25]

Indem Juliana Gott als Mutter versteht, enthüllt sie eine neue Dimension der Liebe Gottes: Gott erfreut sich unser, bejubelt uns, weil wir Gott Freude bereiten, indem wir sind, wie wir sind. Sie spricht nicht von unserer Freude an Gott, unserer Antwort auf Gott, unserem Vergnügen an Gott, sondern von der Freude und dem Vergnügen Gottes an uns. Das Bild, das Juliana evoziert, ist das einer Mutter, die von ihrem Kind entzückt ist, die über Lächeln, Lachen oder Berührung des Kindes tiefe Freude empfindet – eine tiefe Freude, die daraus entspringt, daß das Kind einfach so ist, wie es ist.

Weil Frauen nicht als vollwertige Menschen betrachtet wurden, wurden ihr Wesen und ihre Erfahrungen nicht als allgemeingültige Metaphern und Symbole für Gott gebraucht. Es gibt immer eine unsichtbare Verbindung zwischen unseren Metaphern und der sozialen Erfahrung, die ihnen Lebendigkeit verleiht. Deshalb können weibliche Bilder für das Göttliche manchmal beruhigend sein, wenn sie einen mütterlichen Gott darstellen, oder beunruhigend, wenn sie Gott neben den weiblichen Körper stellen. Der metaphorische Charakter der Art und Weise, wie wir von Gott sprechen, wird sehr viel deutlicher, wenn wir mehr als nur eine Metapher benutzen.[26]
Der Aufruhr der Gefühle, der sich einstellt, wenn mütterliche Metaphern gebraucht werden, steigert sich noch, wenn die sexuell besetzten Teile des weiblichen Körpers als Symbole für das Göttliche gebraucht werden. Allerdings können Frauen, jedenfalls der Theologie der letzten zwei Jahrtausende zufolge, Gott nicht symbolisieren, weil sie nicht nach dem Bilde Gottes gemacht sind, und sie sind es vor allem nicht, weil sie mit Sexualität und nicht mit Rationalität in Verbindung gebracht werden. Ebenso kann die weibliche Sexualität Gott nicht darstellen, denn sie ist sowohl bei den griechischen Philosophen als auch bei den christlichen Theologen vom Gottesbegriff ausgeschlossen. Weibliche Sexualität als Symbol oder Metapher stellt Geburt dar, Zerbrechlichkeit und Verletzlichkeit des Lebens, Sterblichkeit und Abhängigkeit vom Zufall – das Gegenteil der männlichen Rationalität und Kontrolle. Weiblichkeit in den Bereich des Göttlichen zurückzubringen heißt, Sexualität in den Bereich des Göttlichen zurückzubringen, woraus sie seit den Anfängen des Monotheismus verbannt war.
Eine schöne Hymne an den Heiligen Geist aus dem 4. Jahrhundert stellt Gott mit Brüsten dar:[27]

> Ein Gefäß mit Milch wurde mir gereicht,
> und ich trank sie in der Lieblichkeit von Gottes Güte.
>
> Der Sohn ist das Gefäß,
> und der Vater ist der, der gemolken wurde;
> Und der Heilige Geist ist die, die Ihn gemolken hat;

> Denn Seine Brüste waren voll,
> Und es sollte nicht sein, daß Seine Milch
> nutzlos fließt.
>
> Der Heilige Geist öffnete Ihren Busen,
> und mischte die Milch der beiden Brüste des Vaters.
>
> Dann gab Sie diese Mischung den Nachkommen ohne
> ihr Wissen,
> Und die, die sie bekamen, sind in der Vollkommenheit
> der rechten Hand.
>
> Der Schoß der Jungfrau nahm es,
> und sie empfing und gebar.
> So wurde die Jungfrau Mutter durch große Gnade.

In dieser Hymne wird das Mysterium der Einheit der Dreifaltigkeit in Metaphern weiblicher Sexualität ausgedrückt. Die lebenspendende Kraft des dreifaltigen Gottes wird durch die Milch einer stillenden Mutter symbolisiert. Dieses Leben wird vom Heiligen Geist, einer weiblichen Figur, übertragen. Dann pflanzt der heilige Geist diese lebenspendende Substanz in den Schoß Marias, die den Erlöser und Retter gebiert.

Juliana von Norwich nannte Jesus »Mutter« und überlagerte das Bild des Kruzifix mit dem Bild einer Frau in den Wehen, die gerade ein Kind bekommt:

> Wir wissen, daß alle unsere Mütter uns in Schmerzen und für den Tod tragen. Oh, was ist das? Doch unsere wirkliche Mutter Jesus, er allein trägt uns zur Freude und zu ewigem Leben, er sei gesegnet. So trägt er uns in seiner Liebe und Mühe, bis die Zeit erfüllt war und er die schärfsten Dornen und schlimmsten Schmerzen erleiden wollte, die es je gab und geben wird... Die Mutter kann ihrem Kind von ihrer Milch zu trinken geben, doch unsere kostbare Mutter Jesus kann uns mit sich selbst ernähren.[28]

MystikerInnen und DichterInnen haben nicht nur Bilder der mütterlichen Fürsorge, sondern auch des Leidens in eine weibliche Sprache übersetzt, um die Tiefe ihrer Einsichten auszudrücken.

Trotz dieser gelegentlichen Ausbrüche von Inspiration, die von männlichen Metaphern unbeeinträchtigt sind, steckte das Christentum doch größtenteils in dem begrenzten System der Symbole fest, das es von den patriarchalen Gesellschaften übernommen hatte. Doch hierarchisches Patriarchat ist kein echter Wesenszug des Christentums, seiner Botschaft und seiner eschatologischen Vision der Gesellschaftsordnung oder seines gesellschaftskritischen Ursprungs. Auch Geschlechterhierarchie und die Abwertung der Sexualität sind nicht unbedingt Anteile des echten Christentums. Das Wissen um unsere Wurzeln in den erdverbundenen Religionen Alteuropas – mit der Muttergöttin und der sippenbezogenen Religion – kann uns in unserem Bemühen bestärken, die neue Ordnung von Gewaltfreiheit und Gleichheit, die Jesus verkündet hat, wieder einzufordern.

Es ist von entscheidender Wichtigkeit, endlich anzuerkennen, daß Frauen christliche Führerinnen waren und sein können und daß es nichts Erniedrigendes an sich hat, weiblich und sexuell zu sein. Der gegenwärtige Streit über die Ordination von Frauen weist deutliche Parallelen zu dem Konflikt über die Sklaverei auf. Im 19. Jahrhundert befand sich das Christentum in einem tiefen moralischen Kampf, in dem sich christliche Tradition und die wahre Botschaft des Evangeliums feindlich gegenüberstanden. Sklaverei war in den Gesellschaften, die das Alte und das Neue Testament hervorgebracht hatten, eine anerkannte und legitime soziale Einrichtung. Am Ende dieses Streits siegte die »frohe Botschaft«, die Jesus gebracht hatte, daß das Heil für alle da ist und daß deshalb alle gleich sind. Die Einrichtung der Sklaverei war nicht nur überflüssig, um die christliche Gesellschaft zu ordnen, sondern sie war den wahren christlichen Werten diametral entgegengesetzt. Die christlichen TheologInnen von heute haben ebenfalls die Aufgabe, die wesentlichen Lehren des christlichen Evangeliums von dem patriarchalen Geschlechterrollensystem, in das es eingebettet ist, zu befreien. Die christlichen Kirchen müssen zu ihrem wahren Erbe zurückkehren, die patriarchalen Normen des griechisch-römischen Geschlechtersystems hinter sich lassen und Frauen in gleichberechtigter Partnerschaft wieder in die Führungspostionen der Kirche einsetzen und damit in die volle Teilhabe am christlichen Leben.

Anmerkungen

1 Aristoteles, *Von der Zeugung und Entwickelung der Tiere*, 765 b. Übersetzt von Hermann Aubert und Friedrich Wimmer (Leipzig, 1860).

2 Aristoteles, *Von der Zeugung und Entwickelung der Tiere*, 729 a. Übersetzt von Hermann Aubert und Friedrich Wimmer (Leipzig, 1860).

3 Maryanne Cline Horowitz, »Aristotle and Women«, in: *Journal of the History of Biology* 9.2 (Herbst, 1976) S. 195. Aristoteles begründet seine Feststellung, daß das weibliche Prinzip das passive sei, mit der Beobachtung, daß das unbefruchtete Ei eines weiblichen Vogels keine Küken hervorbringe.

4 Obwohl die Fortpflanzungstheorien der vorsokratischen Philosophen Empedokles, Anaxagoras und Demokrit von einem männlichen und einem weiblichen Samen ausgingen, weist Aristoteles diese Auffassung zurück. Aufgrund von Sektionsergebnissen stellte auch Galen eine Zwei-Samen-Theorie der Fortpflanzung auf. Trotzdem dominierte die Theorie des Aristoteles das westliche Denken bis ins 18. Jahrhundert hinein. Siehe Thomas Laqueur, *Making Sex: The Body and Gender from the Greeks to Freud* (Cambridge: Harvard Univ. Press, 1990).

5 Hesiod, *Theogonie*. Übersetzt von Karl Albert (Sankt Augustin: Hans Richarz, 3. Auflage 1985).

6 Platon, *Timaios* 51 a–b. Nach der Übersetzung von Friedrich Schleiermacher und Hieronymus Müller (Reinbek bei Hamburg: Rowohlt, 1959).

7 Platon, *Timaios* 50 c. Nach der Übersetzung von Friedrich Schleiermacher und Hieronymus Müller (Reinbek bei Hamburg: Rowohlt, 1959).

8 J. Mellaart, *Çatal Hüyük* (New York: McGraw-Hill, 1967) S. 77–203.

9 Gimbutas, *Die Zivilisation der Göttin. Die Welt des Alten Europa* (Zweitausendeins, Frankfurt am Main, 1996) S. 221–306.

10 Gimbutas, *Die Sprache der Göttin* (Zweitausendeins, Frankfurt am Main, 1995) S. 147–148.

11 Gimbutas, *Die Sprache der Göttin* (Zweitausendeins, Frankfurt am Main, 1995), S. 187–211.

12 Marija Gimbutas, »The First Wave of Eurasian Steppe Pastoralists into Copper-Age Europe«, in: *Journal of Indo-European Studies* 5 (Winter 1977), S. 281.

[13] Gimbutas, *Die Zivilisation der Göttin. Die Welt des Alten Europa* (Zweitausendeins, Frankfurt am Main, 1996), S. 351–403.

[14] Gimbutas, *Die Zivilisation der Göttin. Die Welt des Alten Europa* (Zweitausendeins, Frankfurt am Main, 1996), S. 387–389.

[15] Aischylos, *Werke*. Aus dem Griechischen übertragen von Dietrich Ebener (Berlin und Weimar: Aufbau Verlag, 1987).

[16] Aischylos, *Werke*. Aus dem Griechischen übertragen von Dietrich Ebener (Berlin und Weimar: Aufbau Verlag, 1987).

[17] Gerda Lerner, *The Creation of Patriarchy* (New York: Oxford Univ. Press, 1986), S. 149.

[18] Gimbutas, *Die Zivilisation der Göttin. Die Welt des Alten Europa* (Zweitausendeins, Frankfurt am Main, 1996), S. 389. Es gibt Zeugnisse aus anderen Zivilisationen über göttliche Frauen, die die Welt parthogenetisch erschufen. Die ägyptische Göttin Nun, mit dem Ur-Ozean verbunden, schuf den Himmelsgott und das ganze Universum ohne einen männlichen Gefährten. Ebenso erschuf die sumerische Göttin Nammu ohne männlichen Gefährten den Himmelsgott und die Erdgöttin.

[19] Tikva Frymer Kensky datiert diesen Übergang ein Jahrtausend später, als die Stadtstaaten zu Nationen wurden (2. Jahrtausend). Dem Niedergang der Göttin folgte das Verschwinden von Frauen aus dem öffentlichen Leben (*In the Wake of the Goddess* [New York: Macmillan, 1992], S. 70–82).

[20] Lerner, *The Creation of Patriarchy*, S. 199–211.

[21] Lerner, *The Creation of Patriarchy*, S. 146.

[22] Zur Diskussion von Göttinnenbildern in den jüdischen Schriften siehe Kensky, *In the Wake of the Goddess*; Raphael Patai, *The Hebrew Goddess* (Detroit: Wayne State Univ. Press, 1967); Virginia R. Mollencott, *The Divine Feminine* (New York: Crossroads, 1984).

[23] Siehe Susan Cady, Marcia Ronan und Hal Taussig, *Wisdom's Feast: Sophia in Study and Celebration* (San Francisco: HarperSanFrancisco, 1990).

[24] Elizabeth Johnson, »Jesus, the Wisdom of God«, in: *Ephemerides Theologicae Lovanienses* 61, 4 (Dezember 1985), S. 276–89.

[25] Julian of Norwich, *Showings*, übers. von Edmund College O. S. A. und James Walsh S. J. (New York: Paulist Press, 1978) S. 279. Siehe die Ausgabe Newman Press, 1952.

[26] Sallie McFague, *Metaphorical Theology* (Philadelphia: Fortress Press, 1982).

[27] Rosemary Radford Ruether, *WomenGuides* (Boston: Beacon Press, 1985) S. 29–31. Siehe *Odes of Solomon*, Hrsg. James Charlesworth (Oxford: Clarendon Press, 1973) S. 82–83, 216–217.

[28] Julian Of Norwich, *Showings*, übers. College und Walsh, S. 297–298.

Personen- und Sachregister

Dieses Buch, einschließlich Vorsatzpapier
und Einband, wurde auf Recyclingpapier gedruckt,
das zu 100% aus Altpapier besteht.
Das Kapitalband wurde aus ungefärbter und
ungebleichter Baumwolle gefertigt.